АРТЁМ ПЕРЛИК

ПЕСНЯ ЦЕРКВИ:

ПРАВЕДНИКИ НАШИХ ДНЕЙ

ORTHODOX LOGOS PUBLISHING

ПЕСНЯ ЦЕРКВИ:
ПРАВЕДНИКИ НАШИХ ДНЕЙ

Артём Перлик

© 2023, Orthodox Logos Publishing, The Netherlands

www.orthodoxlogos.com

ISBN: 978-1-80484-103-7

This book is in copyright. No part of this publication may be reproduced, stored in a retrieval system or transmitted in any form or by any means without the prior permission in writing of the publisher, nor be otherwise circulated in any form of binding or cover other than that in which it is published without a similar condition, including this condition, being imposed on the subsequent purchaser.

АРТЁМ ПЕРЛИК

ПЕСНЯ ЦЕРКВИ:

ПРАВЕДНИКИ НАШИХ ДНЕЙ

ORTHODOX LOGOS PUBLISHING

СОДЕРЖАНИЕ

ПОЧЕМУ ПЕСНЯ ЦЕРКВИ? 14

ПРАВОСЛАВНОЕ СТАРЧЕСТВО – ПУТЬ ДОМОЙ 16

- Православные старцы 16
- Признаки Божьего человека 22
- Зачем это нужно… 23
- Пастырь Добрый 27
- Почтение к человеку 32
- Как видят старцы 34
- Как говорят святые 37
- О старцах и духовниках 39
- Старец по отношению к чадам 47
- Вопросы о радости 52
- Не в монастыре 54
- Маленькие большие чудеса 54
- Неслучайное 55
- Чему учат старцы 57
- Старцы и труды 58
- Преодоление боли 58
- О духовной жизни 60
- Телевизор 63
- О воле Божией 71
- Заключение 73

СТАРЦЫ И ЛЮДИ 75

РАЗНОЛИКАЯ КРАСОТА	86
ВОПРОСЫ О СТАРЦАХ	90
СТАРЕЦ ДИОНИСИЙ КАЛАМБОКАС	100
Старец Дионисий Каламбокас и монастырь Петра	100
Старец Дионисий Каламбокас и обитель Караискаки или ещё одно путешествие в сказку	123
Возвращение на землю	138
Старец Дионисий Каламбокас и монастырь Креста в Фивах	140
Истории про старца Дионисия	170
Исцеление по молитве старца	170
Рассказ о Старце Дионисии	170
Улыбка	172
Старец Дионисий о клевете	172
Как старец Дионисий деньги прислал	173
История иерея В. о двух визитах к старцу Дионисию	173
Два ангела	177
Старец и война	178
Старец Дионисий утешает	179
Большой дом	179
Старец Дионисий и работа девушки	180
Монахиня и старец	180
А я думал...	180
Можно	181
Вдохновение жить	181
Сандалии с крылышками	181
Посудомойка	182

Духовный отец	183
Шофёр	183
Девушка из Минска	184
Мудрость старца Дионисия Каламбокаса	184
Образование	187
Другая Вселенная	189
Апостол	189
Признание студентки	190
Кофемолка	191
Сердце расцветает	192
Сказка нашей жизни!	195
Тайна жизни	196
Рука с чётками	197
О Ницше	198
Единственное моё желание – это служить вам	198
Письмо девушки	199
О ребёнке	199
Особый взгляд	200
Старое пианино	201
О Евангельском юноше	209
Я отрежу свою руку	213
СТАРЕЦ ГАВРИИЛ СТАРОДУБ	**214**
Стеснительный дедушка	233
В Духе	234
О Кураеве	236
Семинарист	236
За него можно…	237

СТАРЕЦ ИЛАРИОН МИХАИЛ 240
СТАРЕЦ НИКОН ЛАЗАРУ 253

    Беседа старца Никона Лазару
на фестивале «Братья» 9 августа 2018 года . . . 254

    Ответы старца Никона
на вопросы зала после лекции 256

    Вторая лекция старца Никона Лазару на
фестивале «Братья – 2018». Вопросы – ответы . . . 259

    Мысли о встрече со старцем Никоном Лазару . . 267

    Из беседы журналиста
со старцем Никоном Лазару 267

    О молитве и препятствиях в ней 269

ЗАМЕТКИ ОБ АНТОНИИ СУРОЖСКОМ 277

ПАИСИЙ АФОНСКИЙ И ЖИЗНЬ ДЛЯ ВСЕХ . . . 298

БОРИС АВДЕЕВСКИЙ – СОКРОВЕННЫЙ СТАРЕЦ . 308

СТАРЕЦ ЭМИЛИАН ВАФИДИС 313

    Лучший путь 313

    Беззащитные люди 316

    Старец Эмилиан Вафидис
«Жить в присутствии Бога».. 317

РАССКАЗЫ О СТАРЦАХ 328

    Старец Филофей 328

    Святой Иосиф Исихаст 334

    Старец Илий Оптинский 335

    Старец Илий Оптинский и Божья воля 337

    Старец Илий и Инстаграм 338

    Старец Ефрем Филофейский и Аризонский . . 339

    Старец Зосима Сокур 344

    Святой Амвросий Оптинский 344

Святой Софроний Сахаров	346
Старец Порфирий Кавсокаливит	355
Старец Алексей Мечёв	359
Старец Серафим Бородель	359
Старец Иоанн Крестьянкин	362
Старец Амфилохий Патмосский	365
Старец Кирилл Павлов	370
Старец Сергий Шевич	371
Старец Сергий в Париже	372
Сергий Шевич о вере	373
Старец Серафим Родионов	374
Старец Виталий Сидоренко	377
О Старце Евстафии Кипрском	381
Советы старца Гавриила Карейского (Афон) о нестяжании	382
Старец Григорий из Дохиара	383
Из воспоминаний о старце Филарете Карульском (1872 - 1962)	383
Старец Павел Груздев	384
Старец Назарий Терзиев	390
Священник Симеон Кобзарь	393
Старец Фаддей Сербский	394
Старец Иоиль	396
Святой Иустин Сербский	400
Святой против идиотов	402
Святой Иоанн Затворник Святогорский	408
Старец Таврион Батозский	413
Старец Савва Остапенко	415

Старец Николай Гурьянов	418
Старец Гавриил Угребадзе	418
Старец Серафим Урбановский	424
Старец Григорий Белгородский	425
Старец Фёдор Гуляев Воронежский	425
Мария Важева об отшельнике Джозефе из Нидерландов	427
Старец Иоанн Журавский	428
Старец Феофил Параян	429
ДОБРЫЕ ИСТОРИИ	**432**
Переполненный автобус	432
На исповеди	432
Еда обычная и благословенная	432
Станьте по обе стороны	433
Случай в магазине	433
Молитва	434
Из историй о праведниках	434
Психиатр	435
Вселенская православная церковь	435
Наблюдение	436
Свет слов Господних	437
Старцы и женщины	437
О послушании	437
Для тебя	440
Старец об уходе из церкви	440
Кое-что об умниках	440
Два старца	445

О молитве	445
Учитель глубины	447
Сказка нашего мира	448
Площадь Омония	449
Об опытных христианах	449
Встреча с волшебником	450
О чувстве зла в мире	450
Соль земли	452
Рай	452
Касание Бога	453
Когда подвижник смотрит на человека	454
Недоумение	455
Где находится чудо…	457
Православная церковь	458
Божья сказка	459
Умники и святые	460
Святая гора и РПЦ	461
Бабушка и митрополит Амфилохий	462
Оценка Кэмерона	463
Профессора	464
О другой Клеопатре	465
О том, чего люди не знают…	467
Богатый религиозный опыт	468
Какими бывают высокие люди	468
Несчастье религиозного характера	469
Вопрос	470
Святые против тараканов!	472

Случай со святым Ильёй Макеевским 473

Чувство присутствия Бога 475

Милостивый старец Серафим 477

Архимандрит Илья (Раго), католик
перешедший в православие 477

Рядом с тобой теперь будет Богородица 480

ОКОНЧАНИЕ 482

*Посвящается Старцу Дионисию Каламбокасу
и греческому монастырю Петра*

ПОЧЕМУ ПЕСНЯ ЦЕРКВИ?

Эта книга родилась в греческом монастыре Петра, близ города Кардица, в келье всемирно известного старца Дионисия Каламбокаса, который сказал записать всё, что я видел, и, прежде всего, это относилось к той необыкновенной красоте, которая из века в век живёт в Церкви и является её истинным торжеством – её праведникам.

Предание – это жизнь Духа Святого в Церкви и в каждом православном христианине. Удивительно и то, как постепенно ведёт Он людей к Себе. Различны эти дороги, на которых Свет зовёт взыскующих Его. Удивительно и прекрасно то, как постепенно растёт Царство Божие в православных людях, как они становятся людьми Неба.

Патриарх Алексей II говорил о множестве святых, которые современны нам и ходят среди нас. Книга в данном случае – есть некое орудие зоркости, чтобы лучше разглядеть тех праведников, которые встречались мне на моём жизненном пути. Каждый был прекрасен по-своему, в каждом Дух Святой раскрывался неповторимым образом, но и каждый из них явственно ощущал, что жизнь – есть ни что иное, как блаженство. И что всё счастье до конца – это Бог. Поэтому, если мы хотим сделать другого счастливым, то должны как можно больше обрести Бога. В этом и был смысл их подвига жизни – научиться любить Господа и всех людей по-настоящему, чтобы к каждому отнестись в полную меру своей христоликой души. В этом их подвиге – наше счастье, потому что мы нужны на этой земле, и ничто, никогда не поколеблет этого великого факта: мы любимы.

ПРАВОСЛАВНОЕ СТАРЧЕСТВО – ПУТЬ ДОМОЙ

Православные старцы

Русский философ Татьяна Горичева, проводившая много лекций о православии на Западе, говорила, что люди задают больше всего вопросов о старцах. И это понятно, ведь старец – живой очевидец неба, свидетель того, что духовный мир и в наше время действует точно так, как и в древности. И, если сказания минувших эпох о чудесах подвижников и их необыкновенной, небесной любви, часто кажутся людям сказкой, то пройти мимо живых носителей Христа, старцев, невозможно.

В мире, где почти все живут по закону эгоизма, видеть того, кто живёт по закону неба – неслыханное чудо и праздник. Перед особой, христоподобной любовью старцев отходят на задний план даже их великие чудеса: прозрения будущего, знание сокровенной глубины души, исцеление любых болезней и вообще всё, чего мог бы только желать страдающий человек.

Старцы – редкие люди, для которых возможна любовь с первого взгляда. Где бы вы ни встретили его, сколько бы ни говорили – вы будете явно ощущать, что вы для него самый родной и близкий. И это, действительно, так. Эти чудесные подвижники не делят своё сердце на части, по части для каждого, но целиком отдают его всякому приходящему.

Известный старец Иоиль говорил людям: «Я всегда в вашем кармане». Даже другу не всегда решишься позвонить ночью, а старцу можно звонить всегда. Помню, как другой старец Николай Гурьянов услышал новость, что кому-то плохо. Тотчас он вскочил из-за стола и начал молиться, пока Господь не известил его, что у того человека уже всё разрешилось. Так и оказалось впоследствии.

Знаю и одного человека, который, приехав к старцу Дионисию Каламбокасу, переживал, что не успеет поговорить обо всём. Старец принимал в ту ночь десятки людей, а тот человек всё волновался, уделит ли старец время и ему? И когда он вошёл, старец тотчас сказал: «Ты не выйдешь отсюда, пока не задашь свой последний вопрос».

Рядом со старцем ты ощущаешь, что жизнь действительно удалась, потому, что ты уже любим и нужен. Эти люди необыкновенным образом дают каждому почувствовать, насколько мы драгоценны для Бога. Встретить старца можно всего один раз в жизни, но встреча эта будет согревать тебя до самой старости, и её свет ты передашь детям и внукам.

Рядом с ними чувствуешь Бога. Рядом с ними постоянная атмосфера праздника и чудес, в которую ты оказываешься вовлечён. Ты вдруг понимаешь, что значат слова Сэма из «Властелина колец»: «Мы как будто очутились в сказке или песне». Жизнь становится значимой, драгоценной и цветной, как будто её разукрасили цветными карандашами. И карандаши эти — веянье Духа Святого, Который всегда ощутим рядом с такими людьми.

Когда смотришь на таких людей, как старец Эмилиан Вафидис или митрополит Антоний Сурожский, то понимаешь, почему древний юноша, сказал святому Антонию Великому: «Мне достаточно просто смотреть на тебя…»

Старец, как и поэт, открывает людям духовную реальность, которой живёт. Потому его слова становятся для слушающих его незаменимыми и уникальными, и потому сотни тысяч говорящих о вере и радости, но не знающих ни того ни другого, не заменят одного старца, как и сотни тысяч людей зовущихся в современном мире писателями не заменят одного Шекспира…

От старца невозможно выйти не утешенным. Он знает будущее, открывает его тебе, и ты вдруг узнаёшь, что у Бога для тебя приготовлены только любовь и радость. Это открытие ошеломляет, особенно посреди скорби. Ведь это так прекрасно – узнать вдруг, что ты не забыт, а твоя боль есть на самом деле только ступени лестницы, по которой ты идёшь вверх.

Если грехи мучают твою совесть, то ты обретаешь вдруг силу к перемене. Ведь покаяние – это не просто плач о грехе, но тропа, ведущая тебя в праведность, в которой так интересно становится жить...

Есть одно важное отличие между старцами, которых я встречал, и другими людьми. Обычно люди считают, что помощь оказывается один раз: есть у кого-то проблема – дать совет, помочь, и всё будет решено. А старцы готовы помогать в одном и том же вопросе и сегодня, и завтра, и всю жизнь. Они готовы не просто один раз помочь, но быть с человеком и постоянно брать на себя его тяготы. Кроме старцев такое понимание я видел только у мам, мудрейших из женщин и Самого Бога, Который, как говорил Паисий Афонский, считает, что должен помогать постоянно...

Уставшие обретают рядом со старцем силу, отчаявшиеся – надежду, ждущие – уверенность. Почему так? Потому, что старец – это человек, который помогает своему ближнему встретить Бога. Не потом, не в книгах – а здесь и сейчас, в этой конкретной встрече человека и старца. А Бог не может угнетать, не может пугать, огорчать или мучить. Он слишком много света для нас приготовил. Но людям кажется часто, что мир уродлив, сер и ничтожен, и мы одиноки в нём. И тут, истинно евангельской вестью разносится в нашей жизни голос Господень: «Ибо так возлюбил Бог мир, что отдал Сына Своего Единородного, дабы каждый верующий в Него не погиб, но имел жизнь вечную».

Тогда, будто истёршиеся, слова Нового Завета оживают в сердце, и мы во всю душу видим, какая правда стоит за ними!!!

В далёком четвёртом веке Ангел-хранитель открыл некому египетскому отшельнику, что Бог желает, чтобы мы приходили к Его свету через людей. Тогда Он является Сам, дивно сияя в сердце святого, и являя, что образ Божий в нас – не пустой звук. Такие светоносные и светодарящие люди – это и есть старцы и их прекрасные ученики которые, как свет от света, зажигаются на небосклоне человеческой жизни, чтобы чутко и нежно вести целый мир к добру.

Знакомая девочка позвонила мне вечером и сказала:

– На сегодняшнее утро по интернету объявляли конец света…

– Ну, уже скоро полночь и новый день, так что конец света мы с тобой пропустили, – ответил я.

Счастье монахов, детей и сказочников в доверии Богу. В то время как сердца людей продуваются сквозняками новостных лент всего мира, обещающих ещё бо́льшую боль, сказка, молитва и литургия открывают желающим слушать, что в мире нет ничего такого, из чего Господь не растил бы нашу грядущую радость. Как говорил об этом один современный американец:

«С тех пор как я выкинул телевизор на свалку, вы, оказывается, пережили три экономических кризиса – а я и не знал...»

Старец, как и вообще старцы, – это люди, которые в полноте открывают другим красоту православия, потому что глядя на них мы понимаем слова Иринея Лионского, что человек может быть откровением о Боге.

Рядом со старцем люди чувствуют реальность Бога и духовного мира, и это оказывается самым главным чудом, которое Бог даёт пережить. Ведь, что бы мы ни делали и что бы ни узнали – в нашей жизни никогда не будет события большего, чем факт реальности Бога. Но для большинства даже и христиан Бог кажется чем-то нереальным, потому что у них нет веры опыта, веры рождаемой от присутствия Бога в человеке. И тут старец помогает пришедшим к нему разгрести многолетние завалы страстей, страхов, фобий и ложных мыслей, чтобы Богу нашлось в нас место.

Потому главное, что делает старец – он открывает Бога как реального участника нашей личной жизни. Участника, которому всегда есть дело до нас и наших проблем. А когда ты чувствуешь Бога – это всегда ново и всегда потрясает душу до такой степени, что вся жизнь и весь мир для тебя превращаются в смысл, радость и повод для благодарности и ликования.

Старец Дионисий Каламбокас – один из самых известных старцев мирового православия. Он любимый ученик старца Эмилиана Вафидиса, духовный внук святого Дионисия Трикольского. Именно его просил принять предсмертную исповедь, а потом и своих чад святой старец Филофей Зервакос. Старец Дионисий дружил с патриархом Павлом Сербским, его постоянно зовут в разные страны, его очень любят патриархи Александрийский, митрополит Америки и Канады.

И я, и тысячи других людей, можем подтвердить удивительные случаи его прозорливости, чудотворности его молитвы, мира Духа Святого распространяющегося вокруг него. Его ученики сияют радостью, он вдохновляет жить и учить как стать настоящими. Он поддерживает тысячи людей через интернет и лично, он основал около десяти обителей, в которых люди встречают красоту христианства, рядом с ним понимаешь, какое величие может быть явлено в человеке, хотя сам старец служит каждому из обращающихся к нему, словно он всем мать и последний слуга.

***

Как бы ни изощрялись гордецы в Фейсбуке, но слово старца всегда остаётся словом Бога; и это узнают и те, кто его исполнили, и те, кто его отвергли.

***

Старец не станет навязывать вам себя. Он крайне деликатен в советах. Но он сразу же захочет всё сделать для вас и всё сделает, чтобы вы больше не страдали. Хотя в некоторых случаях даже старцам приходится долго трудиться над ситуацией: молитвой, советами, постоянной всякой поддержкой, но каждый раз такие люди умеют открыть нам, что Господь – это Бог хороших концов!

***

Святым отцам и старцам было характерно понимание человека. Они видели жизнь других через любовь, целостно, а не через ошибки и заблуждения, как обычно смотрят друг на друга взрослые люди. Старцы, даже видя ошибку кого-то, если только тот не был упорен в гордости, понимали, какая травма сердца привела к ошибке, и на месте обычного для всех осуждения у них были молитва и жалость о человеке, ведь они знали, что на самом деле людям свойственен свет.

***

Среди христиан и священников мира много неплохих людей, есть и те, кто может поделиться опытом духовной жизни, но лишь единицы способны отвести человека к Богу, дать другим к Нему прикоснуться. Потому мир задохнулся бы без старцев и поэтов…

***

Недалекие люди иногда спрашивают: «Для чего вообще нужен старец?». И здесь можно ответить вопросом на вопрос: «А для чего нужно знать, что бывают в мире настоящие люди?», подобно как римский император из легенды, написанной Сельмой Лагерлёф, увидев изображение Христа, воскликнул: «Мы все – дикие звери, животные, но Ты – человек!».

И пусть убогие умники, поклоняющиеся как богу своему уму, тщатся оплевать всё настоящее и высокое, но мудрецы, подобные Серену Кьеркегору, восклицают, что узнай они, что в мире существует великий человек, подлинный рыцарь веры – и мудрецы объехали бы всю Землю и всю Вселенную, чтобы найти его!

Признаки Божьего человека

Вот очень важный признак Божьего человека – когда он встречается нам, наша жизнь, словно солнцем, озаряется и всё в ней обретает неожиданный поворот к свободе, радости, исцелению, свету. Через этого человека к нам приходит высокая уверенность в Боге, в Его мудрости и помощи, и всё, что таилось в нас хорошего, расцветает, раскрывается и растёт. Так в нашей жизни появляется радуга, которую невозможно не заметить.

***

Старец – тот, кто воскрешает в других достоинство быть человеком в краю Господнем.

***

Старцы действительно открывают другим мир как сказку написанную Богом, сказку, где счастьем оканчиваются все пути людей стремившихся к доброте. И в Господней сказке, конечно, не обходится без чудес, но это – заслуженные чудеса, путь к которым лежал через труд и подвиг, хотя для каждого из героев Господней сказки эти труд и подвиг различны…

Зачем это нужно…

Симеон Новый Богослов говорил, что огонь зажигается от огня, а потому, чтоб прийти к Богу, чаще всего нужно найти того, кто сумеет объяснить нам путь. Вот зачем нужны старцы наставники, и это высокое богословие подтверждается самыми простыми житейскими примерами.

Мы с Лориолью шли по утреннему городу и встретили своего приятеля. Он – инвалид, ходит с трудом, но человек приятнейший и добрейший.

– Куда это вы? – спрашиваем мы его.

– В монастырь N., – отвечает он, – хочу заказать там литургию.

— Вы, наверное, останетесь там на ночь? – спрашивает Лориоль.
— Нет, что вы! – Восклицает он, – какое там на ночь!
— А что такое?
— Да там если останешься, то монахи на тебя смотрят, как будто ты им мешок золота должен... Я когда-то ездил в другой монастырь, подальше, так там всегда принимали тепло и волком не смотрели...

Мы попрощались с ним и пошли домой, и как-то само собой вспомнилось, что во втором монастыре учителем иноков более десяти лет был известный старец, а в первом монахи были сами по себе, и с утра до вечера окучивали то брюкву, то картошку...

***

Это необыкновенное свойство Бога! Он сообщает Своим старцам и таким мудрецам, как Сократ и Конфуций – так служить своим ученикам, чтобы их мудрость и их правильные решения не были навязаны извне, а вырастали у них изнутри...

***

Старцы, поэты и мудрецы, – вот те великие маяки у берегов истины, сияющие для всего человечества.

***

Как отличны слова старцев от всех этих кривых, мрачных, хмурых религиозных людей, которые мрачностью и суровостью меряют величие духа, чураясь всего живого и светлого.

Я всё вспоминаю, как один такой хмурый архимандрит пугал прихожан: «Если вы чувствуете радость – то бегом ко мне на исповедь! Вы в ошибке!». Так этот хмурый тип, который уже стал епископом, пугал людей Богом.

А вот как звучит голос истинной церкви. Представляю вам слова старца Эмилиана Вафидиса, и они, эти слова, конечно, не для глухих!

«Насколько велика наша радость, настолько крепка наша связь с Богом».

Как говорится – почувствуйте разницу!

***

Почти никто из верующих не понимает, что каждый человек является особым, уникальным образом спасения, и потому подход к нему тоже должен быть единственным, но на это способны лишь матери, христианские мудрецы и старцы.

***

Однажды исихастирий старца Порфирия Кавсокаливита в Милеси посетила группа паломников. Среди них находилась женщина из Франции – преподаватель истории в университете, убеждённая атеистка, исповедующая нигилизм – Мари Мадлен де Беллер. От встречи с человеком, окончившим лишь 2 класса школы, она многого не ждала, но все же решилась на разговор со старцем по просьбе друзей.

Старец Порфирий настоял на том, чтобы они говорили наедине, даже без переводчика. После длительной беседы француженка вышла из кельи со слезами.

Женщине задали вопрос: как она поняла слова старца, который владеет только греческим языком? На что она ответила в изумлении: «Так он же бегло говорит по-французски!»

Подобная встреча со старцем произошла и у врача из Германии, и у паломников из Сербии, Румынии, Ирландии...

Позже, отвечая на вопросы духовных чад, старец Порфирий объяснял это чудо так: «Я обращаюсь к людям на греческом языке, а Дух Святой истолковывает мои слова в их умах и в сердцах».

Это и есть та самая апостольская глоссолалия, говорение на языках, о природе которого столь много спорят умники, а на самом деле, чтобы уяснить этот феномен, им следовало бы спросить того, кто и в современности обладает этим даром, как Паисий Афонский, Порфирий Кавсокаливит или Виталий Сидоренко. И они бы сказали, что они, как апостолы, говорят с иностранцами на своём родном языке, но Бог даёт иностранцам понимать всё сказанное на их языках и наречиях.

***

Бог – не тот, кого можно утаить и спрятать!

Когда читаю блоггеров о невыносимом положении священников в РПЦ (особенно лучших), о феодальных отношениях в клире этой поместной церкви, то сердце задыхается и мучается, а священники, читая такие тексты, перестают чувствовать себя человеками и погружаются в безнадёжность и безверие в свою значимость и в важность своего служения.

Но когда мои знакомые замечательные священники ездили с этой же проблемой и болью к старцу Дионисию Каламбокасу (и к другим греческим и европейским старцам), то старцы давали им такое вдохновение к жизни, что они уезжали домой ликующими, обрётшими внутреннюю победу и познавшими, что, как писал Толкиен «Зло не вечно и не так уж много места занимает оно в мире, а свет и высшая красота за его пределами пребудут вечно!»

Пастырь Добрый

Все старцы-подвижники, кого я видел в жизни, исцеляли, приходящих, к ним медленно, прекрасно и благородно. Никто из старцев не воспринимал пришедшего к ним как живой катехизис, который надо было сверить с катехизисом в книге и сурово обличить ошибки. Старцы видят в Духе, а Бог смотрит на нас как на близких, и потому Он и Его настоящие служители исправляют в людях ошибки суждения, восприятия и жизни как мудрейшие мамы, а не как все эти любители сверить каждое слово и дело другого человека даже не только с катехизисом, но с собственной неполнотой, узостью и своими искажённостями восприятия, которые такие «светочи истины» и «учителя младенцев» считают полнотой православной веры.

Как же такой убогий подход не похож на то, что делают для людей Его подлинные служителей и Его старцы!

«Пастырь добрый душу свою полагает за овец» (Ин 10:11) и по всей Вселенной готов искать всего одну потерявшуюся несчастную душу...

***

Старцы помогают человеку раскрыть свою драгоценность перед Богом. Самоунижение рождает только комплексы, а Господь хочет, чтобы мы всюду поступали как свободные дети Божии.

***

Всюду, где духовность принимает святоотеческий вид, она связана с Афоном. Все те, кого мы чтим, как свет нашего мира: Эмилиана Вафидиса, Софрония Сахарова, Филофея Зервакоса, Паисия Святогорца и других – прямо или опосредованно имеют отношение к Святой Горе.

Ко всем этим старцам часто приходили живущие в городах христиане, и старцы учили их, равно как и монахов, частой исповеди, частому причащению и молитве Иисусовой; и те, кто следовали этому учению, обретали внутренний свет.

***

Средневековые ирландцы называли старца-наставника «Друг души». Потому что в этом – одно из главных свойств старца, – он не как профессор в больнице, к которому попадаешь раз в жизни и он назначает мудрое лечение, но как мама или ближайший друг, который сопровождает человека всегда, и который всё сделает для обращающихся к нему, чтобы те были счастливы.

***

Старцам свойственно это драгоценное понимание того, что пока в мире есть поэты, Дух Святой не покинул Землю.

***

Архимандрит Зинон (Теодор) так вспоминает о старце Серафиме Тяпочкине: «Убеждён, что лучшая форма проповеди в наше время – личное общение с человеком, который своей жизнью воплотил идеал Евангелия».

Один атеист назвал старца Серафима «чемпионом по человеческому лицу». Ведь когда видишь христианина, становится ясно – зачем нужно христианство…

***

Этим и драгоценны старцы, что они стараются увести людей от формализма и для каждого найти свой особый путь. Чтобы каждый цветок рос по-своему.

***

Старец прекрасен ещё и тем, что он берет в своё сердце человека и становится другом его души. Становится тем, кому важно в тебе всё. Замерзнешь ли ты осенним днем без перчаток? Заработал ли твой барахлящий принтер?.. При этом старец, как мудрая мама, не навязывает себя, но всюду оказывается с тобой. Если ты его знаешь, то ты знаешь, что в мире есть человек, который не ляжет спать, пока не выпросит для тебя счастья.

Все это так же безмерно отличается от отношения обычных священников, как сонеты Шекспира от какого-нибудь Асадова…

***

Встреча со старцем отодвигает от сердца ложность человеческих отношений, и в этом смысле ты оказываешься вне общества, в особом райском пространстве, где и заповедано жить человеку…

***

Нужно всегда смотреть на то, кто говорит о человеке злое, а кто – хорошее. Нет ни одного человека причастного Духу, кого не бесчестили бы уроды, формалисты и умники.

Оскар Уайльд пишет об этом так: «Я слышал столько клеветы в Ваш адрес, что у меня нет сомнений: Вы – прекрасный человек!»

***

Старцы дают нам знать, что не формализм, а Евангелие – настоящая правда о христианстве!

***

Старцы удивляют ещё и тем, что они бережно относятся к душе человека. Они хотят не ранить, а исцелить.

***

Старцы, сказочники и поэты делают невероятное. Они дают, всякому слушающему их, посмотреть на боль через факт того, что и мы, и наш путь доброты драгоценны Богу, а значит – зло и боль не вечны, и стремящихся к добру ожидает в нашем мире счастливый конец.

***

Ольга Данченкова замечает следующее: «Рассказываешь своим знакомым монахиням, которые живут на постсоветском пространстве, о светлой и радостной жизни монахинь-учениц греческих старцев, как Паисий Афонский или Дионисий Каламбокас. Рассказываешь, как они говорят, что монастырь – это место радости, творчества и свободы... Но монахини спрашивают: «В каком патерике ты это прочла?», – слушают как какую-то сказку и... не верят...»

***

Человек не расцветёт даже в церкви, пока не осознает своё достоинство... А для того, чтобы пробудить в сердцах людей это драгоценное понимание, старцы и поэты обходят землю...

***

Старец и поэт так относятся к человеку, что тот расцветает в ощущении своей нужности на земле.

***

Когда бываешь у таких старцев как Дионисий Каламбокас, Ефрем Аризонский, Эмилиан Вафидис, и видишь там христианство во всей его красоте, а потом возвращаешься назад, то чувствуешь себя человеком, побывавшим в Лондоне у Шекспира, где тот возглашал нам свои сонеты, а потом ты приехал в свой город и здесь все пытаются читать тебе букварь – неумело и по слогам...

***

Афонские старцы ещё и потому учили учеников постоянной Иисусовой молитве, что знали – присутствие Бога исцеляет сердце и жизнь от всякой искаженности и неподлинности, столь невыносимых для высокого человека.

***

Старцы и Евангелие – ими мы можем посмотреть на себя глазами Господними и увидеть свою драгоценность и, если только мы не умники, мы увидим весь мир хорошим.

Почтение к человеку

Старцы православия – это те, кто в наивысшей мере обладает искусством почитать человека.

Когда я был у старца Дионисия Каламбокаса, он всегда следил за тем, чтобы во время наших разговоров рядом со мной стояли чай, кофе и угощение.

Сколько раз видел я у посредственных верующих пренебрежение «мирскими людьми». Но вот когда старец Паисий Афонский плыл на корабле из Дафни в Уранополис, ему предложили отдельную каюту, чтобы он мог избежать общения с мирскими. Старец удивился и ответил:

– Как так? Почему я должен сидеть один, разве я что-то скрываю? Мы же все одинаковые!

***

Люди, как правило, забирают друг у друга достоинство. А старец – это тот, кто пришедшему к нему человеку это достоинство возвращает.

***

Как единодушны святые в важнейшем! Как подходят к ним слова Гёте: «Я могу ошибиться во второстепенном, в главном я никогда не ошибусь!»

Так, святой Тихон Задонский пишет: «Христианин более всего от своих страдает».

А Паисий Афонский замечает: «Сейчас нет таких мучений, как во времена Нерона или Диоклетиана. Но и своя братия может помучить: один тебя обругает, другой обидит, третий отнесётся презрительно».

Но и эти огорчения не отменяют красоты земли, которая вся в солнечном дыму от любви Господней!

***

Все подвижники христианства – люди очень разные. Так, один древний столпник отказался общаться со своей мамой, когда она пришла его навестить, потому что боялся нарушить своё уединение в Боге.

А вот современный старец Ипполит Халин все годы, проведенные им на Афоне, постоянно думал о своей маме и радовался ей, и любил её…

***

Старец Иоанн Крестьянкин говорил: «Я люблю радовать и радоваться».

***

Бывают ли женатые старцы? Конечно! Например Иоанн Журавский, Тихон Пеллих, Пётр Чельцов. И всем им свойственно глубочайшее почтение к женам, умение видеть жен лучшими себя.

Так, святой Алексей Мечев пишет своей супруге Анне: «Ты глубоко верующая, помолись же обо мне, мой ангел, чтобы я тоже был таковым...». Может ли святой старец поссориться с женой? И такое тоже случается. Так, однажды старец Иоанн Журавский поссорился с супругой, в гневе вышел в другую комнату и увидел за окном громадного злого духа, удовлетворённо прислушивавшегося к шуму семейной ссоры.

– Я понял тогда, – говорил впоследствии старец духовным детям, – кто стои́т за нашими ссорами…

Старец в тот раз долго просил прощения у жены…

Как видят старцы

Один из лучших образов старца в мировой литературе – это толкиновский Гендальф. Персонаж, побывавший в Валиноре (раю) и твёрдо знающий как о его существовании, так и пути туда. Христиане постепенно восходят к зрячей вере, к вере, которая видит Господа сердцем. А старец уже не верит, что Бог есть, а знает об этом. То чувство Господа, к которому идут христиане, старец уже имеет в себе.

С точки зрения богословия существует четыре степени отношения в реальности мира духовного. Первая – когда человек не чувствует духовный мир и отрицает его бытие. Вторая – когда человек доверяет очевидцам, но сам живого чувства бытия мира духовного не имеет. Третья – когда человек не просто слышал об истинах веры, но и ощущает их. Например, прочитав, что все люди в Церкви находятся в глубочайшем родстве, он может в личном молитвенном опыте пережить и ощутить это. И, наконец, четвёртая степень – это когда человек видит духовный мир так же ясно, как обычный видит миску с картошкой.

Конечно, такое восприятие возможно только по мере исцеления органов познания, когда человек всё больше и больше приобщается благодатному, Божьему взгляду на мир и созерцает творение в Господе. Обычный человек, даже мудрый, как правило, видит мир в некоем луче причинно-следственных связей. Он предполагает как и что может быть. А старец видит весь цветущий ковёр, сплетающихся в богопрекрасные узоры, событий. Он видит глубину устроения души человека, подобно, как Гендальф сказал о Фродо, что тот, как чистый свет в хрустальном бокале, но, лишь для тех, кто умеет такое видеть. Чистота жизни приводит к чистоте мысли, а та, в свою очередь, к правильности совета, когда через совет старца в мир является воля Божия.

Отношения старца и ученика есть таинство, в котором доверие ученика не менее важно, чем прозорливость и благодатность старца. Ведь, если человек не желает исправлять свою жизнь, сообразовать её в соответствии с услышанным, то совет ему не поможет. Авва Дорофей говорил, что, если не хотящий преображаться человек спросит даже пророка о своём деле, и Господь положит на сердце пророку, что тому говорить, чтобы принести пользу вопросившему, последний всё равно не получит пользы, ибо не хочет исправиться.

Показателен тут пример святого Амвросия Оптинского, который говорил, что, если вопрошающий долго не был на исповеди, то старец просто не знает, что ему сказать. При этом Амвросий явно видел состояние и все тайны души вопрошающего, но не мог помочь тому, кто сам не хотел в себе перемены.

А старец Виталий Сидоренко не однажды плакал: «И знаешь, что с человеком, и знаешь, что сказать, чтоб помочь, но знаешь и то, что он ничего из твоих советов не исполнит и не покается».

Старец – свидетель реальности мира духовного и проводник в этот мир. В те минуты, когда враг рода людского (так в православной традиции именуют диавола; это делается, чтобы лишний раз не осквернять себя произнесением его имени) нападает на живую веру человека, тому достаточно бывает вспомнить образ святого старца, чтобы снова обрести уверенность в бытии Божием.

Страдающему достаточно вспомнить старца и его наставления, чтобы увериться в счастливом конце. Одного слова старца бывает достаточно, чтобы радость вновь пришла туда, где её не было прежде.

Чтоб понять, от чего старец избавляет души людей, нужно вспомнить фрагмент из Толкиновского «Сильмариллиона» о доблестном воине Хурине, который попал в плен к всеобщему врагу. Не сумев сломить того пытками враг прибегнул к иному оружию: «Все, что Моргот знал о деяниях своей злобы, Хурин знал тоже; но к правде была примешана ложь, а все хорошее было утаено или искажено. Тот, кто смотрит на мир глазами врага, неизбежно видит все криво, желает он того или нет».

Единственный способ обрести правильный взгляд – это посмотреть на ситуацию с неба и увидеть свою боль в русле промысла ведущего человека к радости. Тогда мы поймём, что нам сейчас нужно делать.

Старец Дионисий Каламбокас как-то сказал монахине, что не боится жить только тот, кто доверяет любви Господней. И Старцы дают нам взглянуть на всё, что бывает с нами, сквозь любовь Божию.

Одна американка, приехавшая к старцу Ефрему Аризонскому с мужем, говорила, что муж потом удивлённо восклицал: «Мы были у психологов и врачей, но никто не смог разрешить нашу проблему. А старец решил её всего за один только час!».

Моя подруга Наталья Коваленко поступила в медицинский университет. Она училась старательно, но сама себя при этом ощущала никчемной и ни на что не годной. Это было связано с детской травмой, когда родитель до 16 лет убеждал девушку что она – бесполезная дура. С тех пор никакие успехи в учёбе не могли разуверить её. Наступило время первой сессии, и Наташа стала паниковать. Она боялась, что не сможет сдать ни одного экзамена. Тогда она написала письмо старцу Дионисию Каламбокасу, и тот ответил ей: «Поздравляю! Жду вашего диплома!». Простые слова и содержащаяся в них воля Божия окрылили Наташу. Она вдруг ощутила, что её жизнь драгоценна для Господа. Что Сам Христос верит, что она справится и сможет нести людям добро и радость.

Как говорят святые

В смутные времена пророчества о конце света, мировых войнах и грядущих, ещё бо́льших бедах, обретают неслыханную популярность. Разнообразные лжеподвижники и младостарцы не упустят случай испугать народ.

В связи с этим полезно вспомнить, что настоящий Божий праведник не может угнетать и пугать, ибо Бог есть Бог не неустройства, но мира. Таковы и люди Его.

Не спешите верить смущающим слухам, даже если они, якобы, исходят от великих людей. Настоящий старец никогда не вносит в душу слушателей разлад, хотя недобрые люди всегда могут приписать старцу то, чего он не говорил.

Ольга Данченкова говорит: «Я заметила что благодатное слово нельзя предсказать. Оно всегда ново, внешне нелогично, всегда за каждым поворотом тебя ждет прозрение с восхищением, как будто плывешь по живописной реке. А безблагодатные, сухие, схоластичные исследования и т.п., романы и стихи всегда логичны, последовательны, всегда вытекают сами из себя, идеально спроектированы, но чтение таких произведений похоже на передвижение корабля по речным шлюзам».

Настоящий наставник, да и настоящий христианин таков, что он открывает другим доступ к небу. И общаясь с ним другие с удивлением чувствуют, что в их жизни ощутимо действует Бог. Быть христианином в подлинном смысле – это давать другим возможность коснуться Святого Духа.

Прочитайте жития святого Серафима Саровского, Оптинских старцев, и вы увидите, что благодатное слово не пугает, но окрыляет, возносит, утешает, радует и придаёт силы жить.

Вот, к Серафиму Саровскому подходит человек и спрашивает о дате конца света. Великий подвижник терпеливо объясняет, что никто на земле этого знать не может. А потом добавляет: «Господь милостив! Может ещё 1000 лет протерпит». Как это не похоже на хвастливые заявления различных духовно нездоровых людей о том, что дата конца им известна.

Подлинный старец усмотрит во всём Божью волю, а, значит, и повод к радости. Он поможет людям увидеть, что путь к спасению – это и есть путь к радости, и спасения без радости не бывает. Святой Дух назван в Евангелии Утешителем, и люди Божьи потому утешают, а не пугают. Христос и о трудностях говорил в свете грядущей славы и той радости, что ждёт претерпевших праведников ещё на земле. И наоборот: если мысль пугает, тревожит – то она не от Бога, или, по крайней мере, враг примешивается к ней и извращает наше видение ситуации.

Приведу обо всём сказанном ещё и такой случай, современный. В N-кой области на Украине некий священник строил храм. Пока стройка длилась, погибло несколько рабочих. Кто-то упал с лесов, кто ещё как. А, по окончании работ, священник с женой и тестем попал в автомобильную аварию. Тесть сразу погиб, а священник с женой получили ранения. И все вокруг стали говорить, что это демоны отомстили им за доброе дело – строительство храма. Но священник не мог принять такое объяснение, ведь он верил, что всё в мире происходит по воле Божией и ведёт людей к радости. Но как узнать – в чём же тут воля Божия? И священник поехал в Грецию, к своему старцу и наставнику Дионисию Каламбокасу. Священник задал старцу вопрос, почему с храмом было связано столько смертей? И старец объяснил. Все погибшие рабочие были самыми обыкновенными нецерковными людьми, которые пили водку, били жен, осуждали, понемногу воровали у государства и обижали тех, кого не боялись. Словом, они были самыми обычными людьми. И одно только в их жизни было доброе дело – помощь в возведении храма. А потому это не демоны им отомстили, но Господь забрал их в самый лучший момент их жизни. Не чтоб наказать, но – спасти. А тестя священника, который разбился на машине, Господь принял к Себе как мученика, пролившего свою кровь за рождение храма. Так Христос подарил каждому из них подлинную небесную радость, а вовсе не наказал, как то казалось другим людям...

Таково было слово старца, и оно внесло мир в тревожную душу священника...

А потому, постигнув то, как говорит и радует Бог и люди Его, мы всегда отличим благодатное слово от разнообразных лжепророчеств именно по признаку радости и утешения, которое всегда есть там, где действует Бог...

***

Слыша слова старца, всегда чувствуешь невероятное расширение сердца – так действует Дух Святой. Это великое чувство – ты жил болью, а оказалось – у Бога для тебя приготовлена только радость!

О старцах и духовниках

Святой Паисий Афонский считал главной бедой нашего мира ни болезни, ни войны, а тот факт, что люди отвернулись от советов духовников, а потому их задушили помыслы.

Когда ученик идёт к духовнику, чтоб открыть тому свою душу, то духовник даёт ему возможность посмотреть на мир, ситуацию и себя Божьим взглядом. То есть, укрепляет его думать правильно.

Старец Софроний Сахаров говорил, что главный дар монашеского жития – это чистота ума, правильность мысли, когда познание адекватно познаваемому миру. Единственным путём к правильной мысли святые отцы считали послушание духоносному наставнику, от которого мы и усвояем правильный взгляд.

Вспомним тут святого Иоанна Златоуста, который говорил, что «Писание желает, чтобы все жили жизнью монахов, хотя бы и имели жен». То есть, путь к чистоте ума должен был бы быть не только сугубо монашеской (и не повсеместной) практикой, но всеобщей дорогой, на которой человек может обрести радость.

Послушание есть ещё и усвоение Божественного, присущего наставнику, взгляда на всё бытие. Изначально послушник, как и любой человек, наполнен комплексами, страхами, неуверенностью и тайным чувством собственной неполноценности, которое не даёт ему в полную меру творить добро. Но наставник исцеляет его взгляд, приводя к тому, чтобы он смотрел на всякую, случающуюся с ним боль как на часть пути к Богу.

Некий молодой человек имел подругу, которой он очень дорожил. Сам, не имея девушки, он время от времени испытывал к ней незаконные чувства, которые, как он это ощущал, нарушали целостность его души и святость дружбы. Тогда наставник сказал ему, чтобы он никогда не принимал незаконных чувств по отношению к этой девушке. Это было нелегко, так как грешные мысли обещали удовольствие, напоминая ему, что он и так не имеет девушки: «Так хотя бы помечтай». Послушник время от времени возвращался к мечтаниям, но каждый раз испытывал боль от того, что они нарушали красоту их отношений. Тогда он заставил себя исполнить совет наставника, хотя душа и стремилась к удовольствию незаконных мечтаний. И, только поступив по совету, он обрёл покой мира с Господом, ведь он чувствовал, что до этого огорчает любимого Бога своим поведением.

Что же помогло этому ученику? Только совет наставника, который он воспринял с полным доверием.

Если бы люди знали, сколько мира и света вносит в душу исполнение воли Божией, то почти все устремились бы именно к ней. Сам Христос об этом говорит: «Придите и научитесь от Меня, ибо кроток и смирен сердцем и обрящете покой душам вашим» (Мф. 11:29). Тот покой, которого не могут дать ни гордое противление добру, ни грех.

Воля Божия дарует нам поступать по любви к тем, кто нам дорог. Ведь мы все так этого хотим. А взгляд Божий на ситуацию непременно приносит свет. Из Евангелия мы знаем, что, когда Христос говорит, Его слова возносят на новую высоту понимания и укрощают любую бурю и в душе, и в бытии.

Потребность открывать устроение своей души, чтобы обрести через наставника правильную мысль — естественна для человека. Думаю, чтобы хоть немного облегчить не церковному роду людскому положение дел, Господь благословил появление психотерапевтов, хотя они, будучи людьми мирскими, и не имеют представления о правильном устроении души.

Старец Софроний Сахаров говорил, что духовники — это не обязательно священники и монахи. Действительно, святая Матрёна Московская, Александр Белоезерский или Иосиф Муньос не были ни теми ни другим, но вполне могли указать верный путь ко спасению. Но слова старца Софрония можно применить ещё и вот в каком смысле. Святой Паисий Афонский говорил, что первые духовники ребёнка – это его родители. Очевидно, что, если ребёнок не утрачивает, взрослея, связь с родителями, и они (или один из них) являются духовными людьми, то их наставления для ребёнка будут носить святоотеческий характер и никогда не войдут в противоречие с наставлениями того священника, которому он так же будет открывать свои мысли на исповеди.

Одна двадцатилетняя девушка спросила меня, возможно ли ей пользоваться мудрыми наставлениями её бабушки? Кроме мудрой и православной бабушки у неё вовсе не было родных. Бабушка каждый день выслушивала, что у девушки на сердце, и давала ей советы, как думать и жить. Я ответил словами святителя Феофана Затворника, что «бабушка в доме – это благословение Божие». Но посоветовал всё же в будущем найти священника, который бы любил её, как и бабушка, и давал бы ей столь же мудрые советы по жизни.

Был в моей жизни и такой случай. Замечательная молодая мама не менее замечательной девятилетней дочери сказала, что её дочь хочет себя вести хорошо, и очень огорчается, что у неё не хватает надолго сил быть хорошей. Дочь серьёзно спрашивала маму, как ей быть и предполагала, что всё дело в том, что она такой родилась, что не может себя долго хорошо вести. Мама спрашивала меня, что ей сказать. Тогда я ответил, что на такой аскетический вопрос должен быть столь же аскетический ответ. И посоветовал ей рассказать доченьке, что такую же проблему ставили перед собой монахи четвёртого века. Они нашли решение в том, чтобы открывать содержание своего сердца своему наставнику. Буквально говорить, что ты задумал что-то недолжное, и наставник поможет уже подумать и поступить правильно. А наставница девятилетней девочки – это, несомненно, её мудрая мама.

У некоторых отцов мы так же найдём мысли о совете с единомысленным нам духовным человеком. Такое советование не отменяет совета с наставником священником, но происходит в одном духе с ним. Конечно, такой советчик друг должен обладать свойствами подлинного православного наставника: благодатью, рассудительностью, любовью и нешаблонностью подхода к вопросившему его человеку. И, в любом случае, мы можем поверить его совет своему духовному отцу. Хотя, как правило, в таких советах нет противоречия, так как они совершаются в одной благодати, во едином Духе.

Читая творения святых отцов о несомненной важности послушания праведному наставнику мало кто замечает, что великие наставники, старцы, прежде всего учили учеников свободе во Христе. А послушание чаще было не следованием советам (советы старцы давали редко), но вслушиванием ученика в действие Духа Святого в старце, когда тот учился подражать самой тональности жизни святого наставника, этому ликующему действию благодати преображающему мир и превращающую всю жизнь в сказку.

Старчество и наставничество – как любовь, есть ежеминутная забота о доверившемся человеке, чтоб небесная радость всегда жила в его сердце.

Знаю одного человека, который в течении двенадцати лет лежал на диване и унывал, всем своим видом изображая из себя самого несчастного человека в мире. Ему старались помочь разные священники, давая советы против уныния, но он говорил, что его искушают враги рода людского, и, пока искушение есть, радоваться он не может. Тогда я нашел ему лучшего на Украине психолога и упросил её провести консультацию. Психолог сказала, что он сам не желает выходить из своего уныния, и предложила пути выхода. Но он не поверил и ей, сказав, что уныние его особого свойства, связанное с прямой атакой врага (с точки зрения аскетики такая атака является третьим поводом к унынию и печали).

И вот, наконец, он просил меня спросить о нём у старца Дионисия Каламбакоса. Старец с состраданием выслушал всё и сказал: «Передайте ему – пусть выходит из того мрачного погреба, в который он себя загнал и не хочет выходить сам». То есть, старец повторил те же слова, которые тому человеку говорили лучшие из священников и которые сказал ему опытнейший психолог. В этой истории для нас важно то, что, действуя во едином духе духовные люди (не обязательно старцы) могут дать богооткровенный совет для возлюбленного ими человека.

Люди часто боятся Божией воли потому, что им кажется, что она отнимет у них свободу. Но, в действительности, Его воля отнимает у нас только страсти. А в жизненном плане Божья воля дарит необыкновенный творческий потенциал, в котором человек преображает в красоту и себя и бытие. Все формы человеческой жизни и деятельности Троица наполняет Духом Святым. И тогда писатель становится благодатным писателем, огородник – благодатным огородником, врач – благодатным врачом, учитель – благодатным учителем, повар – благодатным поваром, а таксист – благодатным таксистом.

Одна девушка по имени Виктория до прихода в церковь имела две радости: она любила петь песни на свадьбах и водить большие компании друзей. Придя в церковь, она отказалась и от первого и от второго, но очень огорчалась, что обе жизненные радости теперь утрачены. Но, прошло немного времени, и Господь вернул ей и то и другое, очистив от духа мира сего. Вместо свадеб она стала петь на клиросе, а компании с пивом и сигаретами ей заменили встречи православной молодёжи.

Послушание наставнику вносит благодать в жизнь послушника, вносит Христа. И открывает новое видение мира – в лучах благодати. Послушание зажигает в сердце особую радость, которая рождается только, когда человек ясно замечает присутствие Божие в своей жизни. Как говорил святой Николай Сербский: «Само присутствие Божие – победа».

Доверие ученика наставнику есть доверие апостолов Христу.

Послушание старцу – это не обязательно выспрашивание благословения на каждое действие. Христос, посылая 70 апостолов на проповедь, сказал, что и как делать, но, при этом, указав направление жизни, оставил творческую свободу поступка. И старец тоже, как правило, указывает направление жизни ученика, на котором тот максимально полно возрастёт в святости и красоте.

От одного доброго и мудрого священника я услышал такие слова: «Старец – это человек, который созерцает весь мир в потоках льющейся на бытие благодати. Поэтому его больше всего удивляет встреча с безблагодатным человеком. Старец тогда огорчается: как это – на всей земле благодатный дождь, а этот человек идёт под зонтиком? И тогда старец прилагает все усилия для того, чтобы этот несчастный непременно приобщился Духу и узнал радость быть светлым, добрым, освящённым и настоящим!»

У Ивана Шмелёва есть слова: «Православие – страшно победное». В присутствии благодатного наставника мы видим, что это так. Жизнь тогда превращается в торжество ощущаемого присутствия Святого Духа.

Поэтому авва Дорофей, ссылаясь на своих святых наставников Варсонофия и Иоанна, говорил, что единственное беспечальное и бескорбное состояние – это состояние послушника, который доверяет Христу и старцу.

Обратим внимание, что сам авва Дорофей, будучи послушником, терпел обиды от некоторых братий и однажды подвергся сильнейшему искушению от врага рода людского. И, при этом, скорби не наносили Дорофею глубоких ран, потому что, благодаря своим старцам, он ощущал всякую скорбь как часть промысла Божьего, ведущего его к чистоте и свету.

Всё духовное в жизни и в послушании строится на любви. По любви ученик отказывается от своей воли и узнаёт, сколь сладко исполнять волю любимого человека, через которого говорит Сам Бог.

Думать обо всём светло и правильно – есть дар послушания. Исполняя волю Господню, ученик с удивлением обнаруживает, что она созвучна и соприродна со всем самым высоким и светлым, что есть в его душе. Более того, воля Божия по отношению к нему обладает чертами личной неповторимости. В ней заключена вся нежность Христа по отношению к этому конкретному человеку. Так ученик начинает жить вне страстей и в соответствии со своим уникальным предназначением. Вспомним тут композитора Арво Пярта, который, после визита к старцу Софронию Сахарову стал великим христианским композитором, а не сторожем храма.

Из слов, мыслей и дел ученика начинает исходить всем заметный свет. Старец Дионисий Каламбокас говорит, что все стараются занять место вокруг такого духовного сына, ведь сияющий в нём Дух Святой греет мир. И в таком тепле становится хорошо всякому человеку, даже если он и далёк от веры, потому, что, на самом деле никому ничего не нужно, кроме любви. Той любви, путь к стяжанию которой – послушание Господу. А Господь знает, как согреть любящих Его...

Старец по отношению к чадам

Иоанн Златоуст говорил, что Христос первым искал дружбы апостолов. И старец первый ищет, как внести благодать в жизнь всякого человека, ведь любого пришедшего он любит с первого взгляда.

Эту историю рассказал священник Сергий из храма Вознесения г. Донецка, мой добрый товарищ.

Анна ходила в храм Вознесения. В 1970-х годах у неё уже совсем не было родных и кто-то обманом попытался отобрать у неё домик, где она жила. Обман был удачен и домик должны были отобрать. Она отчаялась. И к ней пришло письмо: «Всё будет хорошо, не отчаивайтесь. Ваш духовный отец схиигумен Савва». Как известно, старец Савва жил в Псково-Печерском монастыре и до этого она никогда не была у него. Он сам духом прозрел беду и поспешил на помощь.

Подобную историю приводит и Светлана Гридчина из Мариуполя, которая устраивает паломнические поездки по святым местам России. Однажды к ней подошла матушка священника и спросила, будут ли они заезжать на могилу старца Николая Гурьянова. Узнав, что будут, матушка поехала с ними, а в дороге рассказала свою историю Светлане.

Случилась её история в селе под Херсоном – туда отправили служить священника с матушкой. Храм в селе был перестроенным из старого сельского клуба и в нём ничего не было: ни икон, ни иконостаса, ни подсвечников, ни свечей, даже с богослужебными книгами были трудности. И еды у них почти не было, только то, что приносили прихожане. Матушка Наталья каждый вечер плакала и молилась Богородице, чтоб Она всё нужное послала. Матушка боялась, что люди не будут ходить, так как в храме ничего нет. Однажды днём к дому подъехала дорогой автомобиль и водители спрашивают: «Где матушка Наталия?».

Она испугалась и говорит: «А зачем вам матушка? Может вам батюшку? Он в храме».

Но они отвечают: «Нет, нам матушку».

Она: «Матушки нет». Приехавшие возвратились в машину и сидят, ждут. Больше часа прождали, а матушке стало стыдно, думает: «Какая же я христианка, побоялась, что убьют», вышла к ним и говорит: «Вы меня простите, я испугалась. Матушка – это я».

А они: «Вот хорошо, а мы предприниматели, к вам от батюшки Николая Гурьянова»

Она: «А кто это?»

«Вы не знаете? Такой хороший батюшка! Сказал к вам заехать, где вы живёте описал, как вас найти, и велел вам привезти вот это; и достают из багажника всё то, о чем она просила у Богородицы».

Старец-наставник в буквальном смысле не может уснуть, пока не обрадует несчастного человека.

Не только старец, но и богомудрый духовный отец может нести свет в душу ученика, ведь это всегда зависит от меры любви и жертвы духовника.

Лариса Ш. рассказала, что её дедушка раньше всю ночь просыпался и просил ему спину потереть. Лариса очень раздражалась. Так как буквально ни одну ночь не могла выспаться. Она исповедалась батюшке Митрофану Никитину, и батюшка сказал смиряться и воспринимать всё как есть. Она вначале возмутилась на эти слова, а потом ей пришла светлая и чистая мысль: «Я ведь всё равно встаю ночью и помогаю дедушке, зачем же я ропщу, буду без ропота всё делать». И с тех пор она всего ещё несколько ночей вставала, а потом дедушка перестал её звать, так как больше не просыпался по ночам. Так была решена проблема, но, в начале, был исцелён её помысел.

Авва Дорофей говорил, что к каждому человеку нужно относиться с благоговением, как к святыне. В присутствии праведного наставника или святого старца, который стяжал такое отношение, окружающие его люди часто учатся этому сами собой. Ведь ученик усваивает, прежде всего, не внешние формы поведения наставника, но благодать, живущую в нём.

Друзья рассказали мне такую историю: Они приехали в один из монастырей, окормляемых старцем Дионисием Каламбокасом, и им накрыли чудесный обед. Гости кушали и радовались, что столь далеко от цивилизации, можно так вкусно покушать. Их все приняли с необыкновенной теплотой, и они уезжали счастливые. Позже они случайно узнали, что добрые монахи, чтобы накормить гостей, принесли им из келий и трапезной в буквальном смысле всё вкусное, что у них только было. Всё, что им самим присылали их родные и близкие.

Так, благородно и просто, возрождаются в современном мире события древних патериков и величественных историй о светлых людях.

Забота старца и наставника о духовных детях простирается до мелочей. Так, в мой приезд в монастырь Петра, старец Дионисий следил, чтобы у меня постоянно была еда. Всю многочасовую беседу с ним монах по его слову приносил мне угощения. А после беседы, окончившейся глубокой ночью, старец благословил пойти в трапезную, которая была открыта и монах ждал там всех, кто выходил от старца, хотя последний посетитель вышел от него в пять часов утра. Не смотря на занятость, старец распорядился и по поводу того, чтоб мне помогли добраться до вокзала, так как я собирался в обратный путь. Все те несколько часов, пока я был со старцем, я чувствовал, что его время и сердце всецело в моём распоряжении. То же самое ощущали и все другие посетители.

Как Христу есть дело даже до житейских нужд своих чад, так и старцу по воле Божией небезразлична никакая мелочь, которая касается нас. Ведь для любящего в любимом нет мелочей.

За такую любовь Господь награждает старца прозорливостью, которая открывает ему все тайны душ к нему приходящих. А сострадательная молитва о чадах творит чудеса в их жизни.

20 декабря 2014 года я стоял на утренней литургии в храме и ко мне пришли мысли, что у меня совсем нет денег и нет возможности их заработать, а, значит, я ничем не могу помочь моей маме. Но я не стал огорчаться и только сказал сам себе: «Если мне очень будет нужно, то Бог скажет старцу Дионисию, и тот найдёт возможность мне их прислать».

После службы в нижнем этаже храма состоялась неожиданная и незапланированная встреча духовных детей и почитателей старца. Там мне подарили деньги, которые я принял, как подарок от моего дорогого старца.

Старец всегда смиренен – он ощущает других людей лучшими, чем он сам. Таково свойство любви. Помню, как приехав в Петру я целую неделю ожидал приезда старца. Когда же он приехал и принял меня, то его первыми словами были: «Я прошу у вас прощения за то, что заставил вас думать, что я не приеду».

Освящённый человек – это человек, пронизанный Богом. Воля Божия стала его волей, ведь она в том, чтобы каждый жил по любви своим неповторимым образом.

Старец желает спасения каждому приходящему к нему человеку. Его жалость и милость рождают сострадательную молитву, на которую легко отзывается Бог.

Христос сходит за людьми во ад, и наставник идёт за чадами до конца. Показателен тут пример апостола

Иоанна Богослова, который в буквальном смысле бежал за учеником, скрывавшимся от него.

Встретить святого, Божьего человека – это войти в реку света, ощутить Евангельскую свободу, понять, насколько Господь на нашей стороне. Даже, когда святой или старец обращается не к тебе, а ты только передаёшь его слова – в твоей душе тотчас загорается свет, который делает тебя выше всех причинно-следственных связей и утверждает бессмертие всякого твоего добра и твоей души. Только что Бог был далеко, и вот – Он уже рядом – во всём, в тебе, и звенит, открывается сердцу Его великая милость к роду людскому.

Я часто слышал от близких сердцу людей, что, когда они получали письма от старца Дионисия Каламбокаса, то в душе разливался необыкновенный свет и казалось, что растут крылья. Эти крылья есть Дух Святой и с Ним легко летать по вселенной и видеть весь мир и всякую в нём историю хорошей, ведущей к благу и утешающей своим счастливым концом.

Когда один священник (иерей П.) будучи ещё молодым человеком ездил по старцам и спрашивал, что ему делать: жениться или становиться монахом – все старцы отвечали ему: «Слушайтесь своего сердца».

В Петру, монастырь старца Дионисия Каламбокаса я приехал вечером. Окончив все дела, с этим связанные, я вошёл в трапезную и попросил разрешения остаться тут на несколько часов, объяснив, что я писатель, и мне необходимо записать дорожные впечатления. И монахи были столь добры, что, хотя я и пробыл в трапезной до глубокой ночи, никто никак не тревожил меня. Только кто-то из братии предлагал покушать, чтобы я не слишком утомлялся. Не знаю, во сколько легли те, кто должен был смотреть за трапезной, но такое необыкновенное гостеприимство не могло не тронуть. Каждый монах был радостен, и каждый выражал свою радость по-своему. Один брат, широкоплечий и статный, увидев моего сопровождающего, тоже монаха, широко улыбнулся и приподнял его в воздух. Так он выражал наполнявшие его добрые чувства. Монахи входили и выходили, со всех концов мира прибывали запоздалые гости – их немедленно садили за стол и кормили. И я заметил, что каждый инок тут прекрасен по-своему, никто не копирует друг друга, но все по особому раскрываются в столь желанном людям Духе Святом. Если что у них и было общим – так это жажда сделать всё для всех вокруг, чтобы каждый знал ту же радость, что и они. Если в мире встретить хотя бы одного такого человека – захочешь жить дальше, любить, превозмогать и творить. А здесь, на небольшом клочке земли, было собрано несколько десятков настоящих людей, а потому, не смотря на дождливый ноябрь, казалось, что сама природа вокруг ликует и говорит каждому: «Нашла человека!».

Вопросы о радости

Радость всегда была знаком обретаемой настоящести и свидетельством, неочевидным для неофитов и людей формы, что путь человека ко Христу верен.

Однажды, один европеец, путешествовавший по православным монастырям, спросил старца Софрония Сахарова: «Почему вы весь день смеётесь?» и старец ответил: «Потому что мы всю ночь плачем...»

***

Вот самый важный признак Божьего человека – через него мы понимаем, что и в нашей жизни действует Бог, что и мы нужны Господу, а, значит – и у нас всё обязательно окончится хорошо!

***

Немного сто́ит та вера, которая не приводит к любви. Для святых старцев знать, что другой заблуждается, никогда не значило, что он не должен быть дорог…

***

Старец Ефрем Ватопедский: «Никогда не отчаивайтесь. Всегда со смирением призывайте Христа, Который в последний момент, как говорят в Греции – "без пяти" – обязательно нам поможет».

Старец Ефрем Ватопедский: «Проблемы не разрешаются с помощью огня и оружия, а только с помощью молитвы и через правильный диалог».

***

Вот один из важнейших признаков Божьего человека: рядом с ним тебе открывается, как неслыханная победа над всеми возможными обстоятельствами и злом, что Господь прямо сейчас всё делает для того, чтобы ты был навеки счастлив, и что Он обязательно приведёт тебя в счастливый конец.

***

Папа Янис, старец Афонский: «Главное в жизни – не быть мелочными, не считать все вот это. Не смотреть на это, чтобы не поругаться».

Не в монастыре

Знаменитый Греческий старец Никон Лазару, духовный сын старца Ефрема Аризонского и духовный внук святого Иосифа Исихаста.

С этим человеком-солнцем я познакомился и общался на Международном молодёжном фестивале «Братья». Разговоры со старцем Никоном нельзя назвать иначе как счастьем.

Интересно, что, спустя время, некая печальная монахиня одного монастыря на постсоветском пространстве глядя на мои фотографии разных греческих подвижников, вздохнула и сказала: «Какие они радостные... Наверное, не в монастыре живут...».

И она совершенно не могла поверить, когда я говорил ей, как много в Европе улыбающихся христиан, христиан счастливых и доверяющих Небу, ведь, если ты вправду чувствуешь прикосновение Бога к жизни, то и мир для тебя становится Его сказкой...

Маленькие большие чудеса

В нашем мире драгоценна и редка способность некоторых людей быть учениками у людей Духа и красоты.

Ник Вуйчич пишет: «Когда человек скромен настолько, что может просить поддержки, большинство людей с удовольствием поддерживают его, не жалея сил и времени. Если вы ведёте себя так, словно знаете всё на свете и ни в ком не нуждаетесь, то вас вряд ли будут поддерживать».

А у Бога для нас всегда много радости и чудес!

Так, моя замечательная студентка, занимающаяся своим бизнесом в одной из мировых столиц, долгое время испытывала трудность в том, чтобы приходить в магазины и кафе, и предлагать там свою продукцию. «Не печальтесь», – говорила ей моя супруга – «Бог не станет требовать от вас невозможного. Просто доверьтесь Ему и напишите письмо старцу Дионисию Каламбоксу в Грецию, – расскажите о себе и попросите молитв!»

Студентка послушалась её и описала старцу свою трудность. А через неделю она с удивлением заметила, что, если раньше ей приходилось, испытывая психологические проблемы, ходить и предлагать свой товар, то теперь, неожиданно, множество знакомых и незнакомых людей стали сами обращаться к ней и договариваться о поставках и продажах.

– У Бога для нас всегда всего много, – заметила на это моя супруга, – и даже когда мы отчаиваемся и грустим, но не сдаёмся – то увидим, как светло и необыкновенно Он спланировал нашу дорогу…

Неслучайное

Один человек служил сторожем в храме на послушании у своего духовного отца (История была в 2005 году). Храм находится возле базара и туда часто заходят хулиганы пытаясь устроить беспорядки и сторожу приходится сражаться. Однажды сторож поймал вора, который воровал в храмовом дворе. Поймав его, сторож стал ждать батюшку Амвросия, пока тот решит, как быть. Решение батюшки больше всех удивило вора.

– Что у вас тут происходит?
– Да вот, батюшка, вора поймали!
– Да… ну накормите его и отпустите.

Люди вокруг нас страдают. И будет честным нам принять их страдания на себя. Именно поэтому сказано, что мы должны носить тяготы друг друга, и тогда исполним закон Христов. Бог не хочет, чтобы мы жили в одних только скорбях, но посылает нам тех, кому мы нужны. Но важно, чтобы и нам были нужны другие. До такой степени, чтобы мы готовы были их взять к себе жить, и служить им, и радоваться, что мы им служим. Конечно, такое отношение возможно только по мере любви. А любовь возможна только по мере благодати.

Как же полюбить? Святой Макарий Великий говорит, что если мы хотим приобрести какую-то добродетель, то должны делать дела, которые свойственны этой добродетели и молиться, чтобы Бог нам её подарил. И обязательно, в конце концов, у нас будет эта добродетель.

Но какая же радость, когда вдруг встречаешь того, кто уже любить научился.

Старец Гавриил Стародуб не мог даже на службе стоять, если знал, что кто-то голоден. А когда старцу Виталию Сидоренко уступали место в автобусе, он считал, что должен вымолить этого человека.

Любовь возжигает любовь и от света загорается свет. Одна девушка после смерти старца Гавриила поехала в храм, где он служил. Её приняли бывшие келейницы старца. И девушка была несказанно удивлена той ласке и заботе, какой её окружили с первых минут пребывания в селе старца. Её и угощали, и провели с экскурсией по дому и храму старца и дарили памятные подарки. Келейницы, в буквальном смысле, угадывали её желания и старались всё сделать так, чтоб она ни в чём не чувствовала себя чужой, лишней, ненужной. Было ощущение того, что она пришла в родную семью, где её так долго ждали.

Любой, приехавший к старцу человек хотел бы услышать о чудесах, которых так жаждет душа не ради праздного любопытства, но убедиться, что небо рядом. И келейницы ей рассказали простой и добрый случай, как некий селянин обратился к батюшке Гавриилу с жалобой на то, что растущие на его поле подсолнухи гниют, а уже настало время сбора урожая. На это старец ответил, что урожай собирать, несомненно, надо, и обещал помолиться. Собранные зёрна оказались превосходными…

Святой Исаак Сирин говорит: «Доброе делание и смиренномудрие делают человека богом на земле; а вера и милостыня производят то, что он скоро приближается к чистоте».

В этом смысле удивительны комментарии епископа Пантелеймона Шатова на житие святого Иоанна Кронштатского. Он говорит, что святой Иоанн потому имел такую исключительную и чудотворную молитву о мире, что он очень многим служил именно социальным служением: кормил, утешал, лечил, помогал бедным, больным, одиноким и инвалидам. Его сердце горело жалостью о них и Бог давал ему великое чувство Бога. Потому что чувство Бога есть Сам Бог. «Вера, живущая в христианине есть Христос», – говорит блаженный Феофилакт Болгарский. То есть по мере вселения в нас Бога мы его и ощущаем.

А ощущать Его, жить в чувстве реальности существования Господа и доверять Ему свою жизнь – это и есть блаженство.

Чему учат старцы

Посмотрите на библейскую историю, прочтите, что открывали старцы нашего времени о жизни, и вы увидите, что через все людские амбиции, страсти, грехи, поиск выгоды и борьбу за власть победно движется Божий Промысл, направляя все пути мира к свету. И чем сильнее сопротивление зла, тем прекрасней Его победа. Как и сколько сорняков зло ни сеет в душах и мире – урожай добра снимает Христос. И Он всегда даёт Своим верным видеть глубже поверхностного зла. Как из каждой частицы мира и времени Бог растит Своё небесное царство.

Старцы и труды

Труд для человека чаще всего является неким наказанием и мучением. Даже в монастырях труд часто изматывает, а не вдохновляет. А, между тем, труд мог бы приносить человеку вдохновение, которое бывает, когда мы делаем то, что соприродно нам. Потому в обителях старцев и вообще рядом с ними людям светло работать, потому, что труд здесь наполняется смыслом созидания новой красоты в том, что близко душе человека. Авва Дорофей когда-то писал, что «девять десятых внимания нужно обращать на устроение души, чтоб она была мирной и восходила к свету, когда мы исполняем служение, и только одну десятую – на результат». В этом глубочайшая мудрость, ведь от содержания сердца напрямую зависит светоносность того, что мы создаём, пусть это будет даже приготовление обеда или садовые работы. Я часто замечал, что труд, благословлённый старцами, становится для людей поводом к ликованию, настолько он совпадает с их индивидуальной способностью приносить в мир новую красоту.

Преодоление боли

Святой Марк Подвижник говорит, что «причины всех наших страданий находятся в наших мыслях». Можно добавить, что мрачные мысли коренятся в том, что даже православному человеку, как правило, приходится учиться доверять Богу, когда в жизнь приходит боль.

Хотя, на самом деле, доверие Богу даёт человеку возможность ещё на земле жить в райском состоянии духа. Авва Дорофей всегда говорил «хочу, чтоб всё было, как оно будет». Эта, странная, на первый взгляд, фраза, полна глубокого смысла. Ведь если человек верит, что

Христос действительно умер и воскрес конкретно за него, то можно поверить и в то, что любовь никогда не допустит зла тем, кого любит. Евангелие доносит до нас слова Христа: «если вы, будучи злы, умеете даяния благие давать детям вашим, тем более Отец ваш Небесный даст блага просящим у Него» (Матф.7:11). А в Ветхом Завете мы можем найти предложение людям взглянуть на прежние поколения и найти хотя бы кого-то одного, кто доверился Господу и постыдился. И если мы обратимся к тому, что уже пережили и испытали сами, то увидим, что всегда были защищены и любимы. Создавая мир, Господь рассчитал в нём всё, вплоть до последнего броуновского движения частицы. Мы же «дороже многих малых птиц».

Одна моя подруга тревожилась и не знала, уезжать ли ей из города во время войны, или нет. Любое решение представлялось ей невыносимо горьким. Остаться – терпеть страх, а уехать – терпеть обиды от родственников. В смятении чувств она позвонила старцу Дионисию в Грецию. Старец был на службе и не смог поговорить с ней, но стал за неё молиться. И она, внезапно, ощутила глубокий внутренний мир души. Сердце наполнилось мыслью, что, какое бы решение она не приняла, Бог будет на её стороне и защитит и согреет её. Никакая боль, ни сама смерть не могут коснуться того, от кого Господь отводит беду.

Как же нам ощутить, что и нас Господь защищает и любит? Это можно сделать через личную молитву, личную беседу с Творцом. Откройте Ему ваше теперешнее душевное состояние, и помощь непременно придёт. Как она приходила к сотням миллионов других людей в истории этого мира, где никакая беда и боль не могут быть сильнее надежды на Того, Кто возлюбил нас.

О духовной жизни

Правильная православная духовная жизнь даёт человеку много сил на любовь, преображение, творение новой красоты, миссию и заботу о ближних. Неправильная духовная жизнь словно бы умерщвляет в человеке любовь и радость, не даёт раскрыться творческим силам и приводит к гнушению миром и человеческим умножением красоты и добра.

Впрочем, неправильная духовная жизнь может перейти в правильную, при усилии человека, при доверии его Божьему миру и радости. Как же перейти к правильной духовной жизни?

- Правильное духовное руководство. Читать жития святых наставников. Наставник должен действовать в духе святых отцов, духе любви, духе церкви.
- Правильные книги + правильное образование.
- Добрые дела, приносящие благодать. Таким образом человек будет знаь благодать на вкус.

Даже проведя много лет в церкви, всё равно ощущаешь, как необходимо тебе усилие преображения. И вот почему. С годами церковной жизни количество дорогих людей умножается и человек ощущает, что каждый из них должен получить от тебя всю высоту и полноту родственного отношения. И, вместе с тем, видишь, что на любовь к любимым постоянно восстают страстные пожелания и устремления. И тогда всем естеством, всей душой ощущаешь, что весь труд твоего преображения существует только ради любви, которую ты должен отдать другим людям и Богу. Ведь и Бог, и люди ждут от тебя именно полноты любви. Легче всего на лад такого отношения душа перестраивается в храмовой молитве.

Богослужение и молитва есть путь в молитвенное познание реальности. Через них человек начинает видеть мир в целостности Божьего замысла о бытии. А понимать этот замысел, значит стяжать сердце милующее, которое будет отражением милости Бога, у Которого, по слову Феофана Затворника, «одно желание – миловать и миловать. Он и на страшном суде будет искать не как осудить, а как помиловать, и помилует всякого, лишь бы малая возможность была».

Духовный путь невозможен без духовного руководства. Для не знакомых с послушанием оно кажется обузой, ношей, а послушник через послушание в буквальном смысле вкушает услаждение души благодатью.

Святой Никон Оптинский описывает, как однажды, в скиту Оптиной пустыни встретил пожилого монаха, который на коленках мостил дорогу. Святой Никон испугался за его здоровье и спросил: «Дедушка, вам не тяжело?». На что монах с блаженной улыбкой ответил: «Батюшка, послушанье прохожу! Мёд пью!!!».

Однажды авва Дорофей спросил своих духовников – святых Варсонофия Великого и Иоанна Пророка, почему в Писании сказано «в мире скорбны будете», а он, Дорофей, живёт в постоянной радости? И святые наставники ответили ему, что единственное на земле не знающее скорби состояние – это когда ученик имеет полное послушание по отношению к своему праведному наставнику.

Это верно не только в VI веке, но и в XXI. Святой Марк Эфесский говорит, что причина всех наших страданий находится в наших мыслях. Человек мучается не от бед, а от отношения к происходящему, страхов, комплексов, ложных плохих предчувствий и мрачных мыслей. Наставник помогает каждый раз в каждом конкретном случае мыслить правильно, то есть посмотреть на ситуацию Христовым взглядом. А такой взгляд неизменно убеждает в объективности хорошего конца, и лишает плохие мысли, а с ними и врага, всех позиций, с которых они могли бы атаковать человека.

***

Святой Иосиф Исихаст, воспитатель и учитель множества современных старцев, равно как и святой Филофей Зервакос, духовник монастыря Ланговарды на острове Парос, учили приходящих к ним мирян, священников и монахов частому (несколько раз в неделю) причащению и Иисусовой молитве. А постоянное причащение и молитва помогали людям в чистоте видеть Бога и доверять Христу, что Он знает, что делает и что весь мир есть Господня сказка со счастливым концом для каждого доброго человека.

***

Старец Гавриил Стародуб говорил: «И в храм можно ходить и не познать Господа...»
И уже из опыта мы знаем, что отличительным свойством тех, кто Бога в храме познали, является их забота и деятельное переживание о других людях, за которое Небо посылает им внутреннюю радость... старец, помогая людям, применял удивительную практику: будучи профессиональным музыкантом он, видя душевное состояние пришедшего, усаживал его рядом с фортепиано, а сам играл для человека что-то из классики, подбирая произведения так, чтобы душа пришедшего раскрылась и получила пользу.

***

Старец Софроний Сахаров учил своих учеников, что молитва должна быть не просто пробеганием глаз по тексту, но живым обращением к Господу, потому что дело, как всегда, не в правиле, дело – в сердце.

***

Когда я возвращался со своими студентами домой с международного фестиваля «Братья-2018», одна студентка спросила меня, как удержать в сердце тот свет, который она обрела за эти дни: в литургии, общении с прекрасными людьми и беседе со старцем Никоном Лазару? Я рассказал ей, что такой вопрос волновал и святых отцов, и они нашли ответ: чтобы сохранить благодать нужно каждый час несколько раз (или чаще) обращаться с молитвой к Богу. Студентка решила испробовать такой способ, а через пол часа заметила мне: *«Уехав с фестиваля в город я чувствовала, что огонёк обретённой красоты во мне гаснет, а когда я стала молиться, то увидела, что он снова разгорается...»*

Телевизор

Когда у белгородского старца Григория Давыдова спрашивали, можно ли смотреть телевизор, он отвечал: «И пчела, и зеленая муха летают по разным местам, залетают и в туалет. Но пчела всё равно приносит нектар, а муха только разносит заразу. Так и человек: если имеет в душе чистоту, то не осквернится и от телевизора. Но непотребных фильмов и передач лучше избегать. А если смотрят дети, то только под контролем взрослых».

***

Читая Евангелие, словно становишься на пороге своей собственной жизни, которую ты теперь вдруг увидел как осиянную Господним уверением, что твоё стремление к Небу не напрасно и Господь подарит тебе счастливый конец всех твоих больших и малых историй.

То же чувство бывает, когда говоришь с великими современными старцами, такими как Эмилиан Вафидис, Дионисий Каламбокас, Никон Лазару или Ефрем Аризонский.

***

«Святые никогда не плачут и всегда пребывают в радостном расположении духа» – гласит общее мнение по поводу праведных церковных людей. Между тем, это описание подходит скорее не человеку, а терминатору, а в жизни святых, хотя в глубине у них и было особое состояние света, выпадали такие тяжелые минуты и годы, что человек просто не мог не печалиться и не плакать.

Так, святой Афанасий Сахаров, человек, отсидевший в лагерях за веру 30 лет, образец стойкости и отваги, пишет в своих письмах после всех ссылок такие вещи: «Ужасно. Ужасно. Так больно, так грустно, так тяжело. Хочется плакать». Или: «Грустно, больно, скорбно, плакать хочется».

Он же постоянно жалуется на своё тотальное одиночество в краю необразованных и некультурных людей, с которыми невозможно говорить на высокие темы, оговариваясь, что они – хорошие люди, но – «малокультурные», и пишет, как тяжко среди них ему жить…

В жизнеописании святого Афанасия Сахарова сказано, что он «обладал большим чувством юмора и тонким поэтическим чутьём, любил прекрасное, умл находить его всюду. И очень страдал от всего нечистого, грубого, как-то недовольно прятался внутрь себя; не переносил фальши и празднословия». И этот тончайший человек перенёс 30 лет тюремного заключения за веру, мучаясь, часто не имея ни друзей, ни поддержки, но не утеряв своей тонкости, а только приумножив её, выйдя из заключения Гендальфом, мудрым старцем, человеком удивительной внутренней силы.

Воистину, страдания, хотя они и тяжелы людям, не могут помешать Божьему плану вырастить из нас тех гигантов, которые вправду достойны зваться на земле людьми!

«Любящим Бога, призванным по Его изволению, все содействует ко благу» (Рим 8:28).

И это касается всех нас, потому что перенесённая нами боль – это наши великие ордена и на земле, и в вечности. И это те двери, которыми мы входим в радость, потому что, по слову старца Софрония Сахарова «Благодать входит только в ту душу, которая исстрадалась...»

***

Мудрые святые отцы не раз говорили, что почтение мы должны выказывать каждому, но вот принимать совет для совершения своей жизни – от единиц.

Эта мысль распространялась отцами и на священников. Потому что из всех священников, давать совет тебе имеет право только твой старец, в крайнем случае, твой духовник, если только он делом доказал евангельскую глубину того, о чём говорит. Доказал созвучием Христу и рассудительностью, а не усиленным постом, кислой рожей и руганью в адрес молодёжи и Запада.

Старец Эмилиан Вафидис говорит об этом так: «Если я всякому позволю давать мне советы, оказывать влияние на мою жизнь, то я запутаюсь, буду страдать, измучаюсь и стану мучеником без всякого венца от Бога...»

***

Куда бы ни распространялось учение афонских старцев XX – XXI столетий, всюду они несли слово о важности частого причащения, исповеди и Иисусовой молитвы. И всё это они предлагали людям не как цепи, сковывающие свободу, не как ещё один способ отнять время у работающих людей, но как сокровище, которое вправду способно преобразить жизнь и возвести её до жития.

Посмотрите, например, с какой любовью, с каким знанием вопроса старец Эмилиан Вафидис пишет об Иисусовой молитве: «Иисусова молитва является самым великим счастьем, которое только может иметь человек на земле. Она есть непрестанное причащение Бога».

***

Святой Паисий Афонский часто говорил, что мы похожи на людей, которые несут мешок, набитый старьём, и это старьё не может пригодиться нам даже в этой жизни. И Бог приходит к нам, чтобы вырвать у нас из рук этот, тяготящий нас мешок, но мы упираемся и не отпускаем его…

Марк Эфесский замечал, что «причины всех наших страданий находятся в наших мыслях».

Потому даже в светских реабилитационных центрах мучающимся людям советуют совершенно не смотреть новости… Ведь мы мучаемся именно от мыслей, и не от чего другого. И именно для разбора мыслей, для отсеивания мыслей плохих существуют великие наставники-старцы и лучшие из психологов.

Святой Паисий Афонский с грустью говорил Афанасию Лимасольскому об одном юноше: «Посмотри на этого молодого человека: он не даёт ни одному помыслу убежать от себя...»

Удивительная вещь – Божья поддержка благодатному человеку! Сколько, например, может принять в день клиентов молодой, полный сил психолог? Допустим – десятерых.

А больной и пожилой Паисий Афонский принимал по 150 человек в день, и каждый уходил от него слово к его ногам приделаны теперь крылья!

Это хорошо знают те, кто дождался чего-то: славы, положения, денег – тотчас это, прежде желанное, перестаёт тебя радовать и вдохновлять.

Фредди Меркури, любимец многих людей, после концертов часто бросался ходить по городским улицам, чтобы как-то утолить мучающую его боль и ощущение бесцельности своей жизни.

Только Божье присутствие делает любое приобретение даром, сопровождающимся нашей благодарностью и потому неувядающим в сердце. Вот как пишет об этом Афанасий Лимасольский: «Человек может думать, будто мирская слава даёт облегчение, когда у тебя в миру есть имя, сила. Но ничего подобного, ничего абсолютно: всё это – усталость, груз, обман, терзающие нас необычайно».

***

Ложная духовная жизнь убивает в человеке зачатки творчества, но человеку кажется тогда, что так – смиреннее.

И наоборот: я видел, как люди, возвращаясь от старца Дионисия Каламбокаса, начинали неожиданно для себя вспоминать стихи высокой поэзии и читать эти строки вслух друг другу на пути домой.

***

Те, кто говорят, что святые не хвалят людей, не вчитывались в Евангелие и ничего не знают о святости.

Афонский старец Даниил Катунакский пишет об обращающемся к нему за советом Нектарии Эгинском такие слова:

«Муж высокой святости, украшенный добродетелями, и не уступающий древним святым отцам. О, сколь велик сей отец церкви нашей! Поистине, новым Василием Великим, кажется прозорливейший сей отец!»

Старец Даниил пишет это при жизни Нектария. Письмо датировано 1910 годом, а Нектарий умер в 1920.

***

Старец Никон Лазару: «Мы живём в мире и не замечаем, что происходит вокруг нас. Христос говорил: «Посмотрите на лилии полевые: они не сеют, не жнут». Знаете, что это значит? У Господа было время, чтобы смотреть на цветочки!

***

Святой Нектарий Эгинский пишет старцу Даниилу Катунакскому о своём намерении: «Ненадолго прийти на Святую Гору ради освежения духовного».

В этом освежении, обновлении жизни и истины в нас – смысл святых мест.

***

Святой Иустин Сербский говорит «Христианин мыслит светом». И там, где мы имеем дело с настоящим христианством, мы чувствуем покой и мир, и особенным образом знаем, что у Бога для людей приготовлена только радость.

Так, старец Ефрем Филофейский писал о святом Иосифе Исихасте, что «Внешность его была очень благообразной. Стоили только его увидеть, как сразу успокаивались нервы».

***

Святой Иустин Сербский пишет о новостях: «С тех пор как у нас газеты, то есть чтение газет стали утренней молитвой современного человека, современный человек стремительно дегенерирует в недо-человека, первый предок и последний потомок которого не-человек». И что приносят новости, кроме чувства ложной осведомлённости и опустошения души? А там, где Бог, там мир сходит в душу человека...

Старец Эмилиан Вафидис пишет, что наше ежедневное общение с людьми, его высота, глубина и наполненность, зависят от нашей уединённой молитвы к Богу. Нельзя думать, что этот совет даётся старцем только монахам — он всеобъемлющий, охватывает все этапы общения, от поверхностного до дружеского, и помогает человеку всюду настраивать душу на глубину. Вот что говорит об этом старец: «В общении мы проявляем свою опытность, радость, мир, просвещение, святость. Но все это мы приобретаем при помощи молчания, молитвы, общения с Богом в своей келье. Никто не становится святым от общения с людьми. Через ближних к человеку приходят только страдания, скорби, муки, за которые он вправе просить себе у Бога воздаяния. Но освящается человек и закладывает глубокий фундамент для своего бытия во время совершения своего правила, в уединении.... Пусть наше правило будет настоящим, сильным, и тогда оно сделает нашу душу светоносной и даст нам силы преуспевать. Итак, место, где мы будем обретать святость, просвещение, полноту, – это наша келья».

***

Старец Эмилиан Вафидис тонко замечает о важности духовной деликатности в отношении к людям, а ведь такая деликатность – добродетель почти не свойственная верующим. «Мы никому не должны говорить об ошибке, которую совершил наш брат, даже ему самому. Пусть об этом знает весь мир, мы не покажем брату, что знаем о его ошибке. Будем вести себя с ним просто и естественно, чтобы он чувствовал себя царем, радовался благородству человеческой природы. Человек неделикатный и неблагородный, пролей он даже свою кровь, в рай не войдет. А если войдет, то он и рай перевернет вверх дном. Ни святых, ни Бога не будет уважать человек, который противоречит своему брату, обличает его, не хочет его уважать».

***

Опытнейшие наставники мирового православия – старцы с болью говорят о том, что люди, приезжающие из РПЦ, чаще всего на исповеди ведут формальный разговор без включения личности и душевного глубокого переживания. И это – великая боль, ведь в РПЦ, в отличии, от многих верующих Запада, знают о значении подвига, но этот подвиг слишком часто остаётся на уровне формы, а не прорыва к Господу, для которого нужно живое и творческое отношение к духовной жизни. И не случайно ведь старец Эмилиан Вафидис пишет, что «если человек не чувствует духовной свободы, радости, веселия, то это значит, что он пока ещё не обрёл связи с Богом».

Есть такое психологическое явление – вместо решения проблемы уходить в мучение «Я плохой / плохая», «У меня всё равно ничего не получится», «Я не хочу жить».

Так себя ведёт человек не только в повседневной жизни, но и в духовной, и в последней многими людьми считается нормой – сказать о себе: «Я ничтожество, у которого всё равно ничего никогда не получится». А вот что пишет об этом старец Эмилиан Вафидис: «Когда нам трудно молиться, не будем осыпать себя упрёками, потому что это нездоровая реакция, она указывает на ущемлённое самолюбие, а не на сознание своей греховности. Брать на себя ответственность вполне естественно. Однако обычно мы осыпаем себя упрёками в том случае, когда не хотим менять своё поведение. Хочу я, например, завтра причаститься, но вижу, что я опять не в порядке, что опять был невнимателен. Тогда я начинаю говорить, что сам во всём виноват. Это означает, что и завтра я буду таким же, и послезавтра. Конечно, не кто-то другой, а мы сами во всём виноваты, но обрушиваться на себя с упрёками – это не решение проблемы».

О воле Божией

Инок Клеопа из Монастыря Пе́тра (ученик старца Дионисия Каламбокаса) пишет важные слова о воле Божией, которые много раскрывают для нас то, что же на самом деле открывает старец пришедшему к нему человеку: «Воля Божия это не мешки с цементом, которые ты та́щишь ‚с выражением пафосного превозможения на лице, через силу, мучаясь, страдая от этой ноши, а потом ты этот мешок неизбежно бросишь.

Нет. Когда Господь открывает Свою волю – у тебя сердце поёт. Ты чувствуешь, что ты делаешь то-то и то-то и ты по-настоящему живёшь, ты оживаешь, в тебя жизнь вливается. В твои кровь, сердце и ум. Тебе жить хочется, у тебя сердце поёт, у тебя силы, у тебя энергия – вот это воля Божия. Ты можешь и на смерть пойти, и на муки, но если это воля Божия и все муки перенесёшь, и силы от Господа будут на всё.

И чтобы понять, какова эта воля Божия обо мне, надо понять – от чего у меня сердце поёт, от чего мне жить хочется. Не то, что в книгах пишут про волю Божию, а как это именно у меня выражается. А для этого надо учиться слышать себя, своё сердце, его самые-самые глубины. Увидеть, на что у тебя отзывается сердце во время молитвы, особенно глубокой, от чего оно играет – вот тогда-то ты свою дорожку и найдёшь.

Ты, может быть, даже умом не понимаешь, почему у тебя именно от этого сердце играет и прыгает. Это может быть уму казаться нелогичным, может быть абсурдным. Но если ты следуешь за сердцем, то ты приходишь туда, где тебя ждёт Господь. И тогда ты видишь, что иго Его благо и бремя Его легко есть».

***

Геронтисса Эмилиани, духовная дочь старца Дионисия говорит: «Нужно всегда находиться рядом со святым человеком, чтобы у него учиться православию. Православие не лёгкое, но оно простое».

Заключение

Никто из бывших на земле святых не родился святым, но пришел к этому через труд. Любой из старцев и настоящих духовников был (а часто и до конца жизни оставался) настоящим послушником своего праведного духовника. И, как свет зажигается от свечи, так Святой Дух передаёт Себя от человека к человеку, на радость бытия вселенной, где столько людей хотело бы прийти к Господу, но не знают, как это сделать. Старец Дионисий говорил, что люди земли больше всего ищут того, кто привёл бы их к Господу и стал бы в их жизни тем светлым лучом от Бога, который осветит и возрадует их сердца. Таковы настоящие духовники и таковы старцы – рядом с ними человек ощущает себя попавшим в ожившую сказку. Ведь быть рядом с Богом – чудесно и радостно, не смотря на все трудности такого пути, которые естественны для идущего человека, но конец их – то Царство Непоколебимое, в котором Господь отрёт слезу всякого и горя больше не будет. Старец и наставник открывают ученику ту истину, что в это Царство можно войти ещё на земле, ведь говоря о спасении мы имеем ввиду радость, как говоря о любви мы говорим о Боге!

Жизнь в церкви есть непрестанная жизнь в Духе Святом. И всякий, кто хочет быть христианином не только по имени, но и по духу, будет постоянно окружен чудесами, из которых наибольшими окажутся Божий промысел, обращающий бытие в сказку, и собственная милостивая нежность души. Именно об этом, как о наибольшем чуде, говорил Златоуст, что в церковь входит волк, а выходит ягнёнок. Но и здесь, в Духе, существует радостная постепенность возрастания, когда вера становится верой опыта, когда мир оказывается хорошим и пронизанным благодатью.

Когда я встречал в своей жизни старцев, то самым важным оказывалось то, что они есть. Если есть в мире компьютер, то где-то есть завод по производству компьютеров. Если есть стол – то есть плотницкий цех. А, если есть обоженый, освященный, небесный человек– значит, есть и Небо, и тогда всякому непредвзятому ясно – всё, чему учит церковь – правда. Ибо церковь предлагает путь опыта, деятельной жизни. Вот тогда ты и будешь таким, как Паисий Афонский, Дионисий Каламбокас, Арсений Каппадокийский, Гавриил Стародуб, Порфирий Кавсокаливит, Иосиф Ватопедский, и все другие, славные в современности и веках Старцы. И если далёкому от божественной ревности человеку их дорога кажется неподъёмной, то они видят, что именно здесь, на этом пути и можно найти подлинную радость жизни, когда вдруг оказывается, что любой твой вздох, любое сердцебиение известны Господу, и Он мудро и кротко, час за часом направляет твою дорогу к добру.

СТАРЦЫ И ЛЮДИ

Старец Дионисий сказал желающему монашества одинокому священнику: «Монаха не бывает без старца».

Слово «Монаха» он написал с большой буквы, подчеркнув своё громадное уважение к личности священника.

В этих словах старца – бездна богословия. Тут и необходимость иметь наставника, который знает дорогу в рай, и важность единосердечия, и живая преемственность духовной традиции. По афонским представлениям человек уходит в монастырь не к стенам, но к духовнику, который воистину может помочь ученику вырасти в меру божественную.

Одна добрая 22-х летняя девушка сирота хотела поступить в Москву учиться на регента. Она мечтала учиться, но, вместе с тем, не верила, что сумеет туда поступить из-за большого конкурса. Кроме того священник её прихода тянул с рекомендацией, не желая отпускать певчую с клироса. По моему совету она написала старцу Дионисию и попросила совета. Ответ был таким: «Приезжай, я пошлю тебя в самые лучшие университеты».

Она много лет печалилась, что не имеет отца и сказала старцу, что ей не к кому обратиться за помощью. И старец подарил ей не только ответ, но и самого себя...

Она спросила меня, как я себя чувствовал, когда старец пригласил меня к нему приехать? И я ответил: «Подобно тому, как и вы. Свет и удивление. Чувство, что Богу есть дело до моей жизни и удивление: неужели вправду Бог сможет помочь в таком трудном деле? И Бог помог...»

Старец смотрит на мир небесным взглядом, а потому открывает более глубокий смысл там, где для других его нет. «Злоба и птица видят, что дождь идёт, когда собираются тучи. Доброта же видит, что дождь идёт - когда пожелает Бог...» говорил об этом Николай Сербский. Приобщение старцу есть ещё и приобщение этому небесному взгляду, когда мир постигается в русле Промысла и ученик начинает видеть, что и для него лично и для мира у Бога приготовлены только любовь и радость.

Старец знает происходящее в той полноте, которую Бог открывает ему для того, чтобы дать самый полный и верный ответ вопрошающему. И тогда через исполнение воли Божией в жизнь и душу ученика приходит высокий небесный свет. Бывает и так, что мы теряемся и не знаем, как именно исполнить сказанное. Тогда мы можем либо подождать и это само станет ясно (в том числе и по молитве старца), либо спросить старца о том, что нам непонятно. В конце концов мы видим, что из всех возможных вариантов событий воля Божия открытая через старца – это самое светлое из всего, что могло бы с нами произойти. И радостно сознавать, что Господь доверяет нам труд претворения Своей воли в нашей личной жизни.

Люди, узнавая о себе волю Господню, волнуются, потому что Господь вдруг открывает тем, кто страдал много лет, что Он сам всё это время готовил их к невероятному счастью! И это ошеломляет и кажется невероятным ещё и потому, что мы слишком мало понимаем, что Христу есть дело лично для нас и «не таится от Него ни капля слезная ни капли часть некая»

Воля Божия – не тирания. Христос кротко входит в нашу жизнь. Анна К. Пишет: «На просьбу о молитве, чтобы мой муж снова стал причащаться, старец сказал:

«Прошу Вашего Супруга, Исповедоваться и Причащаться».

Святые и старцы дают пришедшим к ним людям пережить реальность существования Бога. И человеку тогда открывается, что Господь даёт нам поразительную свободу в добре. По сути, Он просит нас быть христианами и поступать по любви, а как именно это делать – оставляет на наше усмотрение. Конечно, Господь всегда даст через старца совет, как поступить лучшим образом, но и в этом совете полностью сохраняется наша возможность творчества нашей жизни.

В книге «Старец Паисий Святогорец: свидетельства паломников» есть воспоминание о том, как некий молодой человек пришел к святому Паисию с желанием узнать о себе волю Божию, быть ли ему монахом или женатым? И старец ответил так: «Господь хочет от тебя, чтобы ты был хорошим христианином. А чем будешь заниматься, зависит от тебя. Будешь монахом или женатым, неважно. Господь никого не принуждает».

Даже когда Бог через старца предостерегает от неверного шага, то всё равно не отнимает свободы поступка исходя из избранного человеком решения старается помочь последнему. Так, одна мама молодой девушки, собиравшейся выйти замуж, поехала за советом к старцу Гавриилу Стародубу. Тот, выслушав её, внезапно стал говорить, что «лучше не жениться, так как теперь молодым людям трудно строить семьи». Мама в возмущении уехала от старца, думая, что он вообще выступает против браков, чего в действительности никогда не было. После к старцу отправился и жених, и отец Гавриил в ответ на его настойчивость дал своё благословение на свадьбу. Но брак оказался непрочным, муж стал изменять жене и бить её. Тогда только им стало ясно, что старец отговаривал не вообще от брачной жизни, а от этого конкретного брака.

Но, когда его не послушались, не стал настаивать на своём и продолжил молиться. Возможно, именно благодаря его молитвам юная жена сумела сохранить душевное здоровье, пройдя через многие унижения и обиды.

Святой Паисий говорил, что Христос – это кислород души, и нельзя делать Его углекислым газом. Интересно, что везде, где от христианства сохранена только внешняя форма, внешние христиане стараются завладеть свободой друг друга. А люди Духа, наоборот, не покушаются ни на чью свободу, помогая и другим раскрыться в Духе.

Потому митрополит Сисанионский Антоний вспоминал о святом Паисии: «Все, кто приходили к нему охваченные страхами, выходили бесстрашные». Такое же влияние на людей оказывает и старец Дионисий Каламбокас, помогая многим преодолеть различные страхи, вызванные, часто, детскими травмами и перенесёнными обидами. Ибо чувство того, что ты вправду нужен Христу – окрыляет душу и даёт невероятное вдохновение жить и творить. Ведь тогда Сам Бог, через старца, уверяет нас в счастливом конце нашей личной истории, нашего пути, нашей ситуации. И где логика говорит лишь о новой боли, Христос обещает исцеление и нежданную радость, которая придёт тогда, когда, по слову Иоанна Златоуста «большинство станет терять надежду». Потому, что таков Господень обычай: дать нам время для подвига надежды на Него, а потом привести всех добрых к счастью.

Бог заживляет и лечит душевные раны. До своего приезда к старцу Дионисию я страшился потерять работу на предприятии. Начальники вообще знали, что подчинённые дорожат работой, а потому часто мучили работников, пугали их увольнением и доводили до нервного срыва. Особенно ситуация обострялась в Рождественский и Великий посты, когда работодатели этого предприятия начинали мнить себя рабовладельцами. Когда я вернулся от старца, был пост и начальники уже неделю огорчали работников угрозой увольнения и оскорблениями. Все ходили мрачные и подавленные, полные горестных мыслей о будущем. Но в моём сердце сиял образ виденного мною старца, и это давало силы утешать и радовать несчастных работников. Позднее, очередной кризис миновал и многие увидели, что и потерять, и приобрести работу – есть милость Божия. Так, у людей уходил страх потерять место, а с уходом страха появлялась уверенность в Боге. Ведь Господь часто попускает боль только для того, чтобы мы обрели эту райскую уверенность в Нём. В любом случае, как говорил святой Паисий Афонский: «Даже если зуб заболит – у Бога и эта боль засчитывается». И ведёт, перенёсшего её, к радости.

Авва Дорофей выражает эту истину так: «Из всего, что творит Бог, нет ничего такого, что бы не было благом». И мы тем мудрее, чем скорее понимаем это.

Страхи уходят и жизнь устраивается по мере обретения живой веры в Бога. Но вера, живущая в христианине, по слову Феофилакта Болгарского, есть Христос. То есть, насколько мы стяжали Бога, настолько и ощущаем Его присутствие. Старцы и святые – есть ключи к такому стяжанию. Они дают приходящим к ним людям пережить благодать и приобщиться к ней. Тогда церковная жизнь последних, становится осмысленной, да и вся жизнь проходит перед лицом Христа и Его промысла о бытии. А чувствовать реальность Бога и доверять Ему – это ещё на земле жить блаженно. Именно этому и учат старцы.

Апостол Павел говорит о подвижниках, что они имеют ум Христов. То есть – небом видят происходящее на земле и в церкви. Это и есть святоотеческое сознание или райские мысли. А каковы наши мысли, такова и наша жизнь. Правильные, боговажные мысли, дают нам возможность пережить всю жизнь как рай. Этому сознанию подвижники стараются приобщить других людей. Ведь бо́льшая часть людей церкви несёт в себе целую серию искаженных мыслей и восприятий. Исцеление помыслов и есть исцеление души.

Существуют искажения сознания свойственные народам целых поместных церквей. Когда не на уровне богословия (которое всегда чисто), но на уровне людского восприятия есть массовые искажения. В Русской Православной Церкви они таковы:
- желание огорчать и мучить других, что, якобы, способствует смирению этих других. Это то, о чём писал Чехов: «Народ у нас всё больше набожный, но ни такта ни в ком нет, ни чуткости, ни деликатности».
- мысль, будто образованность несовместима с духовностью.
- мысль, будто христианину нельзя радоваться и улыбаться.
- приверженность уставам и правилам до такой степени, что эти уставы и правила заслоняют возможность через них обрести личную встречу с Богом.
- недоверие к той красоте, которую Бог вложил в бытие. Мир кажется людям не местом Промысла Бога, но ареной действия врага...

Потому бо́льшую часть времени старцы, общаясь с людьми, помогают тем думать правильно. Видеть мир в лучах благодати Господней и в русле Промысла, где любовь Божия не может попустить зла любимым. Каковы помыслы человека – такова его жизнь.

Некий иеромонах из учеников старца Дионсия Каламбокаса даже говорил, что расстояние между адом и раем в душе – есть всего один помысел – неверный или верный.

Видеть мир Божиим взглядом – значит видеть, что мы предельно нужны и что наш Бог – воистину Бог хороших концов.

Чтобы прийти к такому светлому взгляду человек должен открывать свои мысли опытному духовному наставнику, и тот поможет в каждой конкретной ситуации иметь верные мысли. Каждый старец стал таким потому, что в своё время открывал свои мысли другому старцу, и так приобрёл ум Христов.

В какую бы страну мы ни приехали, и в какой бы поместной церкви ни очутились, мы всюду увидим в храмах тех, кто, являясь христианином, не живёт по Христу. И единственное, что они могут дать другим – это неприязнь и осуждение, как свойства падшего человека, находящегося во вражде к бытию.

Но мы всюду увидим и христиан, живущих по Духу. Их легко узнать – они разливают лучи благодатной жизни вокруг себя и вдохновляют других жить и творить. Они и есть – явленная в людях свобода христианства, ведь свобода – это подражание Христу и знание сердца, что мы любим Его и сами любимы Им.

Святые Старцы всегда учат людей вниканию в суть, чтобы оценивать человека по содержанию сердца последнего, а не по внешним отличиям.

Однажды некий священник спросил святого Нектария Эгинского, почему тот не носит панагию – знак епископского сана?

Святой отвечал так: «Посреди нас да будет Христос – вот что важно. А внешнее не так уж необходимо».

Гендальф Серый – персонаж толкиновского «Властелина колец», наверное, лучший в мировой литературе образ старца-наставника. Он, одновременно, знает дорогу к райским берегам и не мешает каждому идти туда так, как это соприродно каждой душе в отдельности.

Его советы не отменяют личной борьбы учеников со злом внутри себя и в мире, но они же дают надежду, что всё будет светло и на этом устроен мир.

Как-то я спросил одного настоящего старца по поводу некого очень трудного дела: «Есть ли надежда?» И старец, с подлинной глубиной Гендальфа во взгляде и голосе, отвечал мне: «Надежда есть всегда». И дело управилось как нельзя лучше, хотя по человеческому разумению так быть не могло.

И, быть может, один из главных уроков Гендальфа в той мудрости, что, если отдать всё своё ради чьей-то радости, то всё будет хорошо, ибо мир освящается жертвой любви и дружбы, даже если жертва эта приносится человеком.

Многие люди говорят, что встреча со старцем – есть одно из важнейших событий в жизни. Встречая старца, святого, мы встречаем Бога через этого человека. Мы видим, как Бог сияет через него и сами тогда попадаем в божественное пространство.

Старцы умаляют себя, чтоб собеседник не чувствовал дистанцию. Так, Антоний Сурожский всего раз в году служил в храме архиерейским чином, а всё остальное время – как простой священник. Василий Великий не придавал никакого значения своей одежде. Патриарх Павел Сербский мог, будучи в гостях, попросить объедки, и потом кушать их на следующий день.

Старцы могут смеяться над своими недостатками и не стесняются говорить о них. Это даёт людям уверенность, что и их немощи – не вся правда о них. Что они тоже красивы и нужны Богу.

Старцы помогают ученикам разглядеть, что любимые – необычны, пусть для чиновников они ничего не значат. Учат различать в других дары и красоту, дают вкусить святость.

Одна женщина иконописец по имени Наталия как-то, приехав в Англию, попала на литургию, которую вёл Антоний Сурожский. Она была потрясена тем, как он общался с Богом, глубиной молитвы и потом говорила, что тогда впервые ощутила реальность святости.

Взрослые люди, встречая друг друга обычно смотрят на встречного осуждающим взглядом. Не только грех, но и малейшая непохожесть друг на друга являются тут поводом к пожизненному осуждению.

Старцы, напротив, даже на недостатки других глядят с жалостью, как на собственную боль. Меня в своё время потрясло как старец Дионисий Каламбокас жалел презираемого многими верующими философа Ницше. Старец же говорил, что у философа просто не было в жизни человека, который бы отвёл его к живому Богу и явно открыл красоту Христа.

Протестантская среда не давала Ницше никакого живого богообщения и он восставал на своё неверное, протестантское, калечащее и законническое восприятие Бога.

Этой жалости к бытию Старцы стараются научить людей. Я знаю одну ученицу старца Дионисия, которая на всякую обиду отвечает жалостью. Она жалела и своего дикого мужа и злую свекровь и епископа, много лет мучившего свою епархию. А жалость и милосердие – это и есть христианство.

Старец, как и поэт, даёт небесное направление мысли, в русле которого человек силен совершать творчество умножения света и красоты и в себе и в мире.

Духовничество существует для того, чтобы привести человека к Духу Святому и научить его жить Духом Святым.

Это может сделать только такой наставник, который любит ученика, а потому видит в нём глубины образа Божьего. Что даёт ему понимание, как привести человека к той красоте, которую Бог об ученике задумал.

Но и ученик воспримет учение наставника только тогда, когда он любит учителя и старается подражать не просто тому или иному его поступку (чего может и не быть), но самому́ строю его души, его благодатной красоте и Духу Святому, Которого ученик различает в глазах и жизни наставника. Это и есть православное духовничество.

Жития святых и жизнь светлых старцев есть важная уму и сердцу возможность узнать, что лично мы, а не кто-то другой, можем в нашей конкретной жизненной ситуации поступить по Евангелию. Хотя вокруг все родственники, СМИ, модные блоггеры и общественное мнение будут навязывать нам логику греха, утверждая: «либо поступи по своей выгоде либо потерпишь урон и познаешь боль».

Так, узнать, что сербский Патриарх Павел жил бедно и пользовался общественным транспортом – это самому понять, что жизнь человека не зависит от изобилия его имения, и радость не зависит тоже. Патриарх Павел в ответ на предложение купить для патриархии машину, ответил, что сделает это только тогда, когда в каждой сербской семье будет личный автомобиль.

Однажды он был в гостях на обеде, кушал рыбу. Когда же хозяйка хотела убрать объедки, он заметил, что на косточках есть ещё немного мяса и попросил их себе, сложил в пакет и унёс в патриархию. А на следующий день стал всё это есть да ещё и угощать знакомых епископов… Когда же те спрашивали, как он вообще может всю эту гадость кушать, Павел отвечал, что весь мир и бытие пронизаны благодатью Господней, и потому он не выбросит остатки рыбы, а съест.

Тут и богословие и высота жизни и укрепление для тех, кто стремится к небу, а ему вокруг говорят, что прожить в наше время можно только руководствуясь логикой зла. Но вот перед нами святые – наши современники, которые так же пользовались компьютерами и мобильными телефонами, ходили на работу и имели семьи, но всякое своё дело они старались обратить в Бого-служение, а, значит, всё это можем и мы. И победой святых над злом Господь каждому говорит, как высоко и светло задуман каждый из нас, но узнаём мы это только, когда встаём во весь рост любви.

РАЗНОЛИКАЯ КРАСОТА

Людям хочется, чтобы нечто важное принадлежало лишь только им, а, если оно им уже принадлежит, то никто другой не смеет обладать этим сокровищем. Это верно, прежде всего, в отношении веры и любви. Мне приходилось общаться и переписываться с европейцами, принявшими православие. Они говорили, что, поначалу их отталкивало от истинной веры именно мнение, что всё это «слишком русское». И, только встретив таких всемирных людей, как Антоний Сурожский, старец Софроний Сахаров, старец Сергий Шевич и им подобных, они замечали, что православие – вера для всякого человека. Во Христе нет ни эллина, ни иудея, ни русского, ни украинца, ни грека, ни серба, «но всё и во всём Христос».

Тем, кто не видел мира дальше своей деревни, эти слова апостола Павла кажутся кощунственными: «Как же! Ведь истинное православие – это только русское, греческое – греку, сербское – сербу». Но тому, кто много ездил по миру, ясно, что православные жители Кении или Китая весьма отличаются от русских или греков во многом, но едины в главном – в правой вере и любви ко Христу.

Эту апостольскую идею всемирности православия легче всего ощутить в каком-нибудь многонациональном монастыре, окормляемом всемирно известным старцем, к которому едут и американцы, и французы, и сербы, и арабы, и иудеи, и все вообще. В таком Старце, как Софроний Сахаров или Дионисий Каламбокас. Тогда становится ясно, что Христос пришел для всех. Тогда отпадают вопросы, почему православные в Уганде могут есть в посту мясо, но не едят соли. Или отчего в некоторых европейских православных монастырях вечерняя служба длится всего пол часа.

Жителям какой-нибудь русской глубинки подобная получасовая служба кажется чуть ли не отступничеством, но она вполне выражает устроение людей, живущих согласно уставу, где большую часть службу служат именно утром, а вечер отводится для общения и личной молитвы. Ведь видеть своих любимых сестёр и братьев – это тоже молитва сердца...

Так, в монастыре старца Дионисия, каждого принимают радушно и, вместо того, чтобы сразу отправить в храм, кормят и селят в гостинице. Сама гостиница – это очень большая комната с перегородками из занавесок. Тут живут и некоторые монахи, и тут же селят каждого приезжего гостя – будь он бедняком или миллионером. Вечерами сюда могут приходить и насельники монастыря, которые всегда радуются общению друг с другом. Ведь правильная духовная жизнь неизменно приводит к радости.

Я всё вспоминаю, как один старый монах, переживая, чтобы я хорошо поел, приносил мне перед сном что-нибудь на ужин. Это было так трогательно и нежно, а монах был так похож на моего умершего дедушку, что казался каким-то сказочным Дедом Морозом с мешком подарков. На прощание он принёс мне икону, и она хранилась у меня долго, пока я не подарил её одному из людей, которых люблю...

Побывав в Петре, монастыре старца, я ещё раз понял, как важно человеку смотреть на иные обычаи без осуждения, но радуясь, что в мире Божием столь разнообразно всё, что касается главного. Этому чудесному неосуждению нас учили монахи, не словами, но самим образом своей жизни.

Помню, когда мы только приехали и провели ночь, на утро, после службы мы отправились в трапезную. И я и мой спутник очень любим есть, и увидев, что на столах стоит еда, которую каждый может набирать себе сколько хочет, мы собрали всё, до чего могли дотянуться. А когда съели это, мой друг стал просить передать ему тарелки с макаронами которые стояли далеко. Я переживал, что монахи будут ругать нас за такой обед, но, вместо этого, на следующую трапезу в тарелки возле нас наложили больше. Мы съели и это, и нам снова добавили в следующий раз. В конце недели монахи, которые сидели напротив нас за столом, только скромно чистили апельсинку, а мы с другом устраивали себе настоящий праздник угощения!

Поразила меня и иконная лавка. Во-первых — она совершенно не запирается. Деньги и писаные иконы лежат там безо всякого присмотра, а на моё удивление старый монах отвечал: «Мы здесь всем доверяем». Попробуйте представить себе такой магазин в своей стране, и вы почувствуете разницу...

Во-вторых — никто здесь не знал цен на иконы. Никто не хотел даже торговать. Наконец, спустя неделю, мы нашли молодого француза паломника, который три года назад видел, как некий монах тут что-то продавал. Француз запомнил цены. Мой друг был в состоянии купить себе что-то в лавке, но торговля велась совсем не по магазинным правилам.

Приведу здесь разговор друга с французом.
– Это сколько стоит?
– Пять евро.
– А можно взять несколько таких за три?
– Берите...
– А эти иконы сколько? (указывает на ящик)

– Это бесплатно. На раздачу для бедных.
– А можно взять на больницу все?
– Берите.
– А эти? (указывает на другой ящик)
– Эти тоже бесплатно.
– А все можно взять?
– Конечно!

В итоге мой друг и француз вышли из лавки нагруженные сумками. Француз озадаченно спрашивал: «У вас, что, на Украине иконы не пишут?» На это друг отвечал: «Пишут, но мало».

А я, не имея возможности купить что-либо, наблюдал всю эту сцену в лавке как некий апофеоз человечности или подлинный христианский коммунизм, где каждому дают всё, что он хочет.

Позднее мой друг раздал в больнице все приобретённые там иконы. Не знаю даже, оставил ли он что-либо себе? Его тоже поразила подобная человечность и он хотел порадовать и других обретённым счастьем…

Любовь порождает любовь, а однажды встретив настоящих людей, хочешь и ко всем своим встречным относиться по-настоящему… Мир полон красоты и праведников, и никто из них не похож друг на друга, хотя все они живут в одном духе. Видеть это, знать, что небо и земля полны таких непохожих, и, одновременно, прекрасных твоих друзей и братьев, это, наверное, и есть то блаженство, которое дарит только чувство нужности тебя на земле…

ВОПРОСЫ О СТАРЦАХ

Кто же такой старец?

Старец – это человек освящённый, настолько полно живущий по воле Господа, что и людям помогающий войти в эту волю, приобщиться радости.

В Старце Дионисии Каламбокасе, например, поражает его погруженность в бытие. Он всегда на последней глубине, он ни в чём не скользит по поверхности. Ему постоянно есть до вас дело и никакая мелочь в вашей жизни не кажется маловажной ни ему, ни Богу. Быть со старцем, это попасть в поэзию, в сказку, оказаться в атмосфере чуда и ощутить всю жизнь как непрекращающуюся чудесность. Богу есть дело до всего в нашей жизни. По слову Симеона Нового Богослова, «не таится от Него ни капля слёзная, ни этой капли часть некая». Старец и нас вводит в эту атмосферу нужности. Мы вдруг начинаем понимать, что для Бога мы – значимы. Что мы для Него – не чудовища, не сборище грешников, но планета дорогих его сердцу детей. Ведь только ощутив собственную нужность можно начать жить и творить добро.

В чем различие «старчества» и «младостарчества»?

Младостарец – это человек, не имеющий духовных дарований и благодати, но изображающий из себя святого.

Такой человек приводит людей не ко Христу, а к себе. Его деятельность строится на авторитете и силе, он не уважает свободу доверившихся ему людей. В противоположность ему настоящий старец старается, чтобы каждый человек вырос таким, каким его задумал Господь.

Помню, когда я наблюдал, как принимает людей старец Дионисий, то поражала его мягкость. В его лице Сам Господь сходил к страдающему человеку и кротко помогал распутывать сложные жизненные ситуации.

Некая мама пришла с жалобой на своего взрослого сына и старец, выслушав, спросил её: «А чего бы вы сами хотели? Чего ваше материнское сердце желает?». С каждым старец Дионисий говорит как с равным, не смотря на свою всемирную известность. Приехав к нему в монастырь, я целую неделю ожидал его возвращения в обитель (он отсутствовал по делам духовного окормления людей). Первыми его словами ко мне были: «Прошу у вас прощения, что заставил вас волноваться, что я не приеду». Постоянное участливое вежливое отношение – вот почерк настоящего старца. При этом вы явно ощущаете, что нужны до последнего предела. Чего стоит хотя бы тот эпизод, когда я передал ему несколько сотен имён из Донецка на поминовение. Осознавая, что даже физически 500 человек помянуть трудно, я просил старца хотя бы помолиться о них в целом. На что старец Дионисий ответил: «Передайте каждому писавшему поминальную записку поимённо, что я буду всегда молиться о них, и их имена до скончания века будут поминаться в монастыре». Даже просто услышать такое – это чудо.

Сейчас множество людей, чтобы разрешить проблемы, получить ответы на свои вопросы начинают искать прозорливых старцев, и готовы ехать к ним «на край света». Но ведь почти у каждого есть духовник, которому Господь открывает многое, и он вполне может дать совет и помолиться о человеке. Зачем же тогда нужны старцы?

Чтобы понять, как говорит освящённый человек, старец, нужно обратить внимание на то, как говорит Христос в Евангелии. Там, где люди, следуя логике своекорыстия и личной выгоды, следуя логике греха видят только такие пути разрешения трудности, которые умножают зло, Христос выводит слушающих на новый уровень понимания проблемы, небесный. Так говорят и Старцы. Они, подобно великим поэтам, помогают людской перемене ума, когда слушатель начинает желать и искать высоты.

Так, одна молодая девушка рассказывала, что у неё был долгий конфликт с матерью. Та проклинала семейную пару и терпеть не могла свою дочь, будучи не в состоянии простить, что та вышла замуж против её воли. Старец Дионисий Каламбокас, узнав об этом многолетнем конфликте сказал только: «Поцелуйте руку вашей мамы». Девушка была в недоумении, как это сделать, ведь мама не пускала её в свой дом. И вдруг, неожиданно, девушке позвонили и сказали, что у мамы сердечный приступ. Она тотчас отправилась в больницу, где и произошло примирение, мама смягчилась и приняла дочь в своё сердце.

Свет распространяет вокруг себя свет и любовь возжигает любовь. Чудесны старцы, но чудесны и их прилежные ученики. Однажды я сидел в храмовом дворе с добрейшим и светлым священником, который является учеником старца Дионисия. Неожиданно, посреди разговора, по моему мобильному телефону пришло электронное сообщение. Один прихожанин, ехавший в это время на море, написал: «Я так скучаю по вам и по батюшке, что просто еду и плачу». Я показал сообщение священнику. Тот тотчас перекрестил телефон и поцеловал экран, где располагался текст сообщения. И сказал: «Передайте этому прихожанину мою любовь». Больше ничего не нужно было говорить, и так, в тишине, на земле совершилась ещё одна красота.

В Писании есть слова: «Не говори: *"отчего это прежние дни были лучше нынешних?", потому что не от мудрости ты спрашиваешь об этом»* (Еккл. 7, 10). Рядом со старцем ты вдруг начинаешь понимать, что на всякий день Господь равно изливает Свою любовь, а поэтому жить на земле хорошо и светло, и никто не может помешать этому.

Старец – это подвижник, который являет, что небо живо и мир есть высокая, совершающаяся на земле сказка. Если о Боге может рассказать любой христианин, то явить Бога – только живущий Христом. Но старец не просто являет Христа, он делает своих учеников такими, что и через них начинает сиять благодать Господня. Такой ученик постепенно становится маленьким солнышком для других. Он разливает вокруг себя лучи благодатной жизни, и рядом с ним необыкновенно тепло. По мысли старца Дионисия все стараются занять место вокруг такого духовного сына.

У старца Эмилиана Вафилиса есть слова, что монахи не гнушаются миром, но тянут его на своих плечах в Царство Небесное. И подвижники, Старцы, их главное отличие – это христообразная любовь, которой Христос касается сердца человека. Это и есть касание неба, когда вдруг человек начинает ощущать, что любим.

Если всю жизнь слушать популярные песни по телевизору, то о поэзии создаётся определённое впечатление. Но, если вы вдруг прочтёте классику: Роберта Фроста, Эмили Дикенсон, Николая Гумилёва, Уильяма Шекспира – то поэзия откроет вам небо. Что-то подобное происходит и во время встречи со старцем – человек бывает поражен тем, что ему открылось. Ведь очень многие даже в церкви живут теплохладно, не имея личного чувства Бога, не зная на вкус благодати. И тут Бог открывается в Своём величии, в Своей радости. Это зажигает сердце стремлением к Господу. Это вселяет уверенность, что ты всегда нужен Богу, а потому всё ещё можешь стать праведным. И жажда Бога уже родит новый подвиг.

Вы были лично знакомы со старцем Гавриилом Стародубом. Расскажите о своих впечатлениях от общения с ним, каков он был?

Как-то раз меня выгнали из дома. Я попросил друга священника побыть в его храме. Приехал, спустился в помещение воскресной школы, и, чтобы не терять время на грусть, занялся работой над текстами. А напротив меня на стене висели два портрета старцев Гавриила Стародуба и Паисия Афонского. И, внезапно, хотя боль не исчезла, меня наполнило чувство, которое было превыше боли и всех обстоятельств. Я увидел, что Господь и Его святые со мной. А потому свет в этом мире не может быть уничтожен, хотя это и не отменяет подвига преодоления трудностей. Свет как луч проник в моё сердце. Это был свет сказки, свет чуда. Где вся моя жизнь до последней минуты не напрасна и значима, где Господь имеет Свой план относительно всего того, что со мной происходит. А, значит, жизнь дана нам не для уныния, но для служения и радости. Уже через минуту мне позвонил грустный друг и я знал, какими словами его утешить. Он приехал ко мне в этот храм и я гулял с ним и радовал его. А тем же вечером мне разрешили вернуться домой...

Посмотрите, на святого Феофана Затворника. Одной мамочке, которая волнуется, что много времени проводит с ребёнком вместо того, чтоб молиться, святой говорит: *«Господь любит, когда Его дети говорят с Ним, но не менее Он любит и когда один из его детей присматривает за другим».* Этот совет, одновременно, соприроден душе, задавшей вопрос, и возводит на высоту понимания, избавляя от ненужного волнения и тревоги.

Такие ответы давал на вопросы и старец Гавриил – он помогал в любой ситуации смотреть на происходящее с неба и мыслить правильно. Ведь мы больше всего страдаем от ложных мыслей, и настоящий наставник помогает распутать весь этот сложный клубок человеческих фобий, страхов, противоречий, страстей, наконец. Он расчищает завалы нашей души, чтобы Дух Святой мог обитать в нас. Конечно, это медленный процесс. Однажды старец Дионисий спросил некую девушку: хочет ли она стать обителью Господа? «А это трудно?» спросила та. «Да, – отвечал старец, – но очень сладко». В этом похожи все Старцы и даже все подвижники и подвижницы – они дарят нам Христа, а с Ним сладко и хорошо жить на свете.

Как учат старцы?

Людям часто кажется, что смирение состоит в том, чтобы человек ругал себя и отрицал в себе те дары, которыми Господь его наградил. Так, Шекспир, по их мнению, должен был бы считать себя никудышным поэтом, Василий Муравьёв (святой Серафим Вырицкий) – неумелым купцом, Билл Гейтс – плохим программистом, Лив Тайлер – не слишком красивой, а оптинские старцы – неумелыми духовниками.

Однако, смирение состоит в том, чтобы быть благодарным Господу за те дары, которые Он дарит нам. И, осознавая свою неповторимость и уникальность в себе Образа

Божьего, при этом знать, что всякий дар приходит от Бога и без Его благодати невозможно умножать красоту.

Старец Дионисий помогает людям раскрыться в глубине и полноте образа Божьего, Христова замысла о них. Чтобы человек осознал себя, свои дары и то, чем и как он может послужить Христу, умножить на земле и в себе красоту.

Увидеть землю в лучах благодати Господней, обратить взор к себе и понять своё место и назначение в великом сюжете, который ткёт Господь, эту задачу облегчает нам старец.

Старец – это проводник ко Христу, путеводитель к Нему.

И ещё, думаю, каждый приходящий к старцу Дионисию, может быть благодарен ему за открытие – Христос верит в нас, верит в нашу возможность стать праведными и светлыми. Христос доверил нам жизнь, чтобы мы стали прекрасными и умножили в бытии красоту, и здесь и после всеобщего воскрешения. Ведь это назначение человека – всё больше приобщаться Троице и светить всем вокруг. Но, в то же время, эта вера Бога в человека для большинства людей – совершенная неожиданность. Даже мы, христиане, не осознаём вполне, что Господь всегда на нашей стороне. Что Он хочет спасти нас и ввести в радость. И это не просто слова – это желание Великого Бога. Всё это старец открывает на уровне сердечного постижения, когда мир открывается тебе именно так. Когда ты осознаёшь великое значение себя и каждого брата и сестры перед Богом. А эта всеобщая красота и рождает смирение души. Ведь, когда благодать приходит, то тебе становится радостно видеть всех лучшими, чем ты сам. И это видение людей и бытия нельзя назвать иначе, как счастьем.

Вспоминая старца Дионисия Каламбокаса (как и вообще старцев святой православной церкви), хочется остановиться вот на чём.

Есть две вещи, которые явно ощущаешь, когда приходишь к старцу. Первая – Бог есть, и ты Ему всё это время был нужен. А вторая – это глубочайшая нежность родства, которую ощущает твоё сердце, как исходящее от старца к тебе. Это – любовь с первого взгляда. Это материализация слов апостола: «Будьте братолюбивы друг к другу с нежностью» (Рим. 12:10).

Сам тон наставлений старца не наставителен. Это тон всезнающей мамы, которая учит маленьких своих детей. И ты вдруг понимаешь: что бы ты ни сделал – Христос не способен тебя бросить. Как бы ты ни жил – Христос будет с тобой. Тогда ты доверяешься Христу и душой понимаешь, что такого Бога нельзя подвести. Просто невозможно. На такую любовь можно отвечать только любовью. Тогда ты доверительно ступаешь в объятия Христовы, а старец стоит рядом и радуется, что ещё один человек вернулся к Богу своей любви.

Довелось ли вам знать лично старца Эмилиана Вафидиса – духовного наставника отца Дионисия?

Последние годы старец находится в коме, изредка приходя в сознание и говоря что-то важное кому-либо из духовных детей. За много лет до болезни он говорил: «Я буду с вами и меня не будет с вами». И только когда пришла болезнь, стало ясно, что он имел в виду.

За свою долгую подвижническую жизнь старец Эмилиан помог многим людям и написал несколько книг о духовной жизни.

Встречи с ним показывают людям, что мир, где мы живём, хороший, светлый и добрый. Этот мир пронизан Господом и лучится небом. Но, для того, чтобы это видеть, нужно иметь в себе Христа. По мере этого приобретения мы будем видеть землю как чудо, как сказку, как литургию. Этим светлым взглядом старец Эмилиан вдохновляет жить и радоваться тех, кто к нему приходил. Слушатели понимают, что именно светлый взгляд адекватен бытию.

По мере приближения человека к Богу мир в его сердце утрачивает различение на своих и чужих. Люди удивляются: «Зачем служителю Божию наши проблемы?». А они для него куда важнее его собственных. Даже если ангел предстанет сейчас перед ним и предложит на выбор решение собственной сложной проблемы служителя Божьего или проблемы другого человека, он без колебаний выберет проблему чужую. А Господь, видя такой его настрой, умилостивляется и решает проблемы тех, кто доверил свою боль человеку Божьему...

Приведу слова иеромонаха Макария Симонопетритского:

«Старец Эмилиан Вафидис говорит: «Наставник не идёт перед учеником – он идёт позади, поддерживая его. Я помогаю, но инициатива за тобой». Когда я только пришел в монастырь, я спросил старца, как мне лучше молиться, в какое время, в каком порядке и прочее. Он сказал: «Как хочешь».

Когда же Макарий сказал, что хотел бы молиться по послушанию, старец ответил: «Пока молись как хочешь, а там посмотрим». И монах в этих словах старца ощутил, сколько свободы и уважения Христос дарует человеку. Старец всегда направляет не как пастух, который кнутом гонит корову, но как садовник, который помогает яблоне вырасти плодоносной.

Зачем современному человеку нужно обращаться к старцам и где их можно найти?

Древний подвижник сказал, что духовного человека мы узнаём по той атмосфере, которая ему сопутствует.

Христос называет Святого Духа Утешителем. А потому, отличительная черта Господних праведников – рядом с ними на души людей приходит мир, тишина мыслей и уверенность, что Господь никому не допустит плохого.

Этот мир Духа Святого сполна передаётся и через молитву к ним, и слова подвижников, и даже через их фотографии.

Одно присутствие такой фотографии в комнате несёт тишину и радость всем, кто там обитает.

Игнатий Брянчанинов в рассуждении о чтении пишет, что беседа с учёным приносит много сведений, с поэтом – светлых и высоких мыслей и чувств. А беседа со святыми сообщает святость.

Когда читаешь таких небесноликих подвижников, как старец Фаддей Витовницкий, или Паисий Афонский, или Порфирий Кавсокаливит, то душа вся раскрывается к небу, и сердце сожалеет обо всём, что противно любви Господней, а ум, услаждённый пережитым, говорит, что с этого дня непременно будешь жить по-другому.

Таково воздействие на душу святого автора, человека, который научился в каждом разглядеть бога после Бога.

Одна из важнейших задач духовника наставника в том, чтобы помочь человеку думать правильно и не мучиться по поводу ложных, смущающих душу мыслей.

Когда люди приходили к святому Алексею Мечёву, он спрашивал их не «как веруешь?», а «где у тебя болит?». И тогда, видя его необыкновенную любовь к ним, люди сами стремились верить правильно...

СТАРЕЦ ДИОНИСИЙ КАЛАМБОКАС

Старец Дионисий Каламбокас и монастырь Петра

Какими словами можно описать красоту людей ставших сосудами Святого Духа? И как можно верно высказать ту радость, когда ты, наконец, пройдя много дорог, узнаёшь, что всегда был неоставлен и нужен? И всё же долг любви, единственный сладкий долг, требует, чтобы слово о Божьих людях было произнесено. Как говорил архангел Рафаил Товии: «Тайну цареву прилично хранить, а о делах Божиих возвещать похвально» (Тов. 12:7).

О Старце Дионисии я впервые узнал много лет назад от друга нашей семьи, священника В. Около 2003 года он с группой паломников путешествовал по Греции и оказался близ города Кардица. Одна из ехавших с ним женщин сказала ему: «Давайте посетим живущего неподалёку старца». Молодой священник удивился этим словам, так как ему казалось, что старцы если где и могут быть, то только на Афоне. Но от предложения он не отказался. Так состоялась его встреча с известным афонским старцем Дионисием Каламбокасом, учеником другого афонского старца Эмилиана Вафидиса и духовным внуком митрополита Трикальского святого Дионисия Харалумбуса. Будучи игуменом на острове Лесбос в 1942 году, последний был схвачен немецкими оккупантами, раскрывшими, что он прятал британских солдат и оказывал им всяческую помощь. Отказавшись выдать имена своих соратников в освободительном движении, он был подвергнут страшным пыткам и был приговорён к тюремному заключению на 10 лет. Его поместили в немецкие концлагеря Штайн и Бернау, где он сделался духовным отцом своих заключённых земляков, которых не покинул до конца. Особенностью митрополита Дионисия была всегдашняя готовность умереть за своих духовных чад. Эту готовность он передал своему ученику старцу Эмилиану, а тот своему ученику – старцу Дионисию. Такова духовная преемственность старца.

Святой Симеон Новый Богослов сказал некогда, что цепь святых и подвижников, начавшись от апостолов, не прервётся до конца времён. В «Эсхатологии» святого Иустина Сербского есть строки, что церковь до последнего дня земной истории будет рождать детей Божиих. А святой Николай Сербский говорил, что «церковь всегда полнится ревнителями». Сам же старец Дионисий повторяет, что «слова, что мы не можем быть сегодня святыми, это слова врага рода человеческого».

В справедливости того, о чём говорили святые люди, что церковь всегда полна подвижников, и убедился священник В. С этого времени и началась его духовная связь со старцем, который неизменно радовал и утешал его на протяжении многих и многих лет.

Благодаря этому батюшке о старце узнали и в Донецке. Одного юношу до 30 лет постоянно бил отец. Устав от издевательств, он позвонил в монастырь Петра в Грецию и попросил, чтобы старцу передали просьбу о молитве, так как жить среди постоянных издевательств было очень и очень трудно. Ответ пришёл быстро, хотя и не таким образом, как можно себе представить. А именно, через несколько дней после звонка отец выгнал сына из дома. Но это, казалось бы, горькое происшествие, Господь обратил в радость. Дело в том, что отец юноши в течении нескольких месяцев совершенно разорился, а молодой человек, напротив, нашел хорошую работу. Но он не возненавидел отца, а, наоборот, стал присылать ему подарки и деньги. Через год, отец сам попросил его вернуться домой. С тех пор прошли годы, но отец не только больше не бьёт сына, но и относится к нему с уважением, как к человеку, который содержит семью. Эта история, произошедшая по молитвам старца, говорит ещё раз о том, что Бог приводит человека к радости, проводя его через испытания. Но, в конечном итоге, вся мощь зла пропадает впустую, так как из него, по воле Господней, всегда неожиданно прорастает добро.

Знаю и некоторых других людей, к числу которых и сам отношусь, которые звонили в монастырь Петра и в течении многих лет просили монахов передать просьбы о молитве. Мы сами видели, что, после этих звонков, ситуация, сколь бы ни была тяжела, всегда исправлялась. Тяжелая форма рака у светлой женщины А. стала отступать, и она пошла на поправку. Были и другие подобные истории. Приведу некоторые из них.

Девушку Екатерину с шестимесячным ребенком родственники выгнали из дома, с отцом ребенка отношения не ладились, он жил отдельно от них. По молитвам старца жилье нашлось, отец ребенка вернулся, стали решать проблемы вместе.

У одного верующего церковного человека случился духовный кризис: отвернуло от церкви, перестал общаться со своим духовником, злость, обида, жажда мести овладели им... Родные позвонили старцу. Господь послал человеку болезнь... через время в его жизни все наладилось.

По молитвам старца удалось избавиться от навязчивого страха, мучившего человека: одной доброй женщине грозили серьезные неприятности по работе вплоть до суда – Господь отвел.

Старец умел воспитывать и ответами, и молчанием. Однажды, некий дончанин страстно влюбился в девушку. Все вокруг говорили, что они – не пара, так как совершенно не подходят друг другу. Но он стоял на своём и желал с ней обвенчаться, хотя и сам видел, что девушка ему совершенно не подходит. При этом девушка была совсем не настроена встречаться, а он страдал. В конечном итоге молодой человек написал письмо старцу, с просьбой о молитве, чтобы ему обвенчаться с той девушкой. Но старец, вопреки обыкновению, не ответил. После этого молодой человек говорил, что молчание в той ситуации и было лучшим ответом. Ведь он бы одинаково страдал, если бы старец сказал, что у них с той девушкой что-то сложится и равно страдал бы от слов, что ничего не сложится. Спустя короткое время после письма молодой человек успокоился, окончательно перестал общаться с той девушкой, и его жизнь сложилась совсем по-другому, за что он и благодарен Богу.

Старец был заботлив. Когда тяжело заболела Ангелина, и я просил о ней молитв, старец сказал, что будет молиться очень сильно. А, когда неожиданно умерла молодая православная девушка Екатерина, старец сказал, что будет молиться о ней всегда.

А вот воспоминания о молитвах старца Елены Р. Сама Лена – светлая и чистая замужняя девушка, о которой можно смело сказать «пасхальный человек». Но и ей в жизни бывало трудно. Вот, что она пишет: *«Молитвы старца перевернули мою жизнь. Внешне ничего не изменилось, но в духовном отношении я пережила второе рождение (первое когда стала ходить храм). Молитвы старца, подобно острому скальпелю опытного хирурга вскрыли внутренние многолетние нарывы. Две страсти глубоко сидевшие во мне, мучавшие и постоянно принимающие разные обличья явили себя... Было больно, страшно... но я словно очнулась от долгого тяжелого сна... начала переосмысливать свою жизнь вообще и в церкви, поняла, что духовно каменею, мертвею... Сложно подобрать слова. Если кратко: я стала идти не туда (сама того не замечая, набирая церковный «стаж» я удалялась от Бога)... молитвы старца меня остановили, показали что не так в моем отношении к Богу, к людям, к себе... Конечно, это дело всей жизни... Но кто знает: в скольких шагах от пропасти остановил меня Господь, по молитвам старца... и оставался ли там еще хотя бы шаг. Вот это для меня НАСТОЯЩЕЕ ЧУДО: доброе вмешательство молитвы любви в обычную жизнь, обычного человека. Внешне ничего не изменилось, страсти продолжают давать о себе знать, но я словно побывала на Фаворе... осталась такой же, но уже другой... живу так же, но уже не так...».*

Голос самого старца тогда никто из нас, звонивших и писавших ему, не слышал. Мы общались через переводчиков – монахов и монахинь. И даже тогда нас удивляла светлая пасхальность интонации, с которой, всегда приветливо, монахини говорили с нами. Им всегда было до нас дело и это обстоятельство само по себе могло обрадовать кого угодно. В тех случаях, когда мы просили совета, старец его давал. И мы замечали, как много мудрости и понимания ситуации в том, что старец нам говорит. В его советах не было никакой императивности, никакого принуждения, а только желание принести в нашу жизнь чистую и светлую радость. Его советы были мудры и просты, и такими их воспринимали все, получавшие их.

Конечно, никто из нас и не надеялся лично увидеть старца. Мы довольствовались устными рассказами о нём, которые нам доверяли побывавшие у него священники. А, когда в епархиальном журнале «Живой родник» вышла добрая статья о старце Дионисии и его монастырях, мы читали и смотрели фотографии старца. И радовались, что есть на земле такой молитвенник, и ему даже можно позвонить. Как говорила всегда моя мама, «если ты знаешь, что о тебе молится любящий тебя человек, то знаешь и то, что твоя история не может окончиться плохо». А тут мы знали, что молится о нас не простой человек, а духоносный старец.

А однажды на Успение 2012 года я получил от старца письмо: «Я вас жду». Это письмо меня обрадовало и удивило, так как поехать в Грецию у меня не было никакой возможности, о чём я и написал старцу. Тогда монахиня, получавшая мои письма и передававшая их старцу, сказала, что они готовы оплатить мне расходы на дорогу. Это меня поразило, и позднее я ещё не раз увижу, сколь велико их желание помогать всем нуждающимся, но я отказался от денег, попросив только молитв, чтобы я смог приехать. Сложностей, однако, было много. Ехать одному, без попутчиков, без денег, не представлялось возможным. К тому же у меня не было загранпаспорта, а оформлять документы в конторах я, как поэт, не умею. Но, по молитвам старца, все трудности стали решаться одна за другой. Так, одна моя подруга, Ольга Д. вместе со мной ходила по всем кабинетам, пока я не получил необходимые документы для заграничной поездки. На такой поступок она решилась сама, после того, как я рассказал ей о старце. Деньги мне принесли друзья. А попутчик нашёлся сам. Им оказался заслуженный врач и мой друг Игорь П. который так же хотел лично увидеть старца.

Пред поездкой мы предупредили друзей, и они писали записки о здравии и письма с просьбами о молитве. Всего мы везли на поминание к старцу около 500 имён, и я не представлял, как смогу попросить старца помянуть такое огромное количество людей. Тогда я думал, что предложу хотя бы в общем и один раз помолиться о них, но Господь всё управит гораздо светлее и величественнее, чем я думал.

Другой трудностью был сам полёт. Дело в том, что я боюсь высоты, и никогда в жизни никуда не летал. Согласиться именно лететь было очень трудно, и, думаю, что только благословение старца помогло мне в этом. Всё же мы летели по послушанию, и я верил, что старец зовёт нас к себе не для того, чтобы мы разбились в пути. Когда мы улетали из Киева в Афины, был дождь. Дожди шли и всю неделю нашего пребывания в монастыре Петра. Такая погода свойственна греческой осени. Но, дивное дело, в благословенный старцем день прилёта в Греции стояла тёплая погода, и было ясное небо. Такое же ясное, как и в день нашего возвращения, о котором старец мне скажет: «Ангелы будут сопровождать тебя»…

Когда я летел, ожидаемого страха перед полётом не было. А было некое необыкновенное ощущение, будто я лечу на великое торжество. Это торжество уже присутствовало со мной в полёте, и наполняло душу светлой и радующей красотой. Я не знал, что мне скажет старец, не знал, зачем он зовёт меня, но удивлялся этому чувству, которое рождало ощущение того, что православие – вселенская вера, благословенная Богом на единение людей во Христе. Позднее такое же ощущение я испытаю в присутствии самого старца. Или, сказать иначе, у меня было чувство, что я лечу ко Христу по молитвам Его старца.

Всю дорогу до Петры нас встречали и сопровождали монахи. Так, в аэропорту Афин, за нами пришла сестра С. светлая и радостная монахиня, которая и провела нас через город до автобусной остановки на Кардицу, рядом с которой и находится монастырь. От сестры С. мы узнали, что сам старец является очень образованным человеком и благословляет монахов так же получать образование. Вокруг старца собралось много творческих людей. Мозаичники, иконописцы, и многие другие.

Впрочем, к старцу приходят и совсем простые люди. Так, некий молодой человек из Румынии, который был строителем, искал себе жену и ездил по Европе на мотоцикле как байкер. Однажды он приехал прямо на мотоцикле к старцу. И навсегда остался рядом с ним уже как монах. Его послушание в монастыре – некоторые строительные работы. Он силен и добр, как богатыри из сказок.

Поэтому, дело не в том, учёный человек или простой приехал к старцу, он равно принимает всех, а в мере открытости человека. Сам старец говорит: «Насколько вы мне открываетесь, насколько вы мне дети, настолько я вам отец».

Старец Дионисий является старцем старцев. В том смысле, что под его окормлением находится несколько монастырей.

Архимандрит Дионисий (Каламбокас) является игуменом и старцем Священной Обители Петрас Катафигиу Митрополии Фессалиотидской и Фанариоферсальской Элладской Православной Церкви во главе с недавно избранным Архиепископом Афинским и всея Эллады Иеронимом. В монахологии (официальном списке братии) монастыря записано 25 человек.

Также под его духовным окормлением находится 3 женских монастыря Элладской Православной Церкви:

1. Священная Обитель Воздвижения Честнаго Креста Господня Митрополии Фивской и Левадийской, (митрополитом которой был до недавнего времени Архиепископ Иероним), игумения Иеронимы.

2. Священная Обитель Двенадцати Апостолов «Коккини Экклисия» (Красная Церковь) Митрополии Фессалиотидской и Фанариоферсальской, игумения Феврония.

3. Священная Обитель Святого Георгия «Караискаки» Митрополии Фессалиотидской и Фанариоферсальской, игумения Мариам.

Всего в монахологии 3-х женских монастырей находятся 57 монахинь.

Вся информация о монастырях доступна во всех официальных изданиях Элладской Православной Церкви в том числе в Интернете.

Также архимандрит Дионисий является старцем монашеского братства Монастыря Св. Антония Великого в Мексике, в юрисдикции Антиохийской Патриархии, митрополии Мексиканской и Центральноамериканской, которую возглавляет Митрополит Антоний (Шедрауи). (* по данным на 2013 год)

По благословению своего старца Эмилиана Вафидиса старец Дионисий много путешествует по миру, принимая и утешая людей, читая лекции, исповедуя и наставляя. Его приглашают митрополиты и епископы, чтобы он выступал с лекциями и проповедями.

Интересна история, как впервые старец отправился в Америку (историю беру у монаха монастыря Петра Клеопы):

Иеромонах Клеопа: *«В 1974 году, через год после переселения братии монастыря Великие Метеоры на Святую Гору в монастырь Симонопетра, также за послушание своему старцу, он был благословлен на служение духовника (в Греческой Церкви не каждый священник имеет право исповеди, а только особо назначенные для того духовники). В это время он был духовником как для братии монастыря Симонопетра, так и для приходящих келлиотов и для насельников некоторых скитов. Впоследствии, в 1977 г., старец Эмилиан поставил его служащим священником, духовником и экономом подворья монастыря Симонопетры в Ормилии, ставшего вскоре самым крупным женским монастырём в православном мире. При этом он, вместе со своим старцем, принимал участие в составлении духовного устава монастыря и в создании его первых чертежей.*

Однажды, когда он, по афонскому обыкновению, подошёл на малом повечерии к стоящему в стасидии игумену для того, чтобы взять благословение на Причастие, то старец Эмилиан ему с улыбкой ответил: «Причастишься в Америке, чадо мое».

Позже он пояснил, что архиепископ Северно- и Южноамериканский Иаков попросил у старца Эмилиана нашего старца для исполнения служения духовника в богословской школе в Бостоне, т.е для исповеди студентов (поскольку в Греческой Церкви не каждый священник имеет право исповеди, то существует практика приглашать на время известных духовников из других епархий, с Афона и т.п.).

И он отправился в США. Когда, вскоре после приезда, его попросили выступить перед студентами богословской школы, то единственными его словами были: «Я приехал в Америку, чтобы причаститься».

Собравшиеся были в шоке, некоторые сочли такой ответ невежливым. Понимаете, не для того, чтобы стать старцем всея Америки, не для того, чтобы подобно свят. Герману Аляскинскому приводить ко Христу народы. Для того чтобы причаститься.

Это был 1981 год».

Ещё оптинские старцы говорили, что новые старцы образуются из послушников. Об этом же пишет и Симеон Новый Богослов. Что огонь зажигается от огня и духовная жизнь передаётся от духовного человека. Прежде чем стать старцем отец Дионисий проходит школу полного послушания наставнику, но, и, будучи старцем, он продолжает советоваться со своим духовным Отцом Эмилианом, находясь в послушании ему.

О самом старце Эмилиане нам расскажут монахи, везшие нас из Кардицы в монастырь Петра. Рассказали, в частности, такую историю.

Жила в Америке студентка, молодая и красивая девушка, которая была равнодушна к вопросам веры.

Однажды с ней случился несчастный случай в гостинице Hyatt Hotel. В многоэтажном здании, где были «подвесные переходы», которые обрушились, и Герондисса Эмелиани (тогда она была Сара) вместе со всеми, кто там был, оказалась погребённой под тоннами цемента, со сломанным позвоночником. Её обнаружили, так как была видна её рука, но не могли вытащить её из-под груды обломков и цемента. Кроме того, малейшее движение могло бы привести к смерти, так как позвоночник был сильно разрушен, и КТО-ТО, кто появился в тот момент, взял её на руки, сложив руки крестом, чтоб не повредить лишними движениями, вытащил из-под развалин. Впоследствии обнаружилось, что это был старец Эмилиан, который физически находился в тот момент на Афоне, и этот день и час по греческому времени была всенощная в честь святого Эмилиана.

Прошло несколько лет. А потом в Америку с лекциями приехал старец Дионисий. Ей стало любопытно послушать о православии, и она пришла. Лекция её поразила, а старец восхитил. Она попросила личной встречи. Пришла к нему и увидела на столе у старца фото некого человека. Девушка удивлённо закричала: «Кто это? Этот человек вытащил меня тогда!!!». А на фото был изображён старец Эмилиан...

Тотчас по прибытии в монастырь нас повели в трапезную, которая открыта по случаю возможного приезда паломников. К старцу едут в буквальном смысле со всего мира. Пока мы жили в монастыре, мы встретили людей из Америки, России, Молдавии, Франции, Украины. Все они приехали к старцу и у каждого были своя боль или свой вопрос. Забегая вперёд скажу, что старец действительно смог каждому пришедшему помочь и утешить всех, кто в этом нуждался.

Однако, старца в тот день в монастыре не было, и мы имели время наблюдать монашескую жизнь.

Нас поселили в гостинице, единственном каменном здании монастыря, если не считать старинного храма. Тут одновременно живёт множество гостей и даже некоторые монахи. В гостинице находилась и трапезная, где монахи и гости кушают вместе. Вообще, в монастыре все приезжие живут в одинаковых условиях. Нам сказали, что и бедняки и миллионеры живут тут вместе, имеют равные кровати, равную пищу и равную великую любовь старца.

Сами монахи живут в простых домиках из дешевого материала. Нам довелось побывать в одном из таких домиков внутри, и, можем сказать, что монахи Петры живут крайне бедно. Отопление тут печное, однако, печи есть не везде. Главная ценность монахов – это иконы настенные и иконы живые. Тут каждый очень трепетно относится к братии, и все заботятся обо всех. Забота любого монаха воспринимается как общая забота монастыря.

Подъём в монастыре в 6.30, а богослужение начинается в 7.00. Длительность службы от трёх до четырёх с половиной часов утром и около часа вечером. Старец учит монахов причащаться регулярно, ведь для этого, говорит он, и служится литургия. На причастие по греческой традиции берут благословение либо у старца, либо у старшего монаха – отца Хризостома Мегаса. Старец говорит, что на литургии все, кто в храме, стоят в Царстве Небесном, которое начинается на земле.

Главные характеристики службы тут – мир и тихость. Пение на афонский манер. Священник, видя русских паломников, в некоторых местах службы легко переходил на русский. Вообще многие тут знают несколько языков.

Число насельников невелико. Но в монастыре постоянно живут паломники. Одни уезжают, а другие приезжают. Монахи стараются всех встречать и провожать, всячески помогая приезжим. Монахи очень нежно и заботливо говорят с малыми детьми, которых тут тоже много. В монастыре много детей из разных стран, приехавших сюда вместе с родителями. К старцу приезжает много женатых, людей и он говорит: «Брак почитает девство, а девство почитает брак».

Монахи тут смиренны и радостны. За неделю нашего пребывания в Петре мы не смогли сфотографировать ни одного монаха, так как все они стеснялись фотографироваться. При этом каждый искренне говорил, что его совсем не стоит фотографировать, а лучше пойти к другим монахам, так как все они очень добрые и нам будет приятно иметь их фото. Так каждый из братии говорил о других нечто хорошее.

Разговоры тут ведут на духовные темы, но непринуждённо и просто. Один монах рассказал, как он, ещё до монашества, тяжело заболел язвенным воспалением кишечника. Он уже умирал, когда попросил старца о молитве. И, по молитве старца болезнь не только отступила, но и совершенно прошла. Подобные истории были и у некоторых других посетителей монастыря. В России есть поговорка, что люди не приходят к пустому колодцу. Живя в монастыре, мы всё больше убеждались, что старец — это полный колодец. Каждый, кто соприкасался с ним, получал новые силы жить. Каждый получал молитвенную помощь и утешение.

Отдельно хочется упомянуть иконную лавку. Она не запирается и никем не охраняется. На моё недоумение по этому поводу монах сказал нам: «Мы здесь всем доверяем». Несколько дней мы не могли найти монаха, который бы знал цены на иконы в лавке. Настолько тут не интересуются денежными вопросами. Вообще всё тут направлено на спасение и совершенствование души.

Очевидно, по этой причине в монастыре довольствуются имеющимися постройками, и не строят ничего нового. Быть может, монахи считают, что это будет отвлекать их от жизни в духе. Всё здесь направлено именно на духовную жизнь и всё делается по благословению старца. Нужно видеть, как радостно монахам исполнять эти благословения. В присутствии старца все они буквально светятся от счастья. Это, впрочем, касается не только монахов, но и вообще всех людей, которые встретили старца.

Дух Святой даёт человеку возможность смотреть на мир светло. Смотреть с надеждой. Поэтому не только взгляд старца, но и взгляд монахов на наш мир очень светлый. Здесь точно знают, что церковь всегда полнится ревнителями и добрыми людьми. Один монах цитировал нам святого Варсонофия Великого: «Не оскудеет земля пророками до скончания века». Другой монах говорил, что в каждом городе, в каждом храме, где он побывал, он встретил многих добрых людей.

Монахи говорят, что в присутствии старца мир воспринимается детски значимым, цветным, а каждая минута жизни обретает предельное значение. Старец открывает каждому, сколь много мы значим для Бога, и это знание укрепляет и в служении, и в жизни.

Монастырь – это место сконцентрированного промысла Божьего о человеке, как и вся наша жизнь, только в монастыре это видно явно. Всё всегда управляется к преображению и радости человека. Но, в присутствии такого наставника, как старец, об этом ещё и помнишь.

Конечно, никакой наставник не может заменить собственную борьбу человека со страстями. Но старец вдохновляет на эту борьбу, ведь, когда ты знаешь, что всем сердцем любим и нужен, жизнь складывается совсем по-другому. Один монах, смиренный и скромный, сказал нам тут: «В каждом человеке видеть Христа и ни разу не согрешишь». Я поблагодарил его за науку, а он скромно ответил, что ни в коем случае не учит меня, а, просто делится своими мыслями. Он же рассказал мне, как, однажды, вышел в город, и его, бедно одетого, приняли за нищего, и подали деньги. И он мне сказал: «Я не обиделся на них. Я подумал – ведь я и вправду нищий. А эти люди оказали мне милость». И монах вспоминал о них, молился о них и глаза его едва заметно наполнялись слезами.

Одной из статей, которые я читал о Старце и его монастыре, было сравнение монахов со свечами, зажженными от большой свечи – старца. И мы ясно видели, что это –так.

Вообще, хотя старец путешествует между несколькими своими монастырями, но всё здесь дышит Христом и старцем. Ведь старец – это путь ко Христу. Один монах здесь процитировал слова другого старца, Ефрема Филофейского: «Еесли люди приехали к старцу, как к человеку, то они зря потратили время». Ведь к старцу едут, чтобы ощутить Бога, чтобы встретить Христа. Старец облегчает человеку эту встречу. Старец утешает, или, иначе сказать, через старца Сам Господь помогает взглянуть на жизнь человека с точки зрения того, что каждый постоянно неоставлен и нужен. В присутствии старца это очень хорошо ощущается. Один человек из Петра сказал нам, что старец, человек святой жизни, в присутствии которого можно ощутить Господа.

Старец Дионисий из Петры говорит, что «Бог ищет нас только для того, чтобы вверить всего Себя в наши руки». А духовник должен выражать Бога. Старец говорит: «Посмотрите, с какой вежливостью, добротой, осторожностью, пророк Нафан обличил Давида». Старец говорит, что человек ищет лучика света, который бы освободил его и привёл к Богу. Самая большая боль людей в том, что они не имеют тех, кто бы их к Богу отвёл. И священник должен быть тем, кто отводит к Богу, воспринимая тех, кто к нему обратился за помощью, как святыню. Священник должен обнять отеческой любовью души кающегося. «Священник не выше людей, – говорит старец, – но должен ощущать других людей, как своих единоплеменников». И ещё – в глубинах души всякого священника носится незримо человеческому оку Дух Святой, Который содрагает вселенную, и ищет, чтобы найти через нас других. Поэтому священник должен быть служителем людей Божиих, но не начальником подчинённых. Старец говорит, что «если священник пытается взять власть над пришедшими к нему людьми, возвыситься над ними как начальник, то такой священник не служит церкви». Духовник должен обладать безграничной любовью и пониманием, чтобы понять душу ближнего. За радость и спасение своих духовный чад духовник должен в добром смысле бороться с Богом, как ветхозаветный Иаков боролся с Ним во рву, чтобы Бог пришел в жизнь любимых.

Старец говорит, что человек ищет духовного отца всеми своими проступками. Нет ни единой души в мире, которая бы не искала духовника. Трагично то, что человек не всегда находит духовника в лице конкретного священника. Люди ищут православного иерея. Старец проникновенно говорит, что «духовное чадо плачет перед духовником и просит: «сделай так, чтобы я поверил». Духовник обязан всему миру, всем людям. В том смысле, что должен молиться о них, и любить их.

Когда я побывал в монастыре Петра, где принимает старец Дионисий Каламбокас, то обрадовался тому обстоятельству, что здесь никто не пугает других концом света, войной, бедствиями и бедами. Старец говорит, что «главный враг человека, не Евросоюз и не Америка, а собственная гордость, живущая в человеке». Именно с нею и должен человек бороться, чтобы стать праведным.

Старец Иосиф Исихаст: «Как только Бог войдет в тебя, все становится добрым и прекрасным! Но как только ты потеряешь Бога, все опять увидишь криво…».

Поэтому, вся борьба человека ведётся за стяжание благодати, за правильное устроение сердца.

Никакие внешние обстоятельства не могут воспрепятствовать Господу вести людей к свету. Если спросить здесь монахов, что они думают о тяжелом экономическом и политическом положении в мире, и тому подобное, то они вспоминают слова старца Паисия Афонского, что «хотя враг рода человеческого и пашет землю, но сеять в неё будет только Христос». Здесь уверены, что Бог не попускает никакого зла, если не видит, что из него может вырасти многое добро. Конечно, добро растёт вопреки злу, но по воле Господней. Если мы обратимся ко всей мировой истории и истории наших жизней, мы увидим, что всякое зло Господь направлял к добрым последствиям. Если даже взять самое большое зло – распятие Христа, то и оно привело к тому, что мир был спасён.

Человек, стяжавший благодать, знает, что в мире есть зло. Он сострадает тем, кто огорчён и в беде, и его сострадание низводит милость Божиию к тем, кто страдает. Вот как старец Дионисий характеризует человека, стяжавшего Духа Святого: *«Он всегда ко всему готов. Он никогда не чувствует усталости. Он всегда радостен. Всегда готов отдавать. Он живет для других. Он готов служить всем и каждому. Он никого не судит, даже самых отчаянных грешников. Он здесь как дитя, но дитя царское. Кто может повредить царскому ребёнку? Кто может повредить новорожденному львёнку, зная, что его мать-львица находится рядом? Пребывая в таком состоянии, вы как бы маленькая овечка среди волков, но вы не боитесь. Вы находитесь в этой среде, чтобы жертвовать собой, принимать каждого, любя, служа, молясь, будучи готовым умереть в любой момент, и при этом вы остаётесь всецело и совершенно свободным. Всё это плоды любви, потому что мы становимся источником любви. Таков человек без самости. Это преображение. Мы подобны дикому старому дереву и нуждаемся в том, чтобы нечто вошло в нас и преобразовало бы это дерево в хорошее и плодоносное. Человек без гордости (самости) — это человек, стяжавший Бога, стяжавший Святого Духа.*

Когда вы готовы умереть за каждого в любой момент, когда вы любите, когда вы уважаете, тогда вы повергаете себя ниц перед ближним, вы тем самым как бы готовите его к операции; но это не то, чтобы вы судили ближнего и чувствовали, что ему что-то от вас нужно. Когда вы совершенны перед Ним — а мы способны стать совершенными; по сути, должны, обязаны стать таковыми, это главная наша необходимость — тогда тотчас же люди узнают об этом, понимают это, в этом нуждаются. Каждый стремится вскоре занять место возле такого человека, возле духовного сына или возле духовного отца».

И, конечно, такой человек доверяет Богу, что любую, происходящую с ним беду, Бог приведёт к добру, ибо любви свойственно нести добро тем, кого она любит.

Старец учит не просто быть добрыми, но жертвовать собой ради блага других, всего себя отдавать, чтобы утешить другого. Он говорит: «Мы тогда погрешаем, когда не говорим добрых слов людям, даже если перед нами стоят распинатели Христовы». Раз мы все от единого Бога, то должны «с болью замечать нечестие других» не для того, чтобы осудить, а, чтобы плакать о других людях.

Конечно, всё, чему старец учит, он пережил на опыте. Потому он говорит как власть имеющий, в духе, но, при этом необычайно кротко. Вся его власть – исключительно духовного величия, но не внешнего авторитета. Он не превозносится перед людьми, беседуя с ними, но общается как с равными, как с теми, кому он должен служить. Старец в одной из проповедей вспомнил слова Иоанна Златоуста глубоко созвучные и его душе: *«Я ненасытен. Я не хочу, чтобы спаслись некоторые, но – все».*

Все дни по приезду мы ждали встречи со старцем. В монастыре его не было, и мы очень волновались, что не увидим его. Дни истекали, скоро нужно было ехать назад, а старца всё не было. Схиархимандрит Иеремия и монах Хризостом Малый говорили, что старец уже знает, что мы здесь. Однако, дни шли за днями, поездка близилась к концу, а старца всё не было. Многие уже думали, что мы его и не увидим. Но я продолжал надеяться, вспоминая слова Иоанна Златоуста, что «Бог начинает помогать, когда большинство начинает терять надежду».

В 17.00 последнего дня нашего пребывания в Петре мы пошли на вечернюю службу. В конце службы, где то к 18.10, стал звонить колокол. Монахи сказали нам, что едет старец. По окончанию службы, к 18.15 мы пришли к воротам монастыря и стали ждать. Среди нас были священники из Греции и России, монахи, схиархимандрит, и множество гостей приехавших к старцу. Люди из Америки, России, Греции, Молдавии, Франции. У ворот мы сами собой выстроились в две линии и стали ждать машину. Вскоре показалась машина. Люди стали креститься, но, оказалось, что это тоже были гости из России к старцу. Отец Иеремия пошутил, что машину гостей встретили с почестями и поклонами.

Колокола продолжали звонить, и я подумал, что, быть может, только в монастырях человека святой жизни встречают так почётно. Часть людей оставалась ждать старца в гостинице. Наконец, показалась машина старца. Его вёз монах.

Тотчас по прибытии старца начался прием, который продолжался до пяти утра, пока последний человек не задал свой последний вопрос.

Домик старца состоит из нескольких комнат. Прихожая, где все разуваются и им выдаются меховые тапочки. Потом зал, где люди ожидают приёма. Там и уселись все, как я позже заметил. Около 20 человек, не считая местных монахов, ждали приёма. Еще некоторые подошли позднее. Была ещё маленькая комната для монахов дежурных. У старца на столе звонок и когда он звонит, приходит монах. Старец просит его принести гостям чай или позвать кого-либо, или выполнить некое другое поручение. Я заметил, что монахи в буквальном смысле сияют в его присутствии. В этот раз дежурил отец Хризостом Малый и ещё один монах из греков, смиренный и добрый.

Схиархимандрит Иеремия ввёл меня в комнату старца. Это очень маленький и просто обставленный рабочий кабинет, где из мебели письменный стол, книжный шкаф, диван для гостей и стул. Мы с отцом Иеремией сели на диван. Старец сидел за столом на очень малом расстоянии от нас. На стенах висят иконы и портрет старца Эмилиана, духовника старца Дионисия. Когда я стал рассматривать портрет, то старец сказал, что на портрете его старец. Иеремия перевёл: «Это старец старца».

Я очень волновался и старец это заметил. Он позвонил в электронный звонок на столе и пришел монах. Старец спросил меня, что я буду, чай или кофе? Я ответил, что чай. Монах тотчас принёс чай и сладости с орешками в вазочках. По слову старца монах время от времени заходил и следил за тем, чтобы у меня в ходе всей беседы у меня был чай и угощение. Я выпил за два часа три чашки. В начале я не мог и поднести руку к чаю, так как ощущал святыню старца, не мог есть и пить из-за благоговения. Старец это заметил и сказал, что благословляет меня пить и есть. Я всё ещё очень волновался. Старец и это заметил и стал шутить. Иеремия обнял меня, а старец сказал: «Не хмурьте брови. Никогда не хмурьте брови. Радуйтесь».

Я передал записки о здравии и упокоении, сказав, что разные люди просили его о молитве, но, поскольку имён очень много, (около 500) то я прошу хотя бы просто помянуть их одновременно.

Старец ответил: «Передай каждому лично, что я буду всегда молиться об этих людях, и имена их до скончания века будут поминаться на литургии в Петре».

Потом я достал письма от разных людей и передал старцу. Старец нашёл в столе ручку и спросил: «Я должен сейчас дать ответы на эти письма, пока вы здесь?».

Я поразился и ответил: «Нет, это просьбы о молитве».

Потом я начал задавать вопросы о людях, просивших помощи. Когда-то я читал у Златоуста, что христианская любовь выражается в том, что, придя к старцу, ты сначала просишь его о других, а потом о себе. Это потому, что никогда нельзя точно сказать, сколько времени ты сможешь пообщаться с таким человеком. Но старец почувствовал моё волнение и сказал: «Ты не выйдешь отсюда, пока не задашь свой последний вопрос».

Каждому, о ком я спрашивал старца, он передавал светлые наставления и слова утешения. Иногда, прежде чем ответить, старец молился, а потом уже говорил.

Задал я и свои личные вопросы. Могу перед Богом засвидетельствовать, что старец знал тайное состояние моей души и те мои мысли, которые я стеснялся ему сказать, но очень хотел, чтобы он их узнал. Всё это старец знал сам. Вообще каждого человека старец приводит к тому, чтобы Образ Божий раскрылся в человеке так, как присуще именно этому человеку. Ответы старца глубоко нешаблонны, и глубоко соприродны душе. В моём присутствии старец принимал людей, и меня поражали его ответы.

Одна женщина спросила, что ей делать с сыном? А старец спросил: «А что у тебя на сердце? Чего ты сама хочешь?». И затем помог ей разобраться в стремлениях её собственного материнского сердца.

Когда старец принимал моего товарища Игоря, тот сказал старцу, что, хотел бы найти духовника, чтобы иметь возможность задавать ему некоторые вопросы. А старец коснулся рукой своего сердца и сказал: «Ты его уже нашёл».

Сказать, что старец любит приходящих – это ничего не сказать. Скорее старец и есть любовь к приходящим. Ему нужны все и в каждом нужно всё. Он ни в чём не ломает волю пришедшего, но помогает каждому жить по воле Господней, раскрыться Богу. Каждый человек может быть хорошим, но часто его добро спрятано глубоко внутри, под корой обид и разочарований. После беседы со старцем это внутреннее добро поднимается на поверхность и претворяется в действие.

После беседы старец сказал, чтобы мы покушали в трапезной. Была уже глубокая ночь, но в трапезной дежурил монах, принимающий всех приходящих. Утром в 6.00 нам нужно было уезжать. Старец благословил одного монаха привезти нас на автостанцию. В гостинице, ожидая отъезда, я уже не мог уснуть, удивляясь тому тихому свету, который пришел в душу после беседы со старцем Дионисием. В 5.00 в гостиницу пришел православный из Франции по имени Антон. Он попал к старцу последним и сказал нам, что, уже долгое время унывал, а старец его утешил.

Потом мы отправились в обратное путешествие. Когда я думал о том, какие ответы везу от старца на Украину страждущим людям, мне казалось, что я везу им море радости. Так оно и оказалось в действительности.

Когда я, вернувшись домой, сказал Маше Важевой что старец обещал молиться о ней, она ответила, что только что приехала с научной конференции, где она была в качестве выступающего аспиранта, и всё там прошло у неё светло и без сложностей. Маша уверена, что так случилось именно по молитве.

Лена Редкокаша, когда услышала, что старец будет молиться о ней и её семье, сказала, что у неё чувство такое, словно свет разливается по комнате.

А Александр Сорока, который передавал через меня свой вопрос старцу и получил ответ, говорил, что ему казалось в разговоре со мной, будто я принёс частичку старца и передал её ему. Саша чувствовал, что ответ принёс ему свет, и в душе было так хорошо, будто он причастился.

Наташа Коваленко, слушая то, что ей велел передать старец, плакала от радости. А Евгения К. в день, когда я ей передал вести от старца, болела, но сказала, что эти слова распрямили ей плечи. Евгения, заметила перемену и в ещё одном человеке, побывавшем у старца. То доброе, что скрывалось глубоко внутри, вышло наружу и стало явным.

Ольга Д. после того, как старец стал о ней молиться, заметила, что у неё исцеляются отношения с мужем, что ей было очень и очень важно.

Наталья П. когда узнала, что старец будет молиться о ней, ощутила радостное чувство навсегда разделённой жизненной ноши.

Рая У. узнав, что старец всегда будет молиться о ней, плакала от радости.

О себе могу сказать, что старец дал мне ощущение Церкви, как великого единения людей и Бога, как родность всех, живущих Христом. Благодаря ему я снова ощутил церковь как подлинное небо на земле. Святой Николай Кавасила в своей книге о Божественной литургии говорит: «Еесли бы кто смог увидеть церковь чем она есть, то увидел бы её ничем иным, как телом Христовым». Рядом со старцем действительно живёт и передаётся другим ощущение церкви вселенской, укоренённой в вечности, светлой, святой и чистой.

Но и это не всё. Старец дал мне увидеть, что я всегда буду жить в его сердце. Святые Оптинские старцы как то сказали, что их, старцев, любовь, и сегодня и через тысячу лет не изменится. И я знаю, что теперь и я, и все, кого я люблю, живут в христиподражательном сердце того человека, который, один из немногих в мире, может с полным правом повторить слова Господней любви: «Разве может быть, чтобы мать забыла своё дитя? Но, даже если она забудет, Я не оставлю тебя».

Старец Дионисий Каламбокас и обитель Караискаки или ещё одно путешествие в сказку

«Я видел христиан какими они должны быть» – блажен тот, кто может сказать это слово. Но так же верно и то, что всякий подлинно ищущий настоящести встретит тех, кто сумеет отвести его к Богу. Зная это, я ждал возможности отправиться к всемирно известному греческому старцу Дионисию Каламбокасу, который окормляет около десяти обителей по всему миру от Греции и Норвегии до США, и к которому приезжают люди со всей планеты, чтоб увидеть самую высокую красоту – человека современника, открывающего древний и всегда такой новый путь к Богу.

Как поэт я, конечно, не имею возможности просто так оплатить такое дорогостоящее путешествия, но у Бога припасено для нас много сюрпризов, так что видеть как

Он ведёт путь нашей жизни – зрелище всегда захватывающее. Так и в этот раз – стоило старцу ответить, что он нас ждёт, а ехал я со своей дорогой супругой и со студенткой, как одна моя читательница из-за границы в благодарность за мои книги пообещала оплатить поездку для нас троих: меня, супруги и студентки.

Старец Дионисий сказал, чтобы мы в этот раз летели к нему в Грецию, в женскую обитель Караиска́ки. Караискаки – монастырь посвящённый святому Георгию Победоносцу. Больше тысячи лет назад на этом месте подвизались отшельники, но уже в XII столетии был построен монастырь. В 1590м году Караискаки был сожжен и почти тотчас заново отстроен, и от этого времени тут остался маленький храм, где совершаются ежедневные службы и сохранилась чудесная роспись стен. С 3 ноября, в Греции это праздник перенесения мощей святого Георгия, 2003 года по приглашению митрополита Фессалиотисского и Фанариоферсальского за возрождение обители принялся старец Дионисий, который и привёз сюда с десяток высокообразованных монахинь с игуменьей, которая на греческий манер зовётся тут геронти́ссой.

В те первые годы сёстры нуждались во всём и для жизни не хватало самого элементарного, но дух радости, который всегда существует вокруг старца, давал силы сосредотачиваться не на финансовых трудностях, но на умножении красоты. Все инокини имеют несколько высших образований и по благословению старца учатся в лучших университетах Афин и Европы, потому и послушания тут необычные. Инокини помогают совершать службы в храме, много учатся, пишут иконы, переводят духовные тексты, вышивают (а шитьё в Греции – необыкновенно красиво), воспитывают маленьких школьниц, ухаживают за стариками и инвалидами, живущими в обители, принимают паломников со всего мира и открывают для других, что мы пришли в этот мир, чтобы обрести радость. Даже возделывание земли и выпас коз и овец тут вовсе не похожи на какие-то колхозные работы, но тоже совершаются перед лицом Высочайшего, и отсюда на все дела и занятия инокинь разливается свет. Кстати, в обители нет иконной лавки и не ведётся торговля, а свечи для единственного в храме подсвечника, стоящего на улице у входа в притвор, любой может взять сам из стоящего тут же ящика – это тут так же бесплатно, как жильё, прекрасные обеды для паломников и огромная забота сестёр.

По нашей просьбе нас тут научили варить греческий кофе, но каждый раз сёстры варили его за нас говоря: «Дайте нам что-то сделать для вас! Вы – наши радости!». Потрясало и то, что каждый раз, когда нам нужна была помощь – ближайшие к нам инокини прерывали все свои послушания, чтобы только порадовать нас...

Но главное, зачем сюда едут люди – это возможность увидеть старца...

Старец Софроний Сахаров писал, что люди обычно боятся воли Божией, так как считают, что она отнимет у них свободу и растопчет их личность. Но, когда мы, через старцев и подвижников и вправду встречаемся с Богом великой встречей, то мы тогда узнаём, что только тот, кто любит, на свободу не покушается. Узнаём и то, что Господь изначально готовил нам свет и счастье, и что встреча с Ним – несёт не боль, но превращает всё вокруг в ожившую сказку.

Но каждому из людей, сдущих к великим старцам своего века это придётся узнать на собственном опыте. Вспоминается Вениамин Федченков, который, когда ехал на Валаам к старцу Никите Валаамскому, мучился от ужаса, что Никита обличит его во всех возможных грехах и разрушит всю его дальнейшую жизнь, но старец только помог Федченкову на пути к радости.

Знаю священника, который, когда впервые ехал к старцу Дионисий Каламбокасу, то боялся, что старец обвинит его в грехах и запретит быть священником, но на самом деле эта встреча принесла священнику утешение и вдохновение, которых он никогда не знал в такой мере раньше.

Помню как и я, когда впервые ехал к старцу, то как и все молодые люди боялся, что старец скажет мне быть монахом, в то время как я, так хотел найти любимого человека… Но искусство старца в том и состоит, чтобы каждого растить неповторимым образом, потому что Бог обо всех задумал особую красоту и старец помогает нам в эту красоту возрасти.

Беседа со старцем всегда протекает свободно и неожиданно. Другими словами, мы не можем предугадать Господни слова обращённые к нам через старца. Ведь Христос, как писал Льюис, «не ручной лев»… Важно, что если что-то кажется нам непонятным в ходе беседы – мы можем всегда переспросить, чтобы всё узнать и воспринять точно. Если что-то покажется нам неприемлемым – не нужно бояться сказать об этом, так как разговор со старцем протекает в нашей общей свободе, и Христос через старца советует и открывает, но не принуждает.

И конечно, ожидание беседы со старцем – это предвкушение приготовленного тебе Богом счастья, о котором ты ещё ничего не знаешь…

Забота старца и сестёр касается всего путешествия. Так, ранним утром перед вылетом сестра Н. написала, как и на каких автобусах нам добираться из Афин в Кардѝцу – город в центре Греции, в горах близ которого находятся три обители окормляемых старец Дионисием: Пѐтра, Караискаки и Красная Церковь. Когда мы где-то запутывались, то звонили инокиням и те помогали нам сориентироваться и даже бронировали для нас билеты на автостанции.

Известно, что случай – это псевдоним Бога. И мы летели в Афины и в обитель святого Георгия 6 мая, в день памяти святого Георгия Победоносца. Пилота самолёта тоже звали Георгий, и для нас этом было неким знаком, что *Там* о нас думают...

Мы летели, а я думал, что Дух Святой даёт жизнь, но, чтобы оценить это, надо иметь и опыт того, какую смерть несут в себе и вокруг всевозможные умники, формалисты, себялюбцы и вообще вся ложность человеческих отношений, которую преодолевают лишь рыцари Духа, подобные старцу и его ученикам.

Перед полётом я написал нескольким друзьям куда еду, и уже в Киевском аэропорту получил сообщение от иеромонаха А., который написал: «Сегодня утром на литургии случайно помянул вас как путешествующего, и думал что ошибся. Скажите старцу, что я хочу улететь к нему. Пусть помолится...».

Греция – горная страна. И когда едешь на автобусе и видишь все эти скалы так близко, то удивлённо говоришь: «Господи, как Ты всё это сделал?».

А ощущение того, что этими дорогами ходили великие Платон, Сократ, Аристотель, Эсхил, Сапфо и Гомер – даёт пережить особую связь времён, и ты вдруг понимаешь, что живёшь и существуешь в истории... Когда мы будем путешествовать по Греции, то в знаменитых обителях Метеоры мы увидим необыкновенную фреску «Христос – Царь философов», где изображены античные мудрецы и Христос, – в знак того, что вся высокая мудрость античности и вся красота мира – имеют источник в Боге, как Едином Источнике всего, что божественно...

Здесь везде тысячи туристов из множества стран. И когда едешь в одном автобусе с японцами, корейцами, неграми, немцами, сербами и англичанами, то становится понятнее Господня забота о всей земле, где каждый для

Него – самый близкий, в какой стране и в каком времени бы ни жил...

А такие люди как старец Дионисий учат этому вселенскому измерению сердца, куда должен и может вместиться мир...

Подъезжая к Караискаки я вспомнил слова датского философа Кьеркегора, замечавшего, что всё в мире интересует его в большей или меньшей мере, но если бы он узнал, что где-то существует рыцарь веры, то последовал бы за ним на край земли. Что, собственно, и делают люди приезжающие к старцу со всех концов планеты.

В город Кардица мы приехали уже вечером, но нас уже ждала сестра Антония, которая отвезла нас на машине в обитель, легко преодолев эту долгую и извилистую горную дорогу. В монастыре инокини расходятся по кельям в 21.00, а мы приехали в 22.00, но нас ожидало прекрасное, разнообразное и искусно подобранное угощение, а затем тёплая беседа с привёзшей нас монахиней. Оказалось, что она много лет назад приехала к старцу из Петербурга, чтобы обрести Бога. В Питере она выучилась на филолога, и её любовь с юности – языки и книги. По благословению старца и здесь, в Греции, она закончила известнейший факультет классической филологии, охватывающий всю литературу Эллады, от Гомера и Платона до падения Константинополя в 1453 году. Причём факультет обучения она выбирала сама, так как можно было поступить ещё на современную греческую филологию или лингвистику. Старец не мешал её выбору, а только просил сестру продолжить учёбу в Греции.

– Но ведь так каждому – поразился я, – старец помогает раскрыться в его неповторимости. Даже и в том, что все иноки и инокини которых он учит, вдохновляемые им получают образование в известнейших вузах Афин: кто юрист, кто филолог, кто врач, а кто агроном.

— Да, — согласилась сестра А., — каждый человек растёт в Духе неповторимо.

А старец, — тот, кто помогает совершиться этому возрастанию в нас Бога, приводящему к тому, что каждый становится способен неповторимо умножать красоту.

В 6.00 в обители начинается Утреня в храме. Сёстры просили нас не идти на службу, а отдохнуть с дороги, но мы не хотели пропустить такое редкое для нас событие, как служба на греческом языке.

Священник в обитель приезжает не каждый день, а только в субботу, воскресение и на праздники, и потому Утреню совершали сами сёстры. По церковным правилам любую службу кроме Литургии миряне и монахи могут совершать сами, имея специальное на то благословение. Если представить себе афонскую службу совершающуюся женщинами, то она бы велась именно так: ни напевы, ни чтение тут не отвлекают от той внутренней тишины, где совершается Встреча. Зная, что в храме стоят русскоязычные люди, сёстры часть Утрени провели на церковнославянском. Хотел бы я, чтобы там, откуда мы родом, если в храм зайдёт, например, англичанин, клирос мог бы так же легко служить для него на английском...

Слушая то, что совершается в глубине молитв, я хотел перенести эту службу в свой город. Но потом понял, что для такой службы необходимы совершающие её такие сёстры...

Выйдя из храма мы познакомились с игуменьей обители, геронтиссой Мариа́м, приехавшей в Грецию из Германии. Геронтисса тепло обняла нас всех, поприветствовала и расцеловала. Рядом с ней мы чувствовали себя её радостью. Она поразила меня какой-то невероятностью доброго и мудрого благородства. Это была первая встреча с геронтиссой, но каждый раз она будет много удивлять нас отношением к людям. Так, я видел, как она служила сёстрам во время трапезы, как стеснялась пройти мимо паломников, чтобы не потревожить их беседу, с какой заботой она смотрит на людей и на мир вокруг. Как-то мы опоздали в трапезную на несколько минут и все сёстры с геронтиссой ждали нас, чтобы мы ни в коем случае не почувствовали себя лишними. Был случай, когда к трапезе опоздала монахиня, и геронтисса с материнской нежностью ждала, пока та доест, и лишь тогда позвонила в колокольчик, окончив трапезу.

Спустя несколько дней моя супруга скажет о геронтиссе старцу Дионисию, что Мариам «на всех сестёр смотрит как на старца». И старец Дионисий согласится, что в этом её секрет – давняя мудрость иноков первых веков заключавшаяся в том, чтобы смотреть на всякого человека как на бога после Бога...

Видя Мариам я ещё раз оценил древнюю мудрость святых отцов, что игуменом в обители должен быть самый добрый и мудрый, а вовсе не строитель, администратор или дипломат, умеющий договориться со спонсорами.

Утро было довольно прохладным, а мы не были готовы к такой переменчивой горной погоде, да и в Киеве, откуда мы улетали, было тогда весьма жарко. Моя супруга вынесла из нашей комнаты одеяло, завернувшись в него. Она переживала, не станут ли её за это ругать, но геронтисса, увидав её изобретательность, стала выражать нам на немецком и английском языках свою радость, что нам не будет холодно. Мариам предложила нам пройти в беседку, откуда открывается необыкновенно красивый вид на окрестные горы и монастырь. Тотчас же инокиня Патрикия вынесла нам тёплую одежду, в которой мы ходили все эти дни, кофе и угощение.

– Вас постригли в честь святого Патрика Ирландского? – спросил я.

— Да! — радостно отвечала монахиня.

И прилетевшие со мной мои студентки и супруга принялись за кофе, а я расположился в беседке писать заметки о путешествии, и всё вокруг было радостью... Радостью и ещё одним напоминанием, что человек изначально был создан жить для других...

Приехавшим паломникам тут не дают послушаний, так как каждый для монахинь — желанный гость, а не работник. А гостя не заставляют чистить свеклу или мыть посуду...

Приехавший ходит на службы, радуется природе, занимается творчеством или наукой (если он к этому склонен) и ждёт встречи со старцем. А вокруг всего этого — постоянная забота и доброта сестёр обители Караискаки...

Мои спутницы переживали, что им не дают послушаний, и сами просили чем-то помочь обители. Так они несколько раз мыли тарелки после трапезы и один раз собирали клубнику. Но всё это было не обязанностью, а их вольным желанием ответить так на любовь сестёр.

Караискаки — монастырь в древнем понимании этого слова, который существует как семья людей устремлённых к Богу. Как общность надеющихся на Него. Может ли читатель живущий на территории бывшего СССР вообще представить себе монастырь без иконной лавки? Обитель без бесконечных строительных работ и раздражённо-недовольных людей? А в общине святого Георгия это так. За все дни пребывания тут мы не видели ни одной раздражённой или неприязненой сестры, что само по себе является чудом и результатом небесной педагогики старца.

Эльф Леголас из сказки Толкиена «Властелин колец» говорил о таких эльфийских местах: «Зло не живёт здесь. Его может только принести приходящий сюда...»

Караискаки совмещает в себе внутреннюю жизнь перед Небом и заботу о людях. Этот монастырь — свидетельство того, что если христиане и вправду решаются не заботиться о том, что им есть, что пить и во что одеваться, но ищут Бога – то Господь обязательно даст им всё, что нужно.

Вслед за старцем сёстры обители усвоили удивительную способность – говорить с другими из своего покоя. Здесь, в горах, вдалеке от городов и машин, ты всегда один на один с Богом и Его миром, и никакой посторонний шум не отвлекает от беседы с Небожителем. И так, часто впервые, видишь, что весь мир – от птиц до деревьев – сотворён как повод для благодарности и молитвы.

Мы жили в обители, но старец ещё не приехал – он пока принимал людей в каком-то другом монастыре. Но все знали, что скоро он приедет сюда. Между тем, люди всё прибывали. Гости из Питера, немцы из Германии, местные греки, какой-то священник из США – все они ждали встречи со старцем.

Как-то паломники из Питера попросили меня рассказать о старце. И мне вспомнились слова из «Повести о Ходже Нассредине», где об этом персонаже некая невеста говорит своему жениху: «Это необычный человек. С его приходом наша жизнь, словно солнцем озарилась». И это – то, что делает другим старец – помогает им встретить Бога, а Господь умеет приводить людей к радости...

Здесь так заведено, что все стоящие в храме сёстры немного участвуют в клиросном чтении. Просят читать молитвы с псалмами и многих приезжих, никогда не делая замечаний даже тем, кто допускает ошибки в чтении.

На утрене одного из дней нашего путешествия я думал, что слишком редко можно в мире встретить тех, кто хотел бы научиться быть людьми в полном смысле этого слова. А здесь, в Караискаки, мы встречаем такую чудесную редкость.

Различны пути людей на земле, но счастлив бывает лишь тот, кто желает жить для других...

После одной из служб я встретил приехавшего сюда немца, мы немного поговорили на английском, и я был сердечно тронут его приветливостью. Счастье знать, что люди на земле могут нести в себе небесную красоту, которой всегда так много в искренней улыбке и доброте.

Глядя на монахинь я думал: как много они переняли у старца, способность дать другому, почувствовать себя нужным.

На трапезе тут читаются наставления подвижников и отцов. Причём язык чтения часто зависит от того, из какой страны приехали гости. Для нас читали на русском, но здесь может звучать и английский, немецкий и греческий язык.

Так, мне очень понравилась прочитанная мысль принадлежащая старцу Эмилиану Вафидису, что, если человек боязлив, но искренне любит Бога, то такому нужно припадать в молитве к Господу по всякой причине своей боязни.

Часто помощь старца заключается в том, чтобы дать страдающим людям посмотреть на ситуацию небесным взглядом. То есть, понять, что всё в мире и с нами случается только по любви Божией и научиться поступать в соответствии с этим знанием.

Старец Дионисий, в духе древних учёнейших отцов, всеми силами поддерживает в монахах тягу к знаниям и стремление познавать мир глубоко. Здесь не редкость несколько высших образований, причём часто в необычных сочетаниях. Так, одна инокиня, приехавшая сюда и России, окончила философский, а агрономический факультет – уже в Афинах. Слушая её рассказы о разных животных и растениях не перестаёшь удивляться – как её любовь ко всему живому сочетается со знанием зачем и почему всё происходит в природе.

Как-то, говоря с одной инокиней, я процитировал строки писателя В. Войновича и оказалось, что она читала этот его роман. В другой раз я начал рассказывать стихи Пастернака, и монахиня подхватила мою декламацию. А ведь Войнович и Пастернак – не самые известные авторы в Греции. Всё равно как если бы кто на улице моего города стал бы цитировать Мораитиди́са или Кавафи́са...

Служба в храме и молитва – это не только дыхание церкви, но и дыхание нашей доброты. Мало кто понимает, сколь драгоценна возможность дышать этим воздухом настоящести.

В Караискаки каждый день совершаются три службы. В 6.00 – утреня, после которой может быть Литургия. В 17.00 – короткая вечерня, после которой все собираются на трапезу, а потом к 18.30 – небольшое повечерие.

В 21.00 начинается время тишины, и инокини стараются до утра уже не говорить друг с другом, чтобы вечерняя тишина помогла разговору с Богом. На паломников, впрочем, это правило не распространяется, и если гость попросит любую из монахинь о помощи – ему тотчас помогут.

На трапезе все сидят вместе: геронтисса, инокини, гости – и для всех здесь готовят одинаковую пищу. В Караискаки, по древней монашеской традиции гости с иноками вкушают одно и то же, так как единственно возможное в христианстве первенство – это первенство доброты.

Одна инокиня говорила нам, что старец помогает раскрыть каждому неповторимый аромат его души. В древнем «Послании к Диогне́ту» сказано: «Что в теле душа – то в мире христиане». В Караискаки, среди всегда служащих другим и светлых монахинь, ты можешь видеть, что это так...

Здесь, в обители старца, собираются учёнейшие люди. За эти дни мы общались с монахинями об астрономии и квантовой теории, об античной культуре Греции и Средневековье, о святых отцах и европейской этнографии...

Удивительно, что в монастырь к старцу приезжает кто-то один, а пользу получают многие родственники и друзья этого человека. Общаясь со старцем Дионисием как-то просто и радостно понимаешь, что для этого человека нет тайн. Он с самого начала знает о всех людях, мыслях и ситуациях, которые складываются в твою жизнь. С огромным почтением он помогает тебе, твоим родным и друзьям, уже хорошо зная их проблемы и трудности, хотя ты вовсе ничего не говорил о них. Старец примиряет враждующих и обиженных, помогает прощать и понимать другого, вносит мир, исцеляющий многолетние конфликты с людьми и нас с самими собой. И всё это совершается в какой-то особенной радости, которая ни на миг не покидает тебя в его присутствии, и ясно говорит, что перед тобой сейчас стои́т рыцарь Духа...

Рядом со старцем остро чувствуешь свою драгоценность для Бога.

Мы можем читать у Шмемана, что церковь есть организм любви, но здесь мы встречаем людей, которые делают богословие зримым для всех.

8 мая 2018 в 20.30 мы сидели в трапезной сестринского корпуса. И тут к нам подошла сестра Антония с вопросом: «Кто из вас первым пойдёт к старцу?». Оказалось, что он приехал и начинает приём людей. Мы решили, что первой пойдёт одна из моих студенток Мария Важева.

У Марии с юности есть проблемы с сердцем, а лекарство она забыла в дома. Старец спросил: «Нужно ли, чтобы они прямо сейчас поехали в аптеку и достали необходимые препараты?» Она ответила, что пока всё нормально. И действительно, за две недели путешествия всё было хорошо. Тогда старец добро сказал, что будет ругать её, что она забыла такое важное для неё лекарство. Когда она спросила делать ли ей операцию на сердце? Старец попросил её быть в полном послушании у её лечащих врачей и выполнить все их рекомендации, так как только врачи могут решить – будет ли нужна операция, или можно будет вылечить её в американской клинике новейшими методами, которые уже существуют в медицине.

Потом старец спросил:
– Как ваше сердце?
И она ответила:
– Оно сейчас поёт!

Потом старец накрыл её епитрахилью и благословил её саму и её родственников, а у неё в сердце в это время была такая радость, что хотелось прыгать, и она вспоминала потом, как библейский пророк Давид в радости танцевал у Ковчега Завета.

Старец говорил с ней больше двух часов, утешая, радуя и вдохновляя. Он спрашивал её о родственниках, а иногда рассказывал о них сам: давая самые светлые советы, разъясняя что-то в её жизни и жизни её родных.

У всех нас было желание посмотреть Грецию, и старец сам сказал Марии, что завтра утром мы должны поесть задолго до общей трапезы, так как за нами приедет машина с водителем-экскурсоводом, и нас отвезут в древние Метеоры – обители на скалах, существующие в Греции где-то с X века.

Мария заметила, что привыкла к частому причащению, а тут, в Караискаки, из-за отсутствия постоянного священника, Литургия служится реже, чем ей бы хотелось. Старец дал понять, что решит этот её вопрос.

И она выходила от старца радуясь, что она драгоценна Богу и что жизнь дана ей для радости...

...А ночью в 00.04 пришла сестра Антония и сказала, что утром специально для студентки будет проведена

Литургия, издалека приедет вызванный специально по случаю священник и всё будет служиться на церковнославянском языке. А вернуться нам будет нужно к 14.00 – и старец тогда примет меня и мою супругу.

Мария потрясённо сказала, что ей ещё никто никогда не дарил Литургию... А потом добавила, что хотела бы привести священнику из своего храма греческий ладан и купит его в Метеорах. На это сестра Антония улыбнулась и заметила: «Зачем покупать? Ладан мы вам и так дадим. Сколько вам нужно...».

Потом студентка Мария сказала: «Несколько дней тут шел дождь – но я знала – когда старец приедет – всё преобразится».

А я заметил, что Господь всегда являет Себя счастьем и радостью всем, кто, как моя студентка, этого заслужил...

В этом и величайшее чудо – мы, читавшие много раз, что Бог благ, через старца касаемся торжества того, что Он – благ. И воочию видим, что путь добрых ведёт к добру.

Ведь старцы существуют, чтобы люди на опыте знали – какой прекрасный и милосердный у нас Господь...

Литургия действительно служилась на церковнославянском языке. В середине службы вошла опоздавшая паломница, а мест на стульях уже не было, ведь на службе все греки сидят. Тотчас, геронтисса Мариам встала из своей стасидии и начала искать место для пришедшей женщины.

Монастырь учит принимать каждый день как подарок, а события дня и слова старца – как светлое откровение Господне о нашей жизни и росте нашей души.

И чем большим будет наше доверие Богу, тем свободнее Господь действует в нас.

В Метеоры нас везла на большой семиместной машине сестра Серафима – радостная и весёлая. В дороге мы говорили об античной культуре, о средневековье и физике элементарных частиц. Серафима так же заметила, что старец никого не пытается сделать похожим на себя, и ни на кого не давит, но помогает каждому возрасти в Боге неповторимо, как из всех миллиардов людей свойственно лишь тебе одному…

Возвращение на землю

Сестра Серафима (Кассия) пока везла нас в Метеоры, рассказала, что несколько лет назад перенесла клиническую смерть, и когда она вышла из тела, старец тотчас послал к ней в келью сестёр, почувствовав неладное. Серафима же в это время была где-то над планетой и чувствовала блаженный покой, не ощущая никакой привязки к тому, что оставлено. «Это потому, что я не имею семьи и родители умерли», – думает она. Потом она услышала раздающиеся отовсюду миллионы голосов и растерялась, не зная, куда идти дальше. А в это время старец молился о ней, она вдруг услышала ясный голос старца, звавший её по имени «Кассия!!!». Она тотчас пошла на голос и вернулась в тело.

Врачебную помощь она получила только через 8 часов, так как требовалось время, чтобы доставить её в ближайшую больницу. Оказалось, что у неё была закупорка обеих лёгочных артерий (эмболия), и вторым чудом оказалось то, что она смогла ещё 8 часов прожить после клинической смерти до получения помощи.

Метеоры – не только древние обители, но и чудесные музеи, вход в которые платный. Сестра Серафима сама оплатила посещение для всех нас, и в этом тоже чувствовалась та красота отношения к другому, о которой Авва Дорофей с удивлением писал: «Христос приходит к нам в образе человека; что сделаешь для человека – сделаешь для Христа…»

Старец Дионисий сказал нам вернуться в обитель к 14.00. Но я переживал и хотел скорее его увидеть, а потому спрашивал сестру Серафиму, можно ли приехать пораньше? Но она сказала, что нужно выполнить благословение.

Когда же мы к 14.00 подъезжали обратно к Караискаки, то увидели, что на дорогу несколько часов назад сошел горный обвал, и техника, посланная из города только успела расчистить путь к нашему приезду. То есть – вернись мы по моей просьбе раньше – и нам пришлось бы несколько часов ждать пока дорогу расчистят. Так мы ещё раз увидели драгоценную важность даже самых простых на первый взгляд слов и благословений старца…

Потом старец принимал нас с супругой. В разговоре со старцем Дионисием каждый раз поражаешься тому, как он старается, чтобы всё светлое и высокое, что есть в человеке, выросло и дало свои плоды, на радость тебе самому и многим другим.

Старец заботится обо всём в твоей жизни: от тревожащих тебя мыслей до твоей причёски, от того, в какой школе лучше учиться твоему ребёнку, до вопроса о том, кто поможет нам добраться из обители в афинский аэропорт. Старец невероятно учён, он прекрасно разбирается и в текстах святых отцов, и в мировой философии и культуре, а его комментарии и мысли об этом помогают увидеть те грани истины, которые именно тебе нужны именно сейчас для твоего роста.

Каждый раз при встрече со старцем удивляешься его заботе обо всём, что для тебя драгоценно. Старец с равным вниманием интересуется всем, что касается тебя и всех твоих близких.

Невозможно забыть то внимание, с которым старец расспрашивал меня о написанных мною книгах, невозможно забыть ту чуткость, с которой старец слушал мои стихи…

Всё время визита старец поил меня чаем и угощал сладостями, прежде спросив, желаю я чай или кофе?

Выйдя от старца моя супруга скажет: «Как будто я была на приёме у короля, и этот король был одновременно моей мамой...».

Но таков старец – человек, в присутствии которого ты понимаешь, что для Бога в твоей жизни нет и не было мелочей. Что от начала мира Дивный Бог готовил нам только радость...

В конце двухчасовой беседы он сказал сестре Антонии, чтобы нас утром отвезли на автостанцию и помогли добраться домой, забронировав для нас все необходимые билеты на всех автобусах...

Потом он сказал мне по-русски: «Христос воскрес!». Я ответил: «Воистину воскрес!». старец обнял меня и я вышел...

...Когда сидишь в своём доме и ходишь по улицам только своего города, то рассказы о других землях и о людях небесного сердца кажутся чуть ли ни сказкой. Но сто́ит выйти на дорогу, пройти путь и вернуться назад, как уже твои рассказы будут казаться сказкой знакомым. «Что он там говорит, если в нашей округе нет ничего похожего?» – посмеиваются над тобой соседи, но ты, вспоминая красоту встречных тобою людей и мест, улыбаясь, понимаешь, что не рассказал и половины того, что видел...

Старец Дионисий Каламбокас и монастырь Креста в Фивах

Некий хиппи сказал литературному критику Анне Наринской на концерте Пинк Флойд в Москве: *«Знаешь, я раньше слушал их музыку на кассетах, но не был уверен, что они существуют на самом деле. А теперь вижу – они существуют. И даже – в той же вселенной, что и я».*

Точно так же встречая удивительных подвижников старцев, всех этих прекрасных Паисиев Святогорцев, Эмилианов Вафидисов, Дионисиев Каламбокасов, Ефремов Аризонских – не можешь поверить, что ты сейчас здесь с ними и эта ваша встреча действительно существует!

***

Когда твои студенты и читатели живут в разных городах планеты, и когда многие из них становятся твоими друзьями, то, куда бы ты ни приехал, всюду встречаешь в их лице поводы для ликования сердца, и подобно Честертону восклицаешь: «Восхищение и удивление охватили меня! Я пляшу и пою!»

***

В окна прекрасной храмовой гостиницы льётся солнечный свет какого-то необыкновенного оттенка, который бывает, наверно, только на территории церкви и в лесах эльфов...

Я очарован, вдохновлен, рад лучам солнца, вспоминаю об одной своей студентке Марии, которая была сиянием этого города и пишу хокку о ней и о всем :

***

Ну откуда
Столько солнца
Приходит в мир?

***

Средневековые ирландские монахи путешественники сравнивали жизнь с дорогой. У нас дома нам известно всё, и мы знаем где в холодильнике и погребе лежат запасы угощения на сегодня и на годы вперёд.

В дороге, напротив, трудно предсказывать будущее, здесь больше переживаний, но и больше удивления о красоте мира, и острее чувствуешь милость Божию...

***

Бог не хочет видеть людей затурканными колхозниками. Нет такого положения из которого мы бы не могли прийти к подлинности, мудрости, свету и красоте.

***

Благодарный человек не может привыкнуть к помощи Господней, но эта помощь укрепляет его в драгоценнейшем доверии Богу. Афонский старец Никон Лазару говорит, что доверие мы обретаем на опыте, видя, что Господь помогал нам в прошлом, и понимая, пусть и с замиранием сердца, что поможет и в будущем. А доверие, благодарность и деятельная доброта дают нам ощутить мир как живую сказку написанную рукой Господней...

***

Самое важное для желающего подлинности человека, это чтоб в его жизни был кто-то по-настоящему знающий, кто он такой... И это тот труд, который для других совершают старцы и поэты...

***

Таков наш мир – самое важное в нём – на окраине. СМИ не славят старцев и поэтов, но без старцев и поэтов миру не для чего было бы быть дальше...

***

Что такое, все же, Европа! Узнав, что мы приехали с психически больным юношей, все соседи носят нам в угощение дорогие фрукты и просят принять их «Для мальчика, который кричит...».

А узнавая, что я поэт, нам стали нести ещё больше угощений, замечая, что «пока поэт живёт на свете, Дух Святой не покинул Землю...»

***

Поэт, как замечал ещё Шопенгауэр, почти везде среди людей чувствует себя как ребёнок среди игрушек. Он говорит с ними, но знает, что игрушки его не понимают...

***

Остров Эвбея, самый большой в Греции. Здесь в одном из городов есть храм, где лежат мощи святого Иоанна Русского. В храме ощущается благословение этого места. Рядом икона святого, увешанная множеством украшений, принесенных людьми как дары за чудесную помощь.

***

В храме у мощей Иоанна Русского есть такое интересное явление, как источник святого масла. Он сделан людьми и масло можно набирать из маленьких краников. Всё это, разумеется, бесплатно.

***

А в монастыре святого Давида Эвбейского, где в XX веке подвизался известный греческий старец, недавно канонизированный Иаков Эвбейский, на столе в углу внутреннего двора обители есть стол, где стоит несколько подносов с вкуснейшим греческим кофе, лукумом и печением и рядом надпись значащая что-то вроде «Берите кто хочет». Деньги за угощение здесь брать никому даже не приходит в голову...

Когда мы с Лориолью рассказываем такие вещи своим знакомым монахиням из РПЦ, те улыбаются и смотрят на нас в стиле: «Ну что с вас дурачков взять?». И не верят, будто мы поём им легенду.

А, между тем, это настоящее христианство действительно существует...

***

В Европе всегда остро чувствуешь непрерывность истории. Отсюда недалеко и древние кельты с пиктами, и римские укрепления и стоянки пещерного человека, и все эти эпохи словно соприсутствуют в твоём настоящем. А ходя по горным дорогам Греции, смотря на Эгейское море, понимаешь, что всё это так же видели и Платон, и Аристотель, и Гераклит, и многочисленные подвижники двадцати прошедших веков, и все они – подлинная слава и свет нашего мира, при жизни столь часто презираемый современными им умниками и тупицами...

***

На берегах Средиземноморья вдруг как то особенно понимаешь, насколько много в Евангелии моря... Христос и сидит на берегу, и учит у волн народ, и помогает рыбачить, и смотрит на сотворенную Им красоту. Может быть, все это есть ещё и затем, чтобы мы увидели мир вокруг столь чудесным и драгоценным, что, Сам Бог радуется его красоте...

***

Что-то совершенно особое есть в том, чтобы читать Евангелие на берегу моря. Так и средневековые монахи Ирландии обращались к строкам Библии и молитвам на берегу, и душа тогда потрясалась торжеством говорящего о Господе мира и величием Божьем!

***

Но, если не чувствуешь высший смысл пронизывающий весь мир, то и море – это всего лишь много воды, и прекрасный закат над волнами не ценнее навозной кучи...

...

В Греции удивляет доброжелательность людей. Многие тут просто здороваются с вами на улице, хотя вы их видите в первый раз. Продавцы даже в самой маленькой кондитерской отменно вежливы, даже если вы покупаете у них всего одно крохотное пирожное. Нас потряс подросток, который, когда мы уступили ему дорогу на узком пешеходном мосту, сказал нам по-английски «Спасибо». Ещё в одном магазине, где мы купили только два яблока, продавцы ради нас стали говорить на нашем языке и просили всегда обращаться с вопросами, если нам в их городе понадобится любая консультация и совет...

***

Первую неделю в Греции мы очень волновались, получится ли у старца Дионисия Каламбокаса увидеться с нами? Наши спутницы даже говорили, что переживают, не станет ли старец обличать их грехи. А я говорил, что старцы никогда так не делают, и в пример привёл историю Вениамина Федченкова ехавшего к святому Никите Валаамскому и боявшемуся обличений. Но когда Федченков увидел лицо старца и услышал его голос, то понял, что такой человек не может обидеть и ранить.

Но, а так всегда бывает, мысли продолжали говорить нам, что мы не сможем в этот раз встретиться со старцем. Ответ пришёл тотчас после субботней литургии. Старец сказал ехать к нему в Фивы: «Когда хотят и насколько хотят». Это был момент счастья и начало нашего вхождения в пространство чудес, ведь из всех обителей старца в Греции Фивы – наиболее близкая от Афин и от нашего тогдашнего места нахождения. Этими словами старец учёл все пожелания каждого из нас, учёл все планы дальнейших маршрутов. Это был момент радости. Я шёл по улицам городка Артемис и что-то пел, громко приветствуя прохожих... А они отвечали мне добрыми улыбками, как это принято в Греции вообще...

***

Продукты в Греции довольно дорогие. Но раз в неделю устраиваются ярмарки, где все в два-три раза дешевле. Интересно, что продавцы видя, что мы приехали с больным юношей, стали давать нам фрукты бесплатно или с очень большими скидками... И как это удивительно видеть страну, где гостеприимство, вежливость к другому, открытость – норма...

***

Священник в городе Артемис увидев, что мы вышли из храма после службы побежал к нам прося подождать всего минуту, вынес из алтаря ларец с мощами святой Маргариты и стал прикладывать святыню к голове нашего больного спутника, читая о нём молитвы на греческом. И мы ещё раз удивились тому, насколько много в Греции всюду ощущается важность человека, важность другого, со всей его непохожестью и инаковостью...

***

Необыкновенные чувства охватывают сердце, когда едешь в Фивы Семивратные, город, основанный Кадмом, сыном финикийского царя 3,5 тысячи лет назад и бывший одним из самых могущественных полисов Древней Греции, бросавшим вызов самим Афинам. Семивратными Фивы называли, чтобы отличить город от поселения с таким же названием в Древнем Египте...

Воистину, мир безмерно древнее, чем это кажется какому-нибудь клерку или тинейджеру, сидящему в Макдональдсе и ведущему отсчёт сотворения Вселенной от изобретения наушников к его айфону ...

***

В Европе всегда обостряется важное святоотеческое чувство, что православие – всемирная, вселенская вера, – разукрашивает в радугу Духа и греков, и немцев, и англичан, и голландцев, и перуанцев, но оно не имеет на земле прописки, чтоб сквозь церковь полнее звучала неповторимости о каждом из нас замыслов Божиих!

***

Некоторые вещи поражают тем, что существуют. Я был просто потрясён, увидев растущие на деревьях лимоны: «Как, разве лимоны вырастают не в магазине?». Точно так же, как меня лимоны, многих потрясает, что христианство может быть живым и красивым, основанным не на комплексах и запретах, но способным делать жизнь цветной, а сердце благородным...

***

Удивляет и радушие здешних продавцов. Если вы скажете, что покупаете у них один помидор или один огурец, вам тотчас отдадут его даром... Это ли ни вера в действии?

***

Путешествия прекрасны ещё и тем, что увидев других людей и другие страны, ты ещё больше благодаришь Бога за свой личный, ни на что не похожий путь...

***

Приехав в монастырь Животворящего Креста в Фивах, чтобы встретиться там со старцем Дионисием Каламбокасом, я впервые в жизни пожалел, что я не художник и не могу запечатлеть на картине то высокое и чуткое внимание сестёр обители ко всем нам. Если бы в Греции существовали музы помощи и поддержки, то они бы выглядели именно так...

***

Лишь к вечеру первого дня нашего пребывания в обители оказалось, что та жизнерадостная монахиня в простом переднике, которая помогала нам устроиться в наших комнатах – это сама игуменья монастыря, геронтисса Иерониди. Ни тени властности, ни капли желания указывать другим, а только желание послужить и поддерживать... Это игуменство существует не в стиле «я – начальник, ты – дурак», а в евангельском «кто хочет быть первым, тот да будет всем вам слугой»...

***

Одна из моих спутниц попросила у монахинь себе послушание: «Что-то подмести и помочь». Монахини были крайне удивлены и недоуменно дали понять, что традиции нагружать работой гостей у них нет...

***

Мы приехали в обитель Креста незадолго до службы и хотели пойти в храм, но игуменья сказала, что никак невозможно идти в храм, не пообедав с дороги. Для нас семерых накрыли чудесную трапезу, и пока мы ели, вечерняя служба закончилась. В ответ на наше переживание сестры дали понять, что самое главное, что мы пообедали и не голодными отправимся спать...

***

И всегда поражает внимание старца Дионисия к людям творчества. В обители Креста нас с супругой поселили в прекрасной комнате, где продумана каждая мелочь, от тапочек до ночного света, чтобы было удобно и радостно писателю и его жене...

***

В каждой гостевой комнате в обители Креста есть небольшая библиотека. Святой Нектарий Оптинский говорил о таких вещах, что «Господь не только не запрещает, но даже требует, чтоб человек возрастал в познании».

***

Удивляет, как в обители Креста все монахини стараются порадовать гостя. «Воскресная служба в монастыре начинается в 7:00, но вы приходи́те уже к литургии в 9:00, – сказала нам сестра знавшая, наш язык, – ведь вы должны хорошо отдохнуть с дороги»...

***

В обители Креста есть иконная лавка, но и здесь вам готовы преподнести подарок. «Христианство существует для того, чтоб дарить», – как бы говорят своим отношением к гостям монахини.

***

Здесь ко всем особое, индивидуальное отношение. Сестры обители Креста даже комнаты для каждого из нас выбрали особенным образом, учитывая и что я – писатель, и кто все другие приехавшие со мной. Здесь вы не найдёте конвеерного подхода, все вопросы – захотелось ли вам, чтоб за вас отслужили Литургию, помогли найти интернет или заварили вам кофе – решаются только лично с кем-то из сестёр или геронтиссой Иероними. Все мы здесь – желанные гости, а не ещё одни рабочие руки.

Да и сами монахини и геронтисса общаются друг с другом так красиво, что в их словах всегда ощущается знание о драгоценности человека перед Богом, знание такое редчайшее даже и среди христиан...

***

Ждать встречи со старцем – то же самое, что и ждать счастливого конца сказки своей жизни...

***

Вокруг старца существует то самое пространство чуда и рая, когда мир оказывается живой сказкой. Это касается и большого и малого. Например, я проехал всю Европу с мыслью о том, что в трапезной какой-то из обителей старца отведаю их замечательные макароны. О себе я всегда говорю, что я – хоббит, и имею свои особенные отношения с вкусной едой. И что же? На первую же накрытую для нас с дороги трапезу сёстры в числе прочего подали нам греческие макароны...

***

В монастырях старца Дионисия получаешь эстетическое удовольствие даже от самой обстановки комнат, зданий и ландшафтного дизайна. И ещё раз понимаешь, что всё Господне всегда совершается в красоте...

***

На воскресной литургии в обители Креста нас тоже ожидало множество необычностей. Так, игуменья дала прочесть «Отче наш» некой девочке лет четырнадцати, и похвалила её за чтение, к общей радости всех приехавших из города прихожан.

Во время службы, ехавший с нами больной юноша стал громко кричать, тогда игуменья добро объяснила прихожанами, что он болен и всё в порядке. И нужно сказать, что и он и все мы, бывшие с ним, были окружены сочувствием.

***

Тотчас после литургии игуменья попросила всех приехавших и пришедших людей в большой трапезной зал, где сёстры с подносами разнесли каждому вкуснейший греческий кофе и сладости. И было видно, что сестры счастливы возможности послужить и порадовать.

***

Во время одной из трапез наш больной юноша громко кричал. Добрая игуменья обеспокоилась и спросила: «Может он не хочет это есть и нам приготовить ему что-то другое?»

Когда мы сказали, что он просто уже наелся, она воскликнула: «Люблю его!»

***

Объезжая планету страна за страной всюду понимаешь, что главным сокровищем Вселенной является Бог, и что лишь благодарный и добрый способен видеть Его мир как живую сказку...

***

Бог – это сердце всей и всяческой красоты Вселенной: от великих стихов и горных рассветов до улыбки любимой и встреч со старцем.

***.

Интересно, что иконная лавка в обители Креста открывается крайне редко – после воскресной литургии и всего на один час. У монахинь нет цели продать тот или иной товар гостям, похоже, они и лавку держат для того, чтоб порадовать приехавших из других стран людей, желающих привезти что-то отсюда домой на память...

***

Монахини обители Креста обладают искусством готовить из различных трав и сочетаний мёда мазь, которая тотчас после применения снимает всю боль в суставах и неоценима при различных артрозах и артритах. Эта мазь продаётся в иконой лавке, но, как и всё остальное, воспринимается не как товар, а как ещё одно чудо и продолжение необыкновенной доброты сестер.

***

Вечерня (не путать с вечерней), трапеза, повечерие – таков каждый вечер в обители Креста. И как блаженно слушать тихие голоса сестёр совершающих службу и не старающихся сотрясать своим голосом храмовые паникадила...

***

Обитель Креста построена в 90-е годы XX века. Одна добрая семейная пара, некий Димитрий (1922 - 2005 годы жизни) и его жена не имела детей. Но им хотелось оставить о себе на земле добрую память, и тогда они приобрели участок земли в горах близ города Фивы и отдали его старцу Дионисию для постройки монастыря.

***

Я сижу в открытой беседке ночного монастыря, подо мной горы и рядом монастырский замок. Я вслушиваюсь в звенящую тишину ночи, будто один на тысячи километров, но всё полно скрытой жизни, и складывается такое хокку:

***

Тишины такой
Звучащей
Не слышал я...

***

Поздним вечером мы поднимались на третий этаж обители и увидели геронтиссу Иероними, мывшую после всех тарелки и ложки...

***

Старец никому не пишет отчётов о проделанной работе и его труд по отношению к каждому неповторим, словно труд поэта над стихотворением. Старец заботится не о том, чтобы охватить как можно больше людей (как поступают неразумные), но чтобы каждый вырос в подлинности и красоте, по крайней мере каждый, кто того действительно захочет, ведь, как говорили древние греки, бороться с глупостью бессильны сами боги...

***

Как же я благодарен сёстрам обители Креста за эту тихую службу утрени и литургии. Но нужно понимать, что эта служба есть тишина молчащего до поры поэта, в котором, даже когда он не произносит слов, звучит такое таинство жизни, которым Дух Святой сотрясает Вселенную...

***

Старцы и поэты идут по всем дорогам нашего мира и всюду несут в себе настоящесть Духа Святого. И все, в ком есть жажда настоящего, пусть и неосознанная, идут за ними и приходят к Богу...

***

Здание обители Креста построено в форме средневекового замка (да и некоторые из монахинь здесь носят имена западноевропейских средневековых православных святых). А у выхода из замка висит зонтик. Он ничей и общий, чтобы всякий выходящий на улицу смог в случае надобности защититься от дождя. И в этом зонте у входа ощущается забота сказочной семьи Муми троллей друг о друге и всех, кто пришёл к ним в гости...

***

Геронтисса Иеронима как-то после трапезы обняла нашего больного мальчика и сказала: «Он ангел! Люблю его!». Мы расплакалась, а она сказала: «Я никогда не видела таких вежливых людей. Как бы я хотела, если бы вы всегда были здесь!».

А узнав, что я поэт и писатель она просила меня прочесть мои стихи.

***

Ожидая приезда старца Дионисия я думал, что старец как Гендальф, что даже самые лучшие из хоббитов не знают, когда он придёт, но очень надеются на эту встречу...

***

Службы в обители Креста совершаются на греческом, но, когда приезжают гости из других стран, сестры читают некоторые молитвы на языке приехавших, например на церковнославянском или английском...

***

Некоторые паломницы спросили геронтиссу когда на трапезе будет сыр, и она (настоятельница!) просила у них прощения, что нет сыра...

***

Интересно, что на следующий день монахини исполнили желание нетерпеливых паломниц и, кроме всего прочего, вынесли на трапезу большие пиалы с вкусным и необычным греческим сыром...

***

Как всё-таки действует благодать! Удивительно смотреть на некоторых сестёр обители, которым больше пятидесяти лет, но они носятся по монастырю как девочки лет пяти, и в глазах у них столько же счастья.

***

Когда в обители Креста есть гости, то на утренней трапезе читаются поучения на языке гостей. Так, нам довелось услышать замечательные мысли старца Эмилиана Вафидиса, наставника старца Дионисия.

***

В обители мы услышали интереснейшую мысль, высказанную когда-то старцем Эмилианом Вафидисом. «Как узнать, – в Боге ли человек? – спрашивает Эмилиан и отвечает, – это очень просто и узнается по тому счастью и радости, которые являются глубоким внутренним состоянием живущего в Духе человека».

***

Проведя неделю в обители Креста и глядя на монахинь, я вспоминал слова из толкиновской сказки «Властелин колец», эпизод, где отправившиеся в путь хоббиты встречают в лесу дивных эльфов:

«Пин потом не слишком помнил, что он пил и ел: он больше глядел на ясные лица эльфов и слушал их голоса, разные и по-разному дивные; и казалось ему, что он видит чудесный сон. Он только помнил, что давали хлеб – белый и такой вкусный, будто ты изнемогал от голода, а тебе протянули пышный ломоть; потом он выпил кубок чего-то чистого, как из родника, и золотистого, словно летний вечер».

***

Поэты и старцы существует ещё и затем, чтоб вытаскивать людей из болота неправильных представлений. И, быть может, важнейшее тут – это напомнить забывшему человечеству, что Бог достоин того, чтоб Ему доверяли, и что мир потому и сказка, что высшие силы постоянно сражаются на нашей стороне...

***

Обитель Креста, как и все монастыри старца Дионисия – интернациональна. Здесь нет местечковости ни в размахе, ни в восприятии, здесь дышит то вселенское православие, которое восхищало святых отцов. Да и сестры здесь собрались из США, Канады, Германии, Греции и множества других стран. А уж гости приезжают чуть ли не из других галактик, – японцы, арабы, африканцы, американцы, европейцы, австралийцы – и остаётся только удивляться разнообразию задуманной Господом красоты, столь не очевидной для многих людей никогда не покидавших своего дома...

***

Интересно, что такое разнообразие культур и стран не затрудняет общения. Если вы хоть немного знаете английский, то удивитесь тому, что даже японцы и африканцы найдут с вами общий язык. А если вы не способны к языкам или думаете, что не способны – не беда – здесь обязательно встретится кто-то выучивший тот язык, на котором говорите вы. Так, одна сестра обители приехавшая сюда из США выучила русский, а ещё одна сестра из Канады отлично овладела украинским. Потому здесь ты не останешься без поддержки и вдруг понимаешь, что важнее всего, чтобы вы владели языком человечности и доброты...

***

Как и во всех остальных монастырях старца Дионисия, в обители Креста на трапезе нет разделения стола: монахини, гости, пришедшие нищие и геронтисса игуменья – все едят одну и ту же, очень вкусную, хотя и простую, но с любовью приготовленную пищу...

Многие храмы Греции открыты и никто их не охраняет. Человек может зайти в такой храм в горах или посреди леса, помолиться и даже переночевать. Так в обитель Креста в гости приезжает некий ирландец. Он любит на несколько дней уходить из монастыря и бродить по окрестным горам. На ночёвку он всегда останавливался в пустых храмах...

***

Священник обители Креста – пожилой и добрый иеромонах Соломон. Он очень любит животных и те ему отвечают тем же – когда он ходит по монастырским дорогам то за ним бегут 15 местных котов и две собаки. Он же кормит и живущих тут павлинов. Познакомившись с нами он, чтоб нас порадовать, прежде всего спросил: «Хотите, я принесу вам павлиньих перьев?»

***

Вся наша подлинность связана с вольным желанием истины и добра. Старец Эмилиан Вафидис говорит об этом: *«Слово «нужно» даёт ощущение рабства, отбивает же-*

лание продвигаться вперёд, слово «нужно» не приводит к Богу».

***

Очень укрепляют почти каждодневные литургии в обители Креста. Здесь никто не ищет повода не допустить тебя ко причастью, но по древней греческой традиции причащаются все, кто только этого жаждет. Как-то мы проспали службу и монахини пошли просить священника вынести чашу уже только для нас, чтобы и этот наш день был наполнен Небом.

***

Здесь каждое первое число служится удивительный молебен благословения месяца.

***

Когда геронтисса пригласила нас попить кофе, то сама принесла и чашки и угощение...

***

Вечером перед последним днём нашего пребывания в обители Креста и в Греции вообще нам всем уже казалось, что у старца Дионисия не получится встретиться с нами. Даже геронтисса Иероними говорила, что старец не в Греции и скорее всего не приедет. Ночью нам написали, что завтра старец улетает в Париж, и надежды на встречу осталось совсем мало. Мы очень печалились, но ведь я сказочник и моя супруга – чудесная эльфийка, и мы знаем, что Господь чудодействует тогда, когда люди начинают терять надежду. Ведь у Него всегда припасён счастливый конец для всех, кто стремился к свету. Людям серости и умникам невозможно поверить, что мир стоит на этом законе счастливого конца и что всё вокруг – это живая сказка написанная Самим Богом. Но мы-то знали, что это так, хотя надежды оставалось всё меньше, а боли от невстречи всё больше.

– Ты ведь ученик старца и должен принять его волю – говорила мне моя супруга. Ты должен понять, что он очень хотел нас увидеть, но кому-то сейчас его помощь нужней и важней.

И я, хоть с трудом, но соглашался с мудрыми словами моей любимой, хотя легче не становилось.

Утром последнего дня перед отлётом мы причастились и отправились с четырьмя нашими спутниками в Афины. И тут произошло следующее. У одной из спутниц внезапно и беспричинно отключился телефон с картами города. Попытки исправить его ни к чему не приводили, и пока другая наша спутница включала свой интернет (которого у неё было мало) мы с моей эльфийской супругой решили от всего сердца поблагодарить Бога даже и за то, что мы не встретились со старцем, ведь Господь знает, что делает. Первой это придумала супруга, и когда она произнесла слова благодарности, мир вернулся в её душу. За ней последовал я. И тотчас мы услышали радостный крик нашей спутницы включавшей свой интернет. Оказывается, в эту самую минуту старец Дионисий написал на её номер, что ждёт нас в Афинском аэропорту в 16.00. То есть через два часа...

Отдельная история как мы старались успеть в аэропорт, но и тут Господь коснулся ситуации и авиарейс старца на Париж задержали на пол часа...

Когда мы приехали в аэропорт, то без труда нашли место, где нужно было ждать старца – там уже собралось множество монахинь, священников и вообще разных людей. Подошли и мы. Старец приехал на машине, вошёл в здание и вокруг него словно загорелся свет. Прежде всего, он обратился ко мне со словами: «Старец просит у вас прощения, что у него не хватило дней и ночей видеть вас». И с этих слов начиналось явное для всех пространство сказки. А дальше он начал приём людей и чуть больше чем за час успел выслушать и обрадовать каждого, и никто из пришедших не ушёл ни печальным, ни огорченным. Для каждого у старца находились особенные слова, каждого он спешил согреть. Видя небывалое зрелище, к нам подходили люди, и всех их старец включал в это пространство любви и сказки, всех выслушивал, радовал, вдохновлял.

Это походило на то, как некий волшебный король раздаёт дары всем вокруг, всем, кто долго шёл к свету и счастью.

– Это похоже на сказку, – сказали мы сопровождавшей старца удивительной монахине Назарини.

– Ну, вы же сказочные персонажи, – улыбнулась она...

А старец говорил с каждым из нас и удивительным образом чуть больше чем за час уделил каждому столько времени, сколько кто хотел. Каждый успел спросить и сказать обо всём, а старец успел решить трудности и вопросы более чем двадцати человек. Думаю, такого торжества афинский аэропорт ещё не знал...

Когда старец Дионисий Каламбокас говорит с людьми, то часто его взгляд направлен не на собеседника, а в какие-то особенные глубины мира, где явственен Бог и куда возможно проникнуть лишь чистым сердцем, поэзией и молитвой...

Рядом со старцем Дионисием восстанавливается достоинство и значение человека...

Наконец, поговорив со всеми, старец благословил и обнял каждого и ушёл на свой самолёт. А мы со спутниками сели в арендованную семиместную машину и отправились в обитель Креста. Ехать было долго, и вернуться мы должны были затемно.

В машине наши спутницы удивлённо делились впечатлениями, как старец мудро решил их сложные жизненные вопросы. А потом они неожиданно для себя стали вспоминать стихи известных поэтов, петь песни Окуджавы, «Город золотой» Гребенщикова.

– Что это с нами? – удивлялись они.

– Это всё то высокое, что всегда было в вас, но глубоко и не явно для вас самих. Господь коснулся вас через старца и высвободил из ваших сердец поэзию, радость и свет – отвечала им моя супруга.

... И все согласились с ней.

Мы приехали в обитель Креста ночью, а в пути нам несколько раз звонили монахини и переживали о нас. Только мы вошли в обитель, как оказалось, что геронтисса Иероними уже накрыла нам вкуснейшую трапезу.

– Я так переживала, что вы не увидите старца, – сказала нам геронтисса, – это было глубокой болью моего сердца...

И было видно, как она счастлива о нас всех...

– Мы нигде не видели ни таких, людей ни такого отношения, – говорили наши спутницы.

И мы с супругой хорошо понимали их, ведь одно дело читать о том, что великого совершалось в прежние века, и совсем другое – увидеть воочию ту единственную добродетель и красоту, которая имеет награду на небе. Имя этой добродетели и красоты – христианство.

***

Старец Дионисий Каламбокас рассказывал: «На Афоне мы пришли к одному старцу аскету и он спросил: «Как поживает ваш старец? Он вас слушается?»

И старец разъяснил, что «Связь духовного отца и сына – это послушание старца своему сыну. Как впереди пастуха идут овцы, и он следует за ними. Единственный выбор Христа (и по Его образу духовника) – следовать за той самой овцой». То есть послушание – это для них двоих – диалог и любовь, для старца служение дочери или сыну, а для сына или дочери – восхищение красотой Духа Святого действующего в мире и человеке. «Не нужно сходить с ума и говорить что послушание старцу – это послушание до смерти. Единственный выбор Христа – следовать за овцой в пропасть. Бог не хочет ничего нашего: «Он хочет нас самих», чтобы была любовь, в которой люди – старец и его дети – едины и близки, и так каждый из них говорит или слушается потому, что желает другому роста, радости и сам, в свою очередь, рад послужить другому, доверяя ему и доверяя Духу Святому в нём… «Так существует безграничная свобода – вся в любви – сына к отцу и отца к сыну. Это образ Троицы в Духе Святому – в каждом моменте человеческой жизни и в вечности».

На вопрос где берутся такие духовники старец Дионисий напомнил слова Симеона Нового Богослова, что если человек подлинно ищет наставника, то Господь восхи́тит его с одного края земли и перенесёт на другой, поставив там перед любящим его учителем. «И это», – заметил старец, – «исторический факт».

***

Старец Дионисий Каламбокас: «Самолюбие и эгоизм – это значит что я ослеп, я не вижу ближнего, я не чувствую Бога вокруг себя, я не вверил себя Богу. Разве это жизнь? А современный человек так себя и ведёт…».

***

Старец Дионисий Каламбокас был спрошен: «Когда человек просит что-то у Бога и не получает оного, что это значит?». Старец ответил: «Это значит, что он сам этого не хочет. Это значит, что это не будет для него благом. Это значит, что Бог хочет почтить его выше, дать ему большее благословение».

***

Старец Дионисий Каламбокас: «Бог принадлежит нам».

***

В начале 2018 года я со студентками собрался ехать к старцу Дионисию Каламбокасу. Мы уже договорились о встрече и купили билеты, как вдруг послушники в Европе попросили его приехать к ним и совершить над ними монашеский постриг. Старец сказал, что ему нужно ехать туда и добавил, что если нас это огорчит, он отменит свою поездку и будет ждать только нас. Мы ответили, что приедем после его возвращения в Грецию, а он попросил у нас номер счёта, чтобы возместить все потраченные нами на билеты и дорогу деньги… Узнав об этом моя студентка Юля Гайдук сказала: «Только он один из всех умеет поступать так благородно по отношению к людям…»

***

Цитаты из интервью со старцем Дионисием Каламбокасом:

«Мать должна до конца жизни кормить своих детей радостью».

«Церковь непрестанно даёт нам жизнь»

«Не прекраснее ли всего делать то, что хочет другой?»

«Когда есть любовь – нет проблем. Когда нет любви, но есть законы – тогда рождается ад».

«Как мы будем себя вести дальше – это плод целой жизни».

***

Одна девушка мучилась от давнего непонимания со стороны родственников. Она боялась их и постоянно испытывала огорчения, решив однажды написать об этом старцу Дионисию Каламбокасу. После молитв старца о ситуации она говорила, что в общении с грубыми родственниками она ощущает, словно её кто-то ладонями закрывает от боли сердца и злости с их стороны. А однажды она написала мне:

«Мне летать хочется, я даже по дому кое-какую нелюбимую работу подтянула, мне жить хочется и радоваться, я не сжимаюсь от каждого слова и взгляда, насмешки. Мне просто хочется ЖИТЬ».

***

Старец Дионисий Каламбокас так говорит о человеке, обретшем Небо и исполняющем замысел Господень о людях, словно о дивном сочетании красоты и свободы, когда все твои силы устремлены к служению и благодарению, а жизнь для тебя – ликование и сказка, и ты с радостью замечаешь, что в мире нет ничего невозглавленного Небом, а значит, и ничего такого, что Господь не вёл бы в преображение и счастливый конец! Вот слова старца: «Он всегда ко всему готов. Он никогда не чувствует усталости. Он всегда радостен. Всегда готов отдавать. Он живет для других. Он готов служить всем и каждому. Он никого не судит, даже самых отчаянных грешников. Он здесь как дитя, но дитя царское. Кто может повредить царскому ребёнку? Кто может повредить новорожденному львёнку, зная, что его мать-львица находится рядом? Пребывая в таком состоянии, вы как бы маленькая овечка среди волков, но вы не боитесь. Вы находитесь в этой среде, чтобы жертвовать собой, принимать каждого, любя, служа, молясь, будучи готовым умереть в любой момент, и при этом вы остаётесь всецело и совершенно свободным. Всё это плоды любви, потому что мы становимся источником любви».

***

Вопрос старцу:

— Является ли также Вашим опытом то, что духовный человек, который истинно стал выше самости, не только вдохновляет людей достигнуть своего высшего потенциала, но также своим присутствием вызывает максимальное проявление самости тех, кто приходят его увидеть?

— Совершенно точно. В действительности, в присутствии такого человека демон проявляет себя тотчас же. И вы можете совершенно ясно видеть, как демон начинает сводить людей с ума или бросает их в ярость, или проявлять к вам неуважение, когда вы еще не сказали ни слова. Они взрываются только от вашего там присутствия. И вы можете наблюдать, какие ужасные вещи творятся с людьми, в которых, при других условиях, вы видели бы только добропорядочных людей в галстучках и золотых украшениях. Когда появляется тот, кто носит в себе Дух Божий, вы можете наблюдать то же самое, что творилось на улицах, когда по ним проходил Иисус. Демоны кричали из людей: «Уа, кто Ты? Ты пришёл погубить нас». Кто-то был возмущён Им, кто-то замышлял Его убить, другие замышляли ещё что-нибудь против Него. И Он отвечал им не на то, что Его спрашивали, но на то, что помышляли. Тот же Святой Дух присутствует и в духовных отцах, и таким образом, это служит поводом для таких явлений. Так происходит потому, что другой человек понимает, что с этим человеком невозможно играть, от него невозможно спрятаться.

Старец Дионисий Каламбокас об аскетизме: «Аскетизм — это средство достигнуть того места, куда мы хотим попасть. Это рельсы, по которым едет поезд. Многие люди полагают, что аскетизм заключается в следовании набору определённых правил, однако это не бремя, которое на нас наложено. Например, в футболе правила созданы не для того, чтобы было тяжело играть, а для того, чтобы удобнее было играть. Также и в аскетической жизни. Особенные периоды и правила поста, ночных бдений и молитв служат нам таинственной подмогой. Мы следуем этим таинственным путям, этим божественным заповеданиям, этим божественным уставам. Но помимо общих правил существуют и личные, которые даются духовным отцом своему чаду в непосредственном общении, учитывая индивидуальные особенности каждого».

***

У святых отцов и великих старцев была мудрость «любить Бога и делать что хочешь». Та мудрость, которая позволяла им вглядываться в мир до сути, не отвлекаясь на частности, как это часто бывает, когда человеку представляется единственно возможной формой богообщения даже не некая красота выражения Духа в человеке, но ряд привычек и обычаев, кажущихся ему, по неграмотности, чем-то вроде оснований веры.

Одна мудрая монахиня из учениц старца Дионисия Каламбокаса рассказала об этом такую историю. Когда она в 1994 году приняла постриг в русском монастыре, то была наивной двадцатилетней девушкой, доверяющей каждому слову каждой безграмотной церковной старушки. Как-то она захотела заварить себе кофе на монастырской кухне. Но игуменья строго сказала ей: «Кофе – не монашеский напиток! Попей лучше чаю!». Юная инокиня послушалась и с тех пор пила только чай. Но потом, спустя 12 лет монашеской жизни, она переехала в Грецию, чтобы стать ученицей старца Дионисия. А в Греции все пьют кофе. И уже в этой стране она с весельем прочитала в некой поучительной книге историю, как некий греческий послушник хотел заварить себе чаю, на что игумен сказал ему: «Чай – не монашеский напиток! Попей лучше кофе!».

Но она уже знала старца и потому понимала, что Господь ищет от нас не того, что мы пьём и едим, а того, чтоб мы были и вправду счастливы, хотя человек даже в церкви ничему так сильно не противится, как старанию Бога сделать его счастливым...

***

Одна светлая монахиня, много лет жившая в обыкновенном, провинциальном русском монастыре, а потом ставшая ученицей старца Дионисия Каламбокаса, говорила, что самым тяжелым в русской обители для неё и других монахинь было полное отсутствие опытного и любящего наставника, которому можно было бы открывать тревожащие и пугающие мысли.

То есть, отсутствовала древнейшая и важнейшая христианская практика – каждый раз, когда тебя что-то пугает, огорчает и мучает (а у тонкого человека такое случается несколько раз в день) – открывать свои мысли такому небесному человеку, который помог бы, всё случающееся с нами, видеть в русле промысла Божьего или знания, что Господь Бог всё направляет к лучшему.

***

Иеромонах Клеопа рассказывал: «Как сказал старец Дионисий Каламбокас одному широко известному Владыке и общественному деятелю: «Если бы Вы были духовно в порядке, то и Папа Римский и Далай-Лама на коленях приползли бы для того, чтобы принять от Вас православие».

Старец Дионисий Каламбокас говорит, что Христос открывает наши сердца (касаясь нас Своей благодатью, красотой, через старца или вообще другого человека) не для того, чтобы обличить и унизить, но «чтобы вывести из него полноводные реки».

То есть – чтобы мы встали выше страхов, фобий, греха, неподлинности, ложности, искажений и стали, наконец, тем, для чего мы и роди́лись людьми...

Истории про старца Дионисия

Исцеление по молитве старца

Людмила из храма в Макеевке посылала письмо старцу Дионисию Каламбокасу в Грецию о своём тяжело и долго болеющем сыне. Через две недели после получения письма сын резко пошел на поправку. Они живут весьма бедно, и, неожиданно, им подарили путёвку в Крым для поправки здоровья сына.

Рассказ о Старце Дионисии

Анна К., моя ученица из Взрослой воскресной школы, попросила у меня электронный адрес старца Дионисия, чтобы написать ему письмо. Вот, что она рассказала мне о своей переписке со старцем.

«Первый раз я написала письмо старцу Дионисию, рассказав о непростой проблеме в отношениях с мамой (я вышла замуж против её воли, и она после этого не хотела знать и видеть ни меня, ни моего мужа, и мы не общались полгода). Описав ситуацию, попросила Батюшку о молитве и совете. Батюшка не ответил, но всё начало меняться на глазах: через два дня мне позвонила соседка, сообщив, что у мамы отравление, и я очень хорошо помню тот момент, когда в скорой поняла, какую силу имеет молитва человека святой праведной жизни, насколько Бог слышит избранных Своих. С тех пор мы стали общаться с мамой, хотя и не так, как до замужества. Спустя несколько месяцев я поблагодарила старца и написала о том, как изменилась ситуация по его молитвам. И – чудо – пришёл ответ, которого я совсем не ожидала. Посмотрев на время отправления письма (0:59), я поняла, что оно чудесным образом пришло в тот момент, когда я ночью лежала и плакала о маме, не от обиды, а от боли за неё, за то, что с ней происходит. Батюшка Дионисий сказал мне поцеловать руку моей мамы. В буквальном смысле это сделать легко, а ведь что это значит: поцеловать человеку руку? Молиться за него, относиться с любовью, быть терпеливым и снисходительным к его слабостям, помогать. Как я поняла, вот это и есть та нива, на которой мне нужно трудиться: сдержаться тогда, когда хочется вспыхнуть, промолчать вместо того, чтобы приводить аргументы в свою пользу (будь ты хоть тысячу раз права), просто любить. И хотя мама не изменила своего отношения к Богу и людям, к моему мужу и жизни вообще, пусть она тяжко страдает и мучается из-за душевных и телесных

немощей (как больно на это смотреть, но увы, человека нельзя спасти против его воли), я всё равно верю, что если есть на то воля Божия, всё может измениться самым неожиданным, самым чудесным образом. Так может только наш Многомилостивый Господь Иисус Христос, и я Ему верю!»

Улыбка

Одной инокине старец Дионисий Каламбокас сказал:

– Всегда улыбайтесь. Даже когда спите. Как это делают маленькие дети.

Она спросила:

– А почему дети всегда улыбаются?

– Они не боятся и доверяют, – ответил старец.

И она поняла, что когда человек не боится и доверяет – у него появляется улыбка, которая светит у него изнутри.

***

Один из учеников старца Дионисия Каламбокаса говорит, что цель христианства – не тысячи поклонов и чётки, но распознать, что Христос хочет от тебя именно сейчас и сделать это. То есть – кому и как именно мы должны вымыть сегодня ноги…

Старец Дионисий о клевете

Услышав о том, что некоторые духовно нездоровые люди распространяют о нём клевету в интернете, старец Дионисий сказал: «Это мои венцы».

А на предложение монахини защищать его он ответил: «Я не нуждаюсь ни в чьей защите», – подразумевая, что Господь всегда знает, что делает.

Как старец Дионисий деньги прислал

20 декабря 2014 я стоял на утренней литургии в храме и ко мне пришли мысли, что у меня совсем нет денег и нет возможности их заработать. Но я не стал огорчаться и только сказал сам себе: «Если мне очень будет нужно, то Бог скажет старцу Дионисию, и тот найдёт возможность мне их прислать».

После службы в нижнем этаже храма состоялась неожиданная и незапланированная встреча духовных детей и почитателей старца. На этой встрече у меня купили книг на 500 гривен и ещё подарили 2000 гривен. Только когда встреча окончилась, я вспомнил о своей мысли по поводу денег...

История иерея В. о двух визитах к старцу Дионисию

Живёт на свете молодой, добрый священник В. Он прослужил несколько лет в сане и у него начались нелёгкие времена. Его душу и сердце стали одолевать мрачные, унылые мысли, которые несказанно мучили его. А духовника у него не было, и он не знал, кому открыть свою боль. Внешне всем казалось, что он бодр и весел, но под этим скрывалась горечь тонкой и нежной души, не имевшей опоры в жизни. Ему не хотелось общаться, не хотелось служить. Так продолжалось довольно долго.

Однажды некий знакомый священника приехал к старцу Дионисию в Грецию. Там он стал показывать старцу фотографии своей семьи и друзей в телефоне. Старец, увидев фото иерея В., остановился, долго смотрел, а потом сказал:

— Как он страдает. Срочно напишите ему, чтобы он ехал ко мне.

— Вы что, батюшка! — Отвечал знакомый священника, — он вовсе не страдает. У него хороший приход и всё хорошо.

На это старец ответил: «Срочно напишите, и, если он не захочет приехать, я сам приеду к нему в его город».

Услышав об этом В. испугался. К нему стали приходить мысли, что старец прозрит его греховность и запретит быть священником, что перечеркнёт всю его жизнь. (Помню, что, когда я впервые ехал к старцу, то тоже боялся, что он запретит мне самое дорогое: писать и служить людям, а вместо этого заставит стать монахом. Конечно, ничего такого не было. Думаю, каждого враг по началу искушает подобными помыслами).

Спустя несколько месяцев В. в сопровождении знакомых поехал к старцу. Они посещали монастырь несколько дней подряд, но старец был где-то в разъездах. У В. уже начались помыслы, что зря они сюда приехали и зря всё это затеяли. Монахи ему отвечали: «Старец знает, что вы здесь. Ваша встреча с ним уже началась».

Он с друзьями не знал, ждать ли им встречи со старцем. Они посоветовались и решили ждать. И тут облака на небе раздвинулись и их компанию осветил луч солнца, от чего им стало весело и хорошо.

В конце-концов старец приехал и сразу принял В. Когда В. вошёл, он ощутил, как много нужен старцу, то упал на колени и 4,5 часа стоял так, обхватив ноги старца. В. плакал. Старец пытался его поднять. Потом вытащил расчёску, расчесал волосы и бороду священнику. Попросил его, чтобы он всегда был красивым, чтоб у него была хорошая причёска и в его храме хорошо пели.

Тут надо сделать разъяснение. В. очень любит, чтобы всё вокруг было красивым. И Старец прозрел, что это — не прихоть, но устроение нежной души священника, отголосок райского желания всё видеть ухоженным и хорошим.

Старец даже сказал, чтобы В. передал спасибо своему парикмахеру, так как она стрижет его с любовью. Когда священник по возвращении ей это сказал, она стала плакать от счастья.

Старец попросил посмотреть ему в глаза, но священник от благоговения и ощущения святыни не мог этого совершить. Тогда старец сам поднял его лицо, и В. на всю жизнь запомнил, исполненный необыкновенной родности, взгляд старца.

О притеснениях со стороны митрополита старец сказал: «так больше не будет». И попросил передать митрополиту три вещи.

В. просил разрешения остаться со старцем в монастыре. На что старец ответил: «Ваше апостольское служение в вашем городе».

Когда В. вышел из кельи старца, оказалось, что один из его спутников, Андрей, всё это время негодует и ругается: «Тут что, нет других священников? Поехали отсюда!!!». Друзья уговаривали его остаться, на что он сказал, что если их не примут до 14.00 – он уедет в аэропорт.

Ровно в 13.59 вышел В. и монахиня попросила их зайти, сказав, что у старца на них пять минут.

Сразу с порога старец указал рукой на одного из них, а потом на его жену и сказал:

– Ты её терпишь?

Всплеснул руками и воскликнул: «Ангел!». Потом старец сам, не дожидаясь вопросов, ответил на всё, что его хотели спросить эти трое.

Потом они и В. поехали дальше по Греции, и приехали к старцу митрополиту Филофею. Тот сразу спросил В: «Отец Дионисий предложил вам вступить в его монастырь?».

– Нет, он сказал ехать в свой город.

Старец Филофей стал хлопать руками, по-гречески славить Бога, а потом сказал: «Как хорошо! А то я боялся, что он вам предложит быть монахом. А ваше место в вашем родном городе». Тогда В. поразился такому единодушию у обоих старцев.

Приехав в город на родину В. не решался сказать митрополиту то, что передал старец, так как боялся, что митрополит его чуть ли не в Сибирь сошлёт. Через некоторое время от старца пришла смс: «Что сказал митрополит?».

Тогда священник пошел к митрополиту и сказал: «Я не знаю, что сейчас будет, но я видел старца, и тот просил передать вам три вещи». Митрополит выслушал, надолго замолчал, а потом сказал: «Тебе это сказал святой человек! Слушай его во всём». И ушел не оглядываясь...

С тех пор жизнь и мысли священника изменились. Ему стало светло и легко жить и служить. Он внутренне примирился с митрополитом и почувствовал, что и тот стал относиться к нему с добром.

Спустя небольшое время В. снова поехал в Петру, монастырь старца Дионисия. В этот раз священник остановился в гостинице, где расположился вместе с друзьями.

Он ходил по монастырю и думал: «Ну почему у старца всё везде так бедно? Почему он не устроит себе богатую обитель? Почему так холодно в гостинице? Почему такие спартанские условия жизни?». Этих мыслей он не открывал никому.

Вскоре старец их принял. С ними была переводчица Т. из того же города, что и В. Она увидела, что у старца есть планшет, по которому он принимает и отсылает письма. Потом она рассказала, что смутилась, когда заметила, что старец кому-то шлёт смайлики. Тогда старец неожиданно стал объяснять ей, что ему пишут со всего мира, и он помогает людям по интернету. А смайлики нужны, чтобы порадовать кого-то, кому адресовано письмо.

С ними была маленькая девочка. Она показала старцу фотографии своей семьи на телефоне. Когда старец дошел до фото её сестры, то сказал: «Как хорошо, что ты послушалась маму и сестре косы заплела. Видишь, как красиво вышло!».

Девочка открыла рот и спросила маму: «Мама, откуда он знает?».

Ещё одному человеку старец сказал, что хотел бы побывать у него и его жены дома. И стал описывать, как расположена мебель и предметы в доме. Человек поразился и спросил жену: «Старец у тебя уже был?». На что она отвечала, что, конечно же, нет.

Священнику В. старец предложил переночевать в монастыре. В. подумал, что тут нет нормальных условий и отказался. Старец сказал: «Но вы же не знаете, что мы вам хотим предложить. Вы переночуете на моей кровати в моей келье.

– Хорошо.

– Ну вот, – отвечал старец, – теперь никто не скажет, что у нас здесь циганский табор... Ведь у нас ночевал такой принц, как отец В...

Позднее священник говорил, что это было совершенно не обидно, но снова помогло ему думать правильно.

Однажды старец сказал иерею В., что «борется за своих чад, как Иаков боролся с Богом». Эти слова можно понять в том смысле, что старец не отступит от Господа, пока не выпросит для них радость.

Два ангела

Однажды старец Дионисий рассказал такую историю. Он знает в Греции человека святой жизни. В келии этого человека убиралась женщина. Она была одинока, но имела двоих детей которым было лет по семь. Несколько лет она помогала этому монаху, а потом, неожиданно, заболел и умер первый её сын, а потом и второй. Она не перенесла удара, и сказала, что теперь она больше не верит в Бога, церковь, святых, старцев, иконы и вообще во всё священное. У неё была только церковь и дети, а теперь Бог отнял детей. А потому она будет жить, как может. И она ушла.

Монах пошёл к ней домой. Стучал и просил открыть. Но она гневно ругала его и говорила, чтобы он убирался: «Что ты мне сможешь сделать? Ты не вернёшь детей! Ты только будешь рассказывать истории и дарить иконы, а я больше ничего связанного с церковью не хочу».

Тогда монах сказал, что, если она не откроет, он войдёт сам. Она отворила двери, но села в дальнем кресле и ни на что не реагировала. Монах попросил её показать фотографию детей. Она не отвечала. Тогда он сам нашёл фото на шкафу, стал рядом и начал горячо молиться, воздев руки к небу.

И, внезапно, женщина увидела, что фотография ожила. Дети на фото стали расти. Вот, им уже 10 лет, 15, 20, 30. И тут их лица становятся звероподобными, искажёнными ненавистью. И стреляют друг в друга и убивают.

И монах сказал: «Когда твоим детям исполнилось бы тридцать лет, они бы влюбились в одну женщину. Блуд так бы завлёк их, что они стали бы ссориться, а потом убили один другого. Боль у тебя была бы и так и так, но сейчас они – два ангела в раю. А тогда никто бы не стал служить литургию о нераскаянных убийцах».

И она вернулась в церковь...

Старец и война

В самый разгар Донбасской войны один замечательный священник из Донецкой области поехал в Грецию к старцу Дионисию Каламбокасу. Когда же этот батюшка вернулся обратно, все спрашивали его, что старец говорит о войне?

— Вы знаете, — отвечал священник, — пока я был у старца, я и думать забыл о войне.

И батюшка дал понять слушателям, что рядом со старцем он чувствовал себя как в раю и точно знал, что миром правит любовь, которая никогда не допустит зла ни одному любимому.

А ведь старец только сделал для него явной ту милость Божию, которая потоком изливается на каждого человека, хотя люди и не чувствуют её, потому, что их сердца покрыла накипь. И если Христос с нами, то разве может быть у нас что-то плохое, когда Сам Основатель красоты и добра говорит: «Касающееся вас касается зеницы ока Моего»…

Старец Дионисий утешает

Одному Донецкому священнику, который переживал многую боль и несправедливые обиды, старец Дионисий сказал:

— Сделайте это, это и это.
— Я не могу! — отвечал священник.
— Тогда из этого только это и это.
— Не могу.
— Тогда только это.
— И этого не могу.
— Тогда взвалите всё на плечи вашего старца и идите спать.

Большой дом

Одна богатая семейная пара ещё до начала Донбасской войны получила от старца Дионисия благословение построить большой дом. Они недоумевали, для чего это нужно, но согласились. В начале войны они уехали за границу, а в их доме несколько лет жили разные священники и студенты, кому просто некуда было деться. Получилось что-то вроде маленького общежития, на радость людям. Так помогло всем благословение старца.

Старец Дионисий и работа девушки

Добрая и старательная девушка по имени Наталья Коваленко, училась в медицинском университете. На втором курсе ей предложили подработку в детском гематологическом отделении. Она, будучи человеком робким, переживала, что у неё ничего не выйдет, что её будут обижать и ругать. Дело в том, что её в детстве и юности много мучил родитель, убеждая её в том, что она «никчемная дура», и это осознание собственной никчемности изводило её постоянно. Она написала старцу Дионисию письмо о том, что выходит на работу и старец ответил ей: «Поздравляю! Все у Вас получится в совершенстве». Читая эти строки Наташа плакала и боль тотчас оставила её, ведь она почувствовала, что её жизнь имеет значение для Господа.

Монахиня и старец

Сестра Е. написала старцу Дионисию в письме о своей проблеме и потом говорила так: «Он ответил всего одним словом, но это слово укрепило меня на все дальнейшие дни моей жизни».

А я думал...

Один добрый священник неожиданно встретил в Иерусалиме своего старца Дионисия Каламбокаса. Обрадованный батюшка воскликнул:

– Как я рад вас видеть! А я всё это время думал, что вы меня забыли...
– А я всё это время думал, когда, наконец, смогу вас обнять, – отвечал ему старец.

Можно

Некий добрый священник спросил старца Дионисия, можно ли, если мы искренне и без похоти восхитились красотой некой девушки, сказать ей, что она красива? И старец ответил, что это можно.

Вдохновение жить

Один добрый священник просил старца Дионисия молитв, чтобы Господь помогал благоустраивать храм и писать книги. И спустя короткое время он с удивлением увидел, как стройка стала двигаться быстро и пришло вдохновение жить и творить. Как он выразился: «Хорошо пошла стройка источника. И что ещё очень важно, пошла волна творчества».

Старец молитвой и советами помогает расчистить в нашей душе дорогу для Духа Святого, а с Ним приходит и вдохновение и свет и чувство ненапрасности нашей жизни на этой земле и вообще всякая радость, которая соприродна нам, но мы по разным причинам ушли далеко в сторону от неё. Старец выводит нас на правильную дорогу, где наши действия совпадают с нашим предназначением.

Сандалии с крылышками

Люди очень редко знают, что воля Божия заключается в том, чтобы подарить нашей душе вечный и чистый свет. И только когда Господень замысел открывается человеку, тот приходит в состояние ликования, когда даже чужая радость становится своей до такой степени, словно ты каждому предельно родной и близкий.

Одна моя светлая подруга, узнав, как старец Дионисий Каламбокас помог её знакомому, и сама засветилась от счастья и говорила: «Словно сердце облили маслом! Словно у меня теперь не обычные сандалии, а сандалии с крылышками!».

Свет Господень – для всех, даже если он загорелся в жизни конкретного человека – все могут греться в лучах его.

Посудомойка

Один благочестивый и кроткий священник пришел на приём к вздорному и скандальному епископу. Пообедав на кухне, он помог прислуживающей в епархиальном управлении монахине вымыть посуду. Потом зашел в приёмную епископа и тот принялся кричать: «где ты был?»

– Я мыл посуду, – просто ответил батюшка.

Епископ ещё больше разъярился, позвал монахиню и стал дико кричать на неё: «Он что – посудомойка тебе? Чтоб я такого больше не видел!!!».

Когда священник вышел от епископа, монахиня сказала, что тот постоянно её обижает и просила батюшку передать поклон старцу Дионисию. Когда батюшка приехал в Кардицу к старцу и передал поклон, старец неожиданно сказал: «Защищайте её, даже если вас обзовут посудомойкой…»

Священник был поражен этим словам, ведь о том случае знали только он и монахиня…

***

Старец Дионисий всегда очень тактичен:

– Батюшка В., вы могли бы сделать так?
– Нет, этого я не могу, – отвечает священник.
– Ну вы могли бы сделать так ради меня?

***

Протоиерей В., приехал в Грецию в составе большой делегации. Остановился в Афинах, а до Кардицы, где живёт старец Дионисий, было около 400 километров. Священник спросил келейника:
– Ехать ли мне к старцу?
– Хоть денег займите у кого-нибудь. А ехать туда надо.

Священник позвонил сестре Назарини и просил благословения приехать. Сестра сказала, что старец не ответил, приезжать ли ему. На следующий день священник должен был уехать. Он нервничал и решил остаться в посольстве и не ехать в Кардицу. Пообедал и расположился отдохнуть и тут позвонила сестра Назарини и сказала, что старец сам едет в Афины и они встретятся в монастыре на окраине города, куда батюшку сейчас отвезёт посланная за ним машина. Священник был поражен – старец решил все проблемы с транспортом и приехал сам, проехав 400 километров чтобы утешить человека.

Духовный отец

Впервые видя фото священника В., в телефоне его родственника старец Дионисий назвал имя священника и город и попросил передать, чтобы тот приехал к старцу.

Шофёр

Некий священник долго мечтал повозить старца Дионисия по Греции. «Но я не знал, что такое ехать со старцем», – позднее говорил он. «Мы ехали по городу и вдруг старец попросил остановить машину, вышел посреди проезжей части и отправился утешать какого-то человека. Через время вернулся, но увидел на дороге нищего, вытащил кошелёк, пошел к нищему и отдал ему деньги».

***

Ольга Д. получила от старца Дионисия приглашение приехать в гости и привезти с собой маленькую дочь. Она захотел порадовать старца и спросила его: «Что вам привезти?» Старец ответил: «Ваши сердца»…

Девушка из Минска

Добрая девушка из Минска получила возможность обучаться в Греции. С ней учились две монахини – одна на филолога, а другая – на врача. Обеих благословил на учение старец Дионисий Каламбокас. Как-то девушка сказала, что хотела бы исповедоваться у кого-нибудь. И монахини обещали ей помочь, а через небольшое время ответили, что старец её ждёт. Она потом вспоминала встречу со старцем, как одно из светлых событий жизни.

Во вторую свою встречу со старцем тот ей сказал: «Я приехал сюда чтобы встретиться с вами».

Мудрость старца Дионисия Каламбокаса

Старец помогает каждому человеку расти так, как этот человек был задуман Богом. Он не старается сделать из шахтёра балерину, а из поэтессы домохозяйку, но учит каждого умножать красоту и свет соприродным душе образом.

Так, когда я приехал к старцу в Грецию, то был поражен необыкновенным тактом, с которым монахи отнеслись к тому, что я – писатель. Стоило мне сказать, что я должен записать дорожные впечатления, как тотчас были предоставлены все условия для этого. То была ночь в горном монастыре, но специально для меня иноки не закрыли трапезную, чтобы я мог не только записать всё произошедшее за день, но и кушать, если проголодаюсь.

Наутро тут никто и не думал будить меня и других гостей на службу – здесь считается, что каждый сам решает, идти ему в храм в этот день или нет. Быть может, у гостя теперь настроение побродить по горным дорогам, помолиться самому или готовиться к встрече со старцем… Никто не посмеет нарушить покой и мысли пришедших, этот такт монахов совершенно потрясает, и ты думаешь – каков же тогда сам старец Дионисий?

О встрече со старцем можно говорить очень много, ведь это человек, который делает реальным тот духовный мир и красоту благодати, о которых многие только слышали и читали. Скажу в этот раз, что старец был необыкновенно внимателен к написанным мною книгам, которые я ему привёз. Он разглядывал их, ознакамливался с содержанием, просил зачитывать отрывки… Говорил светлые слова и дал несколько прекрасных советов по части оформления. Его материнская внимательность к моему творчеству потрясала и вдохновляла, а старец был рядом, и он был всем для каждого из пришедших. Следом за мной он принимал известного русского доктора, потом маму, волновавшуюся о сыне, некого юношу и монаха… Для каждого у него находились такие слова, которые Бог хотел через Своего подвижника сказать именно этому человеку, чтобы жизнь для каждого открылась не страданием во тьме, а тем литургическим ликованием и радостью, для восприятия и умножения которых мы и приведены в бытие...

***

Ольга Данченкова, университетский преподаватель литературы, как-то сказала о старце Дионисии Каламбокасе (что применимо и ко всем другим старцам): «Вокруг старца все расцветает! Даже пространство вокруг человека, который только подумает о Старце».

***

Архимандрит Мэгас из Петры говорит о старце Дионисии: «Старец, это тот человек, который говорит мне о моём пути ещё до того, как я этот путь увижу».

***

Вспоминая старца Дионисия Каламбокаса и думая о старческом служении в церкви я понимаю, что:

Старец – тот, кто видит наш путь, прежде чем мы увидим его.

Старец – тот, через кого мы так много чувствуем реальность Бога и Его любви.

Старец – тот, кто помогает нам стать нами и открыть, что все светлые желания нашего сердца Господь растил в нас не для того, чтобы насмеяться или отобрать.

И наконец, старец – тот, кто не отступит от Бога, прежде чем ни выпросит наше счастье, радость, красоту, свободу и вдохновение вновь расти небывалыми, неслыханными цветами в саду Солнца Правды – Христа.

***

Некий добрый священник приехал в Грецию, в один из монастырей окормляемый старцем Дионисием Каламбокасом. Священник весьма утомился в пути и сёстры обители отвели его в келью, не став будить утром к службе. Днём старец приехал в обитель и спросил сестёр, как прошла литургия? Монахини отвечали, что они только читали положенные правила, но в храме не служили, так как священник спал.

– Как это может быть? Удивился старец. У вас в обители был священник, и вы не служили литургию?

И старец с болью спросил у всех, как они провели день без литургии... Всё это так поразило доброго священника, что он, вернувшись в свою страну, использовал потом любую возможность, чтобы только совершить Евхаристию, вкусить Христа и преподать эту великую Святыню собравшимся.

***

Старец Дионисий Каламбокас: «Брак и супружество – это высшее, что есть на земле. Это радость, ликование, это спутешествие с Богом, где двое и Бог – третий».

***

Встреча со старцем Дионисием Каламбокасом и его монахами и монахинями делает тебя очень лёгким на подъём, вдохновляя слышать просьбы своих домашних и вообще всех – как блаженство служить другому...

Образование

Старец Диописий всех своих монахов посылает получать разнообразные, соприродные людям высшие образования: от физика до филолога и от математика до врача. И он же, всегда радуется творчеству и образованию своих чад.

Ведь подвижники всех веков всегда знают, что ни формализм, ни невежество никогда не были включены в наследие святых отцов. И конечно, вся красота мира, культуры и жизни в восприятии отцов принадлежит христианам, а само христианство, открываемое подвижниками, радостное и ликующее, мудрое, детское и пасхальное, эльфийское и хоббитское одновременно — всегда куда полнее и шире, чем кажется всевозможным формалистам от веры, сверяющим Благую Весть со своими, на свой вкус придуманными катехизисами, согласно которым о вере и радости говорят те, кто не знает ни веры, ни радости!

Честертон говорил, что «падают под разными углами, но стоят только под одним». В мире существуют тысячи искажений восприятия христианства, но существует и святоотеческая красота Духа, которая вдохновляет и радует.

Одна моя студентка-выпускница рассказывала, что в неком монастыре на территории бывшего СССР монах на исповеди требовал от неё каяться в том, что она читала сказки о Гарри Поттере и смотрела фильмы о нём. И наоборот — когда я бываю в Греции, в обителях старца Дионисия Каламбокаса, то мы долго беседуем с тамошними монахами и с самим старцем обо всём: от филологии и истории Средневековья, до физики, от особенностей понимания античности у А. Лосева до барионной ассиметрии Вселенной...

***

Монахиня Екатерина говорила о старце Дионисии Каламбокасе: «Старец радуется творчеству своих чад».

Другая Вселенная

Христос говорил ученикам: «Небо и земля прейдут, но слова Мои не прейдут» (Мк 13:3).

Инокиня Серафима как-то спросила старца Дионисия Каламбокаса:

– А после Второго Пришествия – это будет уже другая планета?

И старец ответил:

– Это будет другая Вселенная...

Апостол

Старец назвал Марию Важеву – прекрасную, добрую и радостную девушку апостолом улыбки. И это потому, что апостольство заключается, прежде всего в том, чтобы вдохновлять, удивлять, радовать и окрылять других своим сердцем и своим христианством.

***

Одна моя знакомая жила в чужом городе на съемной квартире, куда её пустили пожить бесплатно. Неожиданно хозяева сказали ей съехать. Она испугалась и позвонила монахиням старца Дионисия Каламбокаса. Те, через знакомых нашли новую квартиру в том же городе (хотя они живут в Греции, а моя знакомая в другой стране), а когда она стала благодарить монахинь, ответили ей: «Это церковь» – имея в виду, что церковь, прежде всего, во взаимной любви и помощи...

***

Когда только думаешь о таких людях как старец Дионисий Каламбокас, в сердце тотчас разливается тот самый «свет ниоткуда», свет прикосновения к высочайшему и прекраснейшему.

***

Старец Дионисий Каламбокас говорит, что люди желающие истины, света и подлинности, собираются не только вокруг старцев, но и вокруг их учеников.

Ведь те тоже умеют не отталкивать и жалеть.

***

Когда общаешься с такими людьми, как старец Дионисий Каламбокас, Эмилиан Вафидис, Ефрем Аризонский и им подобные, то сердце твоё загорается неслыханным торжеством реальности того, что Бог есть.

И никакое другое знание и событие не способно соперничать с этим.

***

Андрей и Виолетта из России приехали в город Карловы Вары, взяли в аренду гостиницу и занялись бизнесом. А ещё они мечтали лично познакомиться с помогавшим им старцем Дионисием Каламбокасом, но никак не могли выкроить время, чтобы совершить поездку в Грецию. Так прошло 3 года и они печалились, что никак не могут увидеть старца. И тогда старец, чтоб они только не грустили, сам купил билет на самолет и прилетел к ним на 2 недели из Афин. (Это случилось в июне 2019 года)

Признание студентки

Одна моя слушательница лекций, женщина сорока лет, в последние два года жизни часто обращалась за советом и поддержкой к старцу Дионисию Каламбокасу, как-то заметила о своём восприятии поддержки со стороны старца: «Ощущения такие, как бы я в защищённом детстве, но взрослая». И отметила, что рядом с этим человеком в её жизнь пришло ощущение счастливого конца всего, что с ней происходит в большом и в малом, уверенность в помощи и любви Божией...

***

Моя студентка К. побывала 15.07.2019 у старца Дионисия Каламбокаса и с удивлением рассказывала мне. Старец, хотя и говорит о важных вещах, но делает это крайне деликатно, ни к чему не принуждая и часто спрашивая «А что вы сами хотите?», «А на сколько процентов вы этого хотите?», помогая ей самой определиться с желаниями и устремлениями её сердца.

Кофемолка

Как-то я рассказал в одной из своих лекций о том, как некая моя знакомая лет сорока часто пишет старцу Дионисию Каламбокасу, и удивляется, что ему есть дело даже до малейших её житейских нужд.

Ей, как и всякой женщине, хотелось обустроить свой дом, но жила она не богато. И вот, по молитвам старца, её финансовое положение стало налаживаться, и она просила его помолиться, чтобы ей собрать денег и купить то мебель, то йогуртницу, то кофемолку.

И, когда я рассказал этот случай, один из слушателей лекции, человек топорного понимания, стал возмущаться: «Какая йогуртница? Какая кофемолка? Что это за сюси-пуси? Старец должен учить суровой борьбе с грехами и постоянному самоукорению!»

Узнав об этом, моя знакомая рассмеялась и сказала:

— Ну да! Где ж ему понять, что каждый раз покупая ту или иную вещь в дом, я лечусь от свойственной всем нам забитости и униженности, я учусь чувствовать себя человеком!

— Да и где ему понять такое? — заметил слушавший наш разговор священник, — когда у нас все говорят только о грехах, а чтоб увидеть, что настоящее Божье дело заключается в возвращении человеку его достоинства — нужно быть великим мудрецом или старцем...

Сердце расцветает

Моя подруга и студентка знала одну инокиню из монастыря на территории бывшего СССР. Потом та уехала в Грецию и стала ученицей старца Дионисия Каламбокаса. Увидев её уже в Греции через несколько лет студентка поразилась и сказала мне: «Раньше эта монахиня ходила всё время печальная, понурая, грустная и смотрела в пол. А теперь она сияет, радуется, живёт полной жизнью и щедро делится светом!»

— Вы правы — ответил я. Ведь там, где христианство настоящее, оно и отличается от игры в веру тем, что человек расцветает в радости, становится явно сияющим общником вечности и живёт в благословенной, ужасающей формалистов, свободе: «Любить Бога и делать что хочешь!»

***

Это драгоценная особенность старцев Европы и США — колоссальное внимание к мировой культуре и богословию культуры и места человека в бытии. Вообще, богословие человека и культуры стало особенно актуально со второй половины XX века, когда лучшие умы церкви постарались осмыслить место человека и значение человека творящего. Потому в церкви, наконец, стали говорить о важности психологии и Поэзии. И особенно много для этого сделали и делают старцы, подобные Софронию Сахарову или Иустину Сербскому.

Как-то я читал свои стихи старцу Дионисию Коломбокасу, вошли две монахини и что-то у него спросили.

– Тихо! Звучат стихи! Говорит поэт! – воскликнул старец, и попросил монахинь внимательно слушать поэта.

На такое редчайшее почтение к поэту и Поэзии способен, воистину, только великий мудрец, такой как старец...

***

Сестра Назарини как-то сказала о Старце: «Старец хочет чтоб все учились»

***

Когда, возвращаясь из Греции, я передаю людям то, что говорил им старец Дионисий Каламбокас, то они признаются, что со словами старца в их комнату и жизнь словно бы входят волны незримого, но явного сердцу света... Ведь Господь, касаясь нас, побеждает всякую боль и выводит нас на подлинный и высокий путь...

***

Рядом со старцем Дионисием восстанавливается достоинство и значение человека.

***

Я видел как один больной юноша протянул свои руки для приветствия к старцу Дионисию Каламбокасу, а тот стал целовать его руки.

***

Моя студентка Людмила, побывав у старца Дионисия Каламбокаса сказала, что рядом с ним восстанавливается высокое достоинство человека…

***

Моя студентка и ученица Юлия помогла одной нашей общей подруге, когда у той не было финансовой возможности купить еду, а также утешила её.

Юлия и её знакомая – ученицы старца Дионисия Каламбокаса, но в этот раз они ничего о своём затруднении старцу не писали. Но наутро старец сам написал Юлии следующее: «Я благодарю вас, что вы заботитесь о ней».

Юлия тогда сказала мне, что её поразила даже не прозорливость старца, а то, что Бог и старец так ценят её, в отличии от всех других знакомых верующих из храмов, которые она в своём городе посещает.

***

Как-то в жизни моей студентки Юлии случился определенный период безденежья. И она, устав от переживаний, одним вечером написала старцу Дионисию Каламбокасу: «Прошу хоть какого-то чуда, чтобы появились деньги».

Старец молился, и днём следующего дня её муж получил зарплату, которую ему задерживали больше месяца…

Сказка нашей жизни!

Одна моя читательница, которую я знаю по переписке в интернете, неожиданно лишилась жилья, и унывала, но и делала добрые дела, хотя не могла поверить, что Господь ей поможет в таком сложном деле.

Она и её муж – светлые люди, но работают на самых низкооплачиваемых работах, и собрать на дом им было бы совершенно невозможно.

Я, как мог, утешал её письмами, но она не могла и представить, что у Бога возможны подобные чудеса, ведь человеку, даже очень хорошему, очень трудно верить в такие вещи.

Вдохновлённая моими статьями о волонтерстве, она принялась кормить нескольких нищих, хотя окружающим было странно, как такая бедно живущая девушка может ещё о ком-то заботиться. Но ведь я писал о том, что мы можем довериться пути добра. И она верила этим моим словам. Верила в сказку, верила, глубже переживаний, – что Бог приходит на помощь к добрым…

И, конечно, она тревожилась и не находила себе места, но и не могла перестать делать добрые дела, к которым чувствовала теперь такую склонность. Я советовал ей написать старцу Дионисию Каламбокасу. После молитв старца её знакомый священник разместил в интернете объявление о сборе средств для этой девушки, её мужа и ребёнка. Те, кто размещают в интернете подобные объявления, знают, что на них никто или почти никто не откликается, а если и присылают – то жалкие гроши. Надежды на счастливый конец, казалось, не было, но я писал ей, что Бог помогает тогда, когда большинство начинает терять надежду. Помогает по закону сказки. Не бросает Золушку, а делает её королевой.

Она не могла полностью поверить в это, мучилась, но и продолжала кормить нескольких нищих, хотя сама была крайне стеснена в средствах.

...И за неделю было собрано несколько сот тысяч рублей на новый дом, то есть – собрали всю необходимую сумму…

Вот фрагмент её счастливого письма мне об этом:

«Я ваши статьи читала, вдохновлялась на доброту. Помните, вы писали, как вас у отца Дионисия накормили?

Как-то я смотрела в окно. А у нас там мусорные баки рядом. И ходила бабушка бомж, рылась там. Я ей стала еду носить, деньги. Увижу в окно, положу ей покушать в банки то, что сами едим. Порой у самих не было, что покушать, но делилась с ней, разговаривали с ней, рада была ей помочь, обнимала её, чтоб утешить… И ещё возле церкви был бомж, я его защищала от других бомжей. А у нас такая ситуация сложилась, я вам ссылку сбрасывала, что нам деньги собирали на жилье. И представляете какой нам помог фонд???!!! Который кормит бомжей!! Цепочка добра от ваших статей!».

– Что ж – написал я ей в ответ, – хотя это каждый раз удивительно, но какое всё же счастье, что весь мир – Божья сказка для добрых душ!

Тайна жизни

Одна моя студентка, анализируя, как изменилась её жизнь после знакомства со старцем Дионисием Каламбокасом, и после осознания ею необходимости частого причастия и добрых дел, написала мне:

«Ежеминутные события в моей жизни – это сказка! Только я не всем рассказываю. И лицо разбойничье не вы-

даёт этой тайны массам... Я же, как на облаках плыву в жизни, даже если мне больно очень физически...»

А я ответил ей, что она сейчас выразила тайну жизни так, словно великий поэт. Ведь в этом всё и дело, что, по слову Андерсена: *«По мере того как мы приближаемся к Богу, всё печальное и горестное испаряется; остаётся лишь одно прекрасное; оно словно радуга сияет на тёмном небосклоне!»*

А старец Эмилиан Вафидис пишет о том же:

«Правильная молитва всё приводит в порядок, отгоняет любые трудности, проблемы, мучения, грехи – всё улаживает; и ещё она способна творить чудеса на нашем пути, в подвиге и в жизни».

Рука с чётками

У одной замечательной греческой монахини из учениц старца Дионисия Каламбокаса я видел примечательную картину: там была изображена машина на горной дороге, а над ней чья-то рука с чётками.

Люди очень редко понимают, что судьбы мира решаются не на биржах, не в банках, не в парламенте и не на рынках, а там, где совершается молитва жалости и вообще всякий труд умножения красоты и добра.

В древнекитайской книге Мо-Дзы приводится история, как на одно маленькое царство Древнего Китая ополчился соседний властитель, и готовил войско, противостоять которому у маленького царства не было сил. Тогда испуганный тамошний владыка просил знакомого мудреца оказать помощь. Мудрец отправился к воинственному соседу, и так умело обратился к его совести, что тот раскаялся и обещал Небу впредь никогда не воевать.

Мудрец отправился в обратный путь, но когда пришёл в свою столицу, был уже поздний вечер и стражники у ворот не пустили его, оставив мокнуть под дождём до утра, пока ворота города вновь будут открыты. Мудреца не узнали, потому что он был похож на бродягу, да никто и не знал, что он сейчас спас всех этих людей...

Книга Мо-Дзы оканчивается словами:

«Толпа не ведает о заслугах тех, кто делает стройным свой дух, но хорошо знает тех, кто домогается громкой славы».

О Ницше

Я слышал, с какой заботой, с каким пониманием старец Дионисий Каламбокас говорил даже о презираемом многими Ницше. Что философ мучился, не находя в окружении того, кто отвёл бы его к Живому Богу, а все каждый раз отводили его к правилам и запретам.

Слова старца были полны такого сострадание и такой материнской (иначе не сказать) заботы, что каждый раз, вспоминая об этом, я пла́чу и удивляюсь тому, что такое, сияющее в редких людях, исцеляющее землю, сердца и историю милосердие Божие!

Единственное моё желание – это служить вам

Старец Дионисий Каламбокас: «Всегда, когда Он к нам приближается, а Он всегда приближается к нам, – Он задаёт вопросы нашей совести. Так оставим наши помыслы, страсти, пристрастия, упрямство, и дадим Богу возможность говорить в нашей жизни, и это, по сути, является нашей каждодневной жизнью. Потому что когда мы вместе, единственное моё желание – это служить вам, с точностью понять – что именно вы хотите, и посвятить себя этому, чтобы вы пребывали в радости, иначе я не имею права находиться перед вами».

Письмо девушки

Одна девушка написала мне: «*Спасибо вам, что вы посоветовали написать старцу Дионисию Каламбокасу – я заметила, что всё меняться стало*».

И далее она рассказала, что в её жизни стали происходит светлые события и радость. Например, – *некий священник, который был переведён из её храма, а она скучала по его исповедям,* вернулся обратно.

О ребёнке

Одна моя студентка долго переживала о своём семилетнем ребёнке, который интересуется техникой и физикой, но не успевает в ряде обычных навыков, и преподаватели считают его отсталым. Студентка попросила старца Дионисия Каламбокаса ответить ей, как на это смотрит Бог и как ей относиться к сыну. Старец ответил: «Относиться так, как Богородица относилась ко Христу».

И мы все, услышав это, вспомнили о том, что и Христа все считали ненормальным и глупым...

***

Везде, где христианство соответствует замыслу Божьему – оно прекрасно. Когда мы были в монастыре Креста в Фивах, то наблюдали картину. Паломницы из РПЦ не успев разместиться в кельях, стали просить у настоятельницы геронидиссы Иеронимы послушаний. Настоятельница никак не могла взять в толк, чего они хотят. Когда же инокиня из США, знавшая русскую речь, перевела желание паломниц, настоятельница крайне удивилась и объяснила, что у них нет такого в обычае, чтоб нагружать людей, приехавших к ним работой.

— Вы – дорогие гости, – сказала она, а от гостей не требуют, чтобы они копали картошку… И добавила, что наши дни пребывания в монастыре должны быть для нас радостью, глубиной и красотой, и что монастыри существуют для радости…

Сёстры обители не только всё делали сами, но и старались во всём услужить каждому из пришедших сюда людей. Как-то на кухне в трапезной не домыли посуду, и настоятельница, эта светлая женщина, с добрейшей улыбкой стала мыть за всех тарелки и чашки, и у неё даже мысли не было отвлечь для этого дела кого-то другого.

И сколько раз мы приезжаем в Европу, столько видим этих удивительных настоятельниц и настоятелей, которые считают себя обязанными служить всему миру…

Что уж говорить о старцах? Те – свет Вселенной…

Потому – если вы слышите «христианство» – а видите перед собой высохшее дерево без плодов, не спешите разочаровываться – вы ошиблись деревом, но не садом!!!

**

Сестра Патрикия из греческого монастыря Караискакки:

«Я спросила у старца (Дионисия Каламбокаса): *«как Вы знаете, кто такие нищие духом?»*.

Он ответил:

«Те, кто находят сокровище в сердце другого»

Особый взгляд

Мало кто представляет, до какой степени глубоко понимает нас Бог и Его люди.

Как-то моя супруга Ольга собиралась приехать к известному греческому старцу Дионисию Каламбокасу, и спросила своего брата Александра, не хочет ли он что-то передать старцу?

— Да что ж я ему скажу, я ж неверующий... — с грустью заметил он.

Старец, услышав от студентки об этих словах Александра, сказал: «Это исповедь».

***

Аня Кувшинова: «Артем Александрович, я однажды просила Вас помолиться о больной малышке Оле. В 3 года она не держит голову, не ползает, не говорит, может только улыбаться. Собирали огромную сумму денег ей на лечение в США, сбор шел очень долго. Родители неверующие, девочка некрещеная. Я писала старцу Дионисию Каламбокасу об Оле. И вот пару дней назад нашелся человек, который перевел многомиллионную недостающую сумму, и теперь есть надежда, что малышка получит лечение. Чудо! Понимаю, что Господь берет таких деток к себе, и понимаю, как мать, родителей, которые стремятся вылечить дочь. Будем верить, что все у этого солнышка будет хорошо, она догонит сверстников в развитии и будет радоваться жизни».

Старое пианино

Света, наша двенадцатилетняя дочь, проводила в то время жизнь традиционного планшетного подростка, которому ничего не хотелось. Даже мама (Олечка) не знала, к чему у дочери есть способности, куда должна быть направлена её жизнь.

Так продолжалось до тех пор, пока мы вдвоём с любимой посетили старца Дионисия Каламбокаса, и он посоветовал отдать Свету в музыкальную школу. Эти слова были Божьим советом нам, потому что, хотя Света и упиралась, но, начав учиться музыке, обнаружила почти сразу, что это и есть её направление в жизни. Тот вектор, которого не могла разглядеть даже её родная мама. Сегодня Света студентка консерватории и жить не может без классической музыки.

В тот день, когда Ольга говорила со старцем, он спрашивал, есть ли у моей сестры Людмилы пианино, согласится ли она подарить его Свете? Мы не знали тогда, что это не простые вопросы. Прошло больше четырёх лет, мы жили на съемной квартире, куда перевезли пианино от бабушки. И однажды Света заметила, что пианино моей сестры (которым та много лет не пользуется) безмерно лучше в плане звучания, удобства, свойств и т.д.

– Неужели? – поразились мы.

– Да, – ответила она.

... И тогда мы рассказали ей о разговоре со старцем, который смог увидеть не только главное направление и радость её жизни, но и то, на каком, из доступных нам, инструментах ей будет всего лучше и удобней постигать музыку...

***

Мария Важева о поездке в обитель старца Дионисия Каламбокаса:

«Сразу вспоминается наша трапеза в монастыре святого Георгия Караискаки в Греции.

Там все были вместе: и монахи, и паломники и пришедшая очень бедная греческая семья...

Все ели одну вкуснейшую еду и стол накрыт был с высочайшим почтением к человеку (все приборы и все аккуратно и с любовью).

Был ещё трогательный момент, когда настоятельница монастыря ждала пока дедушка из этой бедной греческой семьи закончит трапезу и только потом позвонила в колокольчик об окончании трапезы для всех...»

***

Старец Дионисий Каламбокас говорил мне, что патриарх Павел Сербский – его друг.

А вот как об этом же пишет монахиня Назарини: «Когда в 1994 году Патриарх + Павел приезжал в Иерусалим, где СТАРЕЦ был Игуменом Монастыря Креста, СТАРЕЦ был единственным, кто вместе со всем Братством сопровождал Патриарха во всех Его перемещениях, обеспечивая все возможные удобства и принимая Патриарха в Монастыре Креста».

***

Одна моя подруга доктор Наталья Коваленко долго не могла найти работу по специальности в устраивающей её больнице. Она обратилась за помощью к известному греческому старцу Дионисию Каламбокасу, и тот сказал, в какой больнице ей лучше всего работать, хотя это казалось таким же невозможным, как устроиться в экспедицию на луну. И ей, конечно же, там отказали в должности. Прошло полгода в поисках места, и, неожиданно, она устроилась на работу именно туда, где ей указал старец. Так ещё раз утвердился закон хорошего конца, согласно которому Бог помогает тогда, когда большинство людей начинает терять надежду, и исполнились полные неожиданности слова мудрого старца.

***

Слушая разговоры старца Дионисия Каламбокаса с разными людьми я поражался, до какой степени Бог почитает человека!

***

Старец Дионисий Каламбокас говорит: «Нам нет оправдания, если мы пренебрегаем людьми...»

«Один атеист француз Ренан, потрясённый личностью Божьей Матери, когда исследовал всё досконально, сказал: «Даже если Христос не был бы Богом, с такой Матерью Он бы им стал!»»

«Бог, дитя мое, не прячется за кустами. И не нужно карабкаться в горы, чтобы Его встретить. Он Сам приходит и находит тебя, каждый раз, когда ты прощаешь кого-то, кто тебе навредил, каждый раз, когда ты помогаешь кому-то, кому нужна помощь. Божественную благодать можно привлечь, но нельзя притянуть».

«Следуй за Христом, и тогда Он за тебя отдаст, что должно, как сказал Он Петру, поймать рыбу, взять из неё статир и заплатить за Него и за себя. Христос платит. Ни наши родители, ни наши заступники, нет, но всё по Его промыслу».

«Наша цель – не сделать дело, а стяжать Духа Святого».

«Сердце создано для того, чтобы молиться и разговаривать с Богом».

«Высшая святость – когда другие тебя используют».

«В наши дни это считается модным, говорить об экологии, загрязняя, тем временем, экосистему - это делают все, и в первую очередь, говорящие. Между тем, первая экосистема - это пространство Духа, а уже затем – материи».

«Чем сильнее сжимают воду, тем дальше она выстреливает. Чем сильнее сжимают нас наши скорби, оставляя нам только одно направление - к небу, тем выше может вознестись сердце, взгляд, вдох, слеза, просьба. Просьба, что подобна пламени - как ни поворачивай свечу, пламя будет стремиться вверх.

И так сдавлен нищий, бедный, одинокий».

«Бог уловляет каждого из нас или через наши страсти, или через наши таланты, или через наши грехи».

«Некоторым людям Бог мешает, создаёт им проблемы. Когда Он нам не нужен, Бог становится для нас адом».

***

Из разговора со старцем Дионисием Каламбокасом:

— У меня есть вопрос. Что именно мы просим у Бога, когда говорим «Господи, Иисусе Христе, помилуй мя»

— Приди в моё сердце, потому, что я Тебя люблю, и Ты меня любишь.

***

В одном из монастырей греческого старца Дионисия Каламбокаса лиса забралась в курятник и съела часть тамошних кур. Узнав об этом, старец сказал монахам, ответственным за курятник, пойти к курам, положить им несколько земных поклонов и попросить у них прощения.

А ведь, чтобы поручить монахам такое дело, нужно очень глубоко чувствовать не только красоту мира, но и устремлённость всего создания к своему Создателю, а потому и особую ответственность человека за каждую улитку на его дороге.

***

Как-то я попросил монахиню передать моё письмо старцу Дионисию.

– Простите, что отвлекаю старца... – добавил я.

– Вы не отвлекаете! – с жаром ответила монахиня, – это работа старца! Это жизнь старца! (помогать другим)

***

Мария Важева, живя в монастырях старца Дионисия Каламбокаса, сказала: «Тут много нежности...»

***

Мария Важева расспрашивает сестёр обители на Закинфе о старце Дионисии Каламбокасе:

«Сестра Антония рассказывала о Старце... Я ее попросила. Она говорит, что у них были такие собрания всех братьев и сестёр со старцем и было много проектов. Они всегда собирались вместе и обсуждали, например, какую мебель купить в монастырь или любые другие вопросы. И что ей всегда нравилось, что старец спрашивал и выслушивал на таком собрании каждого. И всегда спрашивал почему человек того или иного мнения. Она говорит, что старец так задает вопрос, что ты сам для себя себя и открываешь.

И в общении с любыми людьми он умеет так спросить, чтоб человек задумался или по-другому посмотрел на проблему и сам себя увидел. Но какие бы глупости люди не говорили на встречах со старцем, они всегда уходили от него утешенными и обрадованными. Он выслушивает всегда любую глупость с огромным уважением к личности говорящего и умеет ему сказать важные вещи, чтоб он задумался.

Сестра Антония говорит, что от встречи со старцем человек не мгновенно меняется, все прорастает в жизни постепенно и по мере того, как человек захочет идти по пути, на который его старец направил. Но утешенными уходили все, потому что люди никогда не встречали такое отношение любви и заботы к себе».

Я продолжаю расспрашивать сестер о Геронде. Сегодня я спросила у сестры Синклитики, переводила ли она для старца встречи с гостями. Она ответила, что переводила. На вопрос чем отличаются русские паломники, она ответила, что они почти все идут по проложенной колее как под копирку и не могут свернуть с нее. Как будто у всех один шаблон и отступить от него страшно. Есть те, кто готов и может сойти с этих рельс, но чаще не сходят. Она еще так сказала интересно: «Ну, вот верующие из России, особенно православные, они как по прямой такой колее идут, и сдвинуться с нее не могут».

Она тоже сказала, что старец никого не поучает, всех выслушивает и утешает. Он сразу видит меру человека и по его мере ему и открывает нужное. Кто-то ждет фокусов от него, кто-то хочет узнать судьбу, все это они не находят у старца, но всегда находят любовь и ей удивляются».

***

Мария Важева о пребывании в монастыре старца Дионисия Каламбокаса (о.Закинф):

«Да, здесь так удивительно ощущается, что то, что ты просто есть – это праздник и счастье. И тебе не нужно даже что-то делать, чтобы быть значимым».

***

Монах, – это христианин, всерьёз относящийся к Богу. А вот какой рассказ приводит Мария Важева о монахинях старца Дионисия на Закинфе, которые особым образом жалеют даже тех животных, к которым большинство людей не питает никаких чувств.

«Как-то зашел разговор о мышах и сестра Антония рассказала, что была проблема: мышь разгрызала ёмкость для воды у местных кроликов и выпивала всю их воду или она вся вытекала. Проблема продолжалась до тех пор, пока сестра Антония не поставила для мыши дополнительную емкость с водой и та перестала безобразничать. Как только сестра Антония забывала поставить для мышки воду, та снова все портила. Так что, к мышкам тоже добрый подход и забота нужны».

***

Маша Важева рассказывает о Старце Дионисии Каламбокасе: «Сестры рассказали, что старец очень любит сладкое, в том числе инжир. Сестра Антония говорит, что иногда они по пути останавливались, если старец замечал красивую смоковницу с плодами. Плоды ее очень сладкие и они не упускали шанс их отведать».

***

И ещё из рассказов прекрасной Марии Важевой о монастыре старца Дионисия Каламбокаса и отношении людей, живущих там, друг к другу. «Когда живешь в монастыре, нет планов и дедлайнов. Все происходит так не по заранее утверждённому плану и происходит лучше, чем ты бы мог придумать.

...утром я проснулась в 6:30 сама и не поняла, почему не звонили в колокола. А оказывается, что планы изменились. Вчера сёстры очень устали и Герондисса сама вычитала всю службу, чтоб дать им отдохнуть. Вот такая забота материнская…»

***

Старец сказал одной моей студентке: «Христос пребывает в безмолвии, в радости, в исповеди, в молитве, в святом Причастии».

О Евангельском юноше

Старец Дионисий говорит о евангельской истории о богатом юноше: «И тогда юноша отвечает: всё, что Ты мне сказал, я действительно знал, я зря Тебя спросил, лукаво. Я спросил Тебя, чтобы увериться в себе, чтобы удовлетворить себя, словно бы иголка, или стрелка компаса шевельнулась во мне, что чего-то мне не достаёт, и мне захотелось удостовериться, что со мной всё в порядке. И вот, Ты мне сказал, и я отвечаю Тебе, что всё это я делаю.

Таково человеческое сердце: привязано ли оно к Богу, или ко греху, а человек всё ищет своего.

Может быть, те, кто был рядом со Христом что-то понимали? Да они чудес хотели. Рыбы, хлеба, исцеления, имущества. Мама сыновей Зеведеевых сказала Христу, за несколько дней до распятия: когда прославишься, пусть мои сыновья будут у Тебя по правую и по левую руку. И Он ответил, не знаете, чего просите, а места это для тех, кому уготовано. То есть для каждого из нас, когда мы этого не просим, но являясь тем, чем мы являемся вынуждаем Христа прийти к нам, а не заставляем ангелов отнести нас к Нему.

И когда Христос говорит это юноше, такому богатому юноше, тот отвечает, всё это я исполняю. Чту отца и мать, я у них наследник, они сделали меня богатым. Жене, что мне досталась, не изменяю. Не краду, потому, что у меня всё есть. Не лгу – для чего мне лгать? Вот это, мы скажем, святой. Впрочем, святой, не готовый отказаться, освободиться от своей святости.

А он не святой. Он живёт для себя. Когда кто-то всем своим сердцем, всем своим желанием привязан или к своей добродетели, или к своему греху – вот его бог: он сам, его добродетель, его грех».

***

Моя студентка Инесса Кавун говорит, что когда она пишет старцу Дионисию Каламбокасу и тот не отвечает на её письмо, она видит, что таким образом старец даёт ей возможность взять ответственность за ситуацию в свои руки. «У меня чувство, что старец, даже не отвечая прямо на вопрос о проблеме, дует на мою ранку и всё быстро заживает».

***

Старец Дионисий Каламбокас никогда не скупится на похвалу, и умеет говорит такие слова, после которых обратившийся к нему человек чувствует свою драгоценность и значение. Он любит праздновать дни рождения своих учеников и знакомых, и в такие дни, даже если они выпадают на пост, для учеников готовят непостный вкусный торт, в знак того, что любовь к человеку важнее любых постов.

Старец может сказать человеку: «Вы ангел», и поле этого люди вправду ощущают себя ангелами.

Когда заболел кто-то близкий, то любящий его человек изводится, и это естественно. Старец же (как настоящий христианин) точно так изводится о любой болезни любого, вообще любого человека. И на эту его боль о нас мы можем положиться, потому что Бог приходит в ответ на неё и исцеляет того, кому сейчас плохо.

Старец Дионисий вспоминает ко дню Успения Богородицы: «У нас были пожилые отцы на Святой Горе, хотя и были они сами восьмидесяти и девяноста лет, когда вспоминали своих матерей, из глаз их текли слёзы, когда они говорили, мама моя, мамочка моя. Мы веселились, как дети, нам казалось странным, что совершенно седой человек, который не покидал Святую Гору пятьдесят, шестьдесят, семьдесят лет, с такой нежностью говорит о своей матери».

***

Старец Дионисий Каламбокас говорит о празднике Преображения: «И прошедшее, и будущее, и вместе с тем очень дальнее, всё это восприняли три немощных ученика. Почему? Потому, что и мы можем воспринять это вИдение Бога. И каждый раз, когда мы не видим Бога в ближних, и каждый раз, когда мы не даём Бога другим - это убийство Бога, человека, народа. Когда же, чистыми очами сердца и души мы к Нему обращаемся, мы видим, что Бог уже ждёт нас прямо перед нами, в каждом человеке, в каждой стадии нашей жизни».

***

Американская семья с двумя семилетними детьми побывала в монастыре старца Дионисия Каламбокаса в США, где игуменья – геронтисса Эмилиани. В обители довольно стеснённые материальные условия, а семья была состоятельной, и родители после поездки спросили детей, какие у тех впечатления от увиденного, думая, что те будут жаловаться на отсутствие комфорта и привычных развлечений. Но дети ответили: «Здесь мы чувствовали себя по-настоящему свободно!»

***

В монастырях старца Дионисия Каламбокаса ни настоятели, ни сам старец не пытаются исправлять других, но покрывают любовью, и от этого люди исправляются сами.

***

Часто, когда старец Дионисий Каламбокас слышит от кого-то, что тот человек часто причащается, он отвечает на это: «Браво!»

***

Мария Важева путешествует по обителям старца Дионисия Каламбокаса и рассказывает о свободе тамошних монахинь, свободе, усвоенной ими от старца.

Я вчера испекла непостный пирог для детей (по греческому календарю уже начался пост). Монахини забегали в кухню и пробовали.

Одна из них рассказала, что, когда она впервые встретила старца, была пятница, а он угощал всех мороженым. Это было невероятно и она была в растерянности: с одной стороны – пятница и весь набор правил, с другой стороны – старец, мороженое и огромная любовь!

Выбор сломать стену барьеров и прорваться к Богу или остаться на месте и бегать по кругу на цепи предписаний остается всегда за человеком.

И еще она рассказала, что старец Николай Гурьянов тоже угощал гостей яичницей в постный день, а когда монахиня, которой он это поручил, в недоумении напомнила старцу, что постный день, он улыбнулся и сказал, что гости важнее поста».

Я отрежу свою руку

Любовь – это Бог, действующий в отношении человека к другим людям. В самой яркой форме это проявляется, когда ты общаешься с православным подвижником (подвижницей) или старцем. Мне приходилось видеть и женщин такой высоты.

А как-то я приехал к старцу Дионисию Каламбокасу, а он сказал мне столько возвышающих слов, что я обнял его за руку, и тогда он необыкновенно улыбнулся и ответил: «Я отрежу свою руку и подарю её тебе!»

СТАРЕЦ ГАВРИИЛ СТАРОДУБ

22 января 2010 года в селе Павловка Донецкой области отошел ко Господу человек, который сделал всё, чтоб остаться неизвестным и незаметным, но почитался людьми как угодник Божий – старец схиархимандрит Гавриил Стародуб.

Патриарх Алексий Второй когда-то сказал, что «наше время так же богато святыми, как и любое предыдущее время». Среди нас ходят святые – наши современники. Но чтобы заметить их, человек должен быть хоть немного причастен их подвигу и опыту. Иначе он будет мерить святых по себе и совсем не заметит их. Смирение он примет за слабость, любовь за уступчивость или желание втереться в доверие, терпение обид за неумение постоять за себя (Хотя Христос нигде не учил стоять за себя. Он учил стоять за Него…).

Праведников и святых в Церкви, действительно много, хотя страстному человеку всегда кажется, что это не так. Объясняя это явление, Честертон говорил: «Одержимый страстью больше верит в зло, чем в добро». А старец Иосиф Исихаст заметил, что если человек имеет Христа, то всё видит светло, но, если он потеряет Христа, то всё опять увидит криво…

По слову святого Николая Сербского, во все времена «Церковь полнится ревнителями». Это не только монахи или священники, но большинство праведных людей встреченных мною в жизни были женщинами. Конечно, женщинами совершенно необычными. Они имели одинаковую любовь ко всем людям, всем служили и помогали и были солнышками для других. Благодать одевала их в смиренное величие, которое поражало одних, и было совершенно незаметно для других.

Вообще, одним из нескольких критериев, по которым можно узнать, стяжал ли человек благодать, является то, что он может заметить благодать в другом человеке. Увидеть Духа Святого в другом невозможно тому, кто сам Этого Духа не имеет. Поэтому некоторые люди говорят, что больше нет святых и времена теперь не те. Эти их слова есть глубочайшее догматическое заблуждение и непонимание того, что церковь, по слову отцов (святой Симеон Новый Богослов, святой Иустин Сербский) есть «непрерывная пятидесятница», «непрерывное излияние Святого Духа на верных».

Неверным является так же и то, когда кто-то утверждает, что современные святые и праведники не таковы, как в древности. Приведём по этому поводу мысли некоторых отцов:

Святой Игнатий Брянчанинов: «Святые всех времён одинаковы».

Святой Иоанн Златоуст: «Не иначе мы чествуем древних мучеников и современных, ибо не времени ищем, но подвига».

Почему же тогда современные святые не всегда творят множество видимых чудес, хотя есть и вселенские чудотворцы, как святой Иоанн Кронштадтский или святой Иоанн Сан-Францисский? Ответ на этот вопрос таков. Еще в IV веке святыми монахами было произнесено пророчество о том, что чем ближе мир будет приближаться к своему концу (имеется ввиду общемировой вектор движения человечества, хотя до Второго пришествия может пройти и 1000 лет, как рассуждал об этом святой Серафим Саровский), тем чаще чудотворцы и святые этого времени будут скрывать себя смирением. Почему так? В IV веке это было не понятно. Но сейчас в рекламно-потребительской цивилизации это просто необходимо.

Приведу пример. Во время одного из моих визитов к старцу Гавриилу, к нему подошли несколько человек и среди них одна женщина. Она сказала, что святое масло, которое он ей дал в прошлый раз, помогло, и болезнь её прошла. Нужно было видеть, как быстро пресёк эту тему старец и тут же перевёл разговор на другое.

А теперь представим, что этот случай попал в газеты: «Священник, который исцеляет от всех болезней». Несомненно, что поток посетителей был бы огромен. Как несомненно и то, большинство из них приехало бы не для того, чтобы старец помог им встретить Христа... Не думаю, что даже он смог бы объяснить всем жаждущим чудесного исцеления, что духовный взгляд одинаково видит милость Божию и в избавлении от болезни, и в болезни ...

У святого Макария Великого есть строки, очень важные для нас. Святой Макарий пишет, что чудотворения, прозорливость, дар исцелять и прочие дары есть только низшая сторона того, чем прежде всего проявляет себя подвижник. А главное – это христообразная его любовь. Настоящий христианин поражает других именно сердцем милующим.

Когда мучитель спросил святого Иустина Философа: «Покажи мне своего Бога», тот ответил: «А ты мне сперва покажи своего человека». То есть покажи того, кого ты считаешь подлинным человеком, и ты не найдёшь такого вне Христа и тех людей, которые Христовы. Божьих людей.

Можно со всей ответственностью сказать, что православие во все времена было богато такими людьми, но в современном мире такие люди, как и было предсказано ещё в древности, как правило, не совершают видимых чудес на показ всем, а живут сокровенно и тайно. Ведь старцев немало и сейчас, но о них обычно мало знают, потому, что они не желают никакой рекламы. Ведь мир наш – мир рекламы, а они не хотят делать добро на показ, чтоб его все видели и о нём все говорили. «Пусть твоя левая рука не знает, что делает правая» – рассуждают они (Мф. 6:3).

Батюшка Гавриил был старцем. Старец в православии – это не старик, а человек, который стал человеком Божиим. Говоря языком богословия, «обоженым», по апостолу Павлу тем, в ком отобразился Христос, а по Добротолюбию тем, кто вошел в состояние апостольское.

Старец – человек, в котором обитает Христос; человек, который стал Храмом Духа Святого и который любит уже не своими собственными силами, а Христом любит и Христом жалеет. Человек в таком случае действует уже не своими силами, но в глубочайшем соединении со Христом, в сотворчестве. Бог не подавляет волю подвижника, но, оказывается, что высоте духовного совершенства воля Господа и подвижника совпадают – и Тот и другой жаждут поступить по любви.

Когда другой нужен по-настоящему, то в его жизнь приходит и смысл и цель.

У архиепископа Иоанна Шаховского есть такие строчки:

Льётся с неба дождь жемчужный
Льётся прямо в пламень ада
Только это людям нужно
Только жалость людям надо.

Не все умеют жалеть, но старцы умеют. Тех, кого обижали, отец Гавриил мог даже брать к себе жить и заботился о них. Если ему рассказывали о каком-то горе, он не успокаивался, пока молитвой и делами не улучшал ситуацию, чтобы человеку снова стало хорошо. Он мог обнять, погладить, всегда сочувствовал и сострадал.

Есть один удивительный случай, когда старец только пришёл служить в храм в Павловке, ему прислали неопытного регента - девушку. Регент всё время сбивалась и всё забывала. Старец прерывал службу, подходил, объяснял ей всё, а потом снова шел в алтарь. Она снова забывала. Он подходит к ней, а она плачет. А он ей: «Что же вы плачете, ведь я вас не ругаю».

Батюшка действительно был тем, кого святые отцы характеризуют как «сладостная душа».

С ним каждый чувствовал, что жизнь полностью удалась, потому что есть на свете истинная, вечная и верная любовь, и ты сейчас такой любовью любим и тебя никогда не бросят и не оставят. Если ты скажешь: «Батюшка, хочу у вас жить» – он возьмёт к себе. Если скажешь: «Батюшка, хочу чтобы вы за мной всю жизнь ухаживали» – он станет вашим слугой. Он и так говорил с человеком, словно он человеку одновременно и слуга и мама.

Ещё до встречи с ним я много слышал о нём, знал, что он – старец. У меня было одно тяжелое искушение, необходимо было слово мудрого человека, и мама сказала ехать в Павловку.

Тем же утром я приехал, и быстро нашёл храм. Женщина в храме сказала, что утренняя служба уже прошла и батюшка отдыхает в домике рядом с храмом, где он и живёт. Тревожить батюшку я не решился и сел на скамейку возле домика. На дереве висела маленькая икона, а я очень волновался: вот, сейчас выйдет человек, который всё обо мне знает. Выйти батюшка должен был обязательно, так как в 14.00 должна была начаться вечерняя служба. Было это в субботу. Пока я сидел, к домику подошла кошка и стала жалобно мяукать, мол: «Пустите меня».

Говорю ей: «Кис-кис-кис». Тогда кошка поворачивается ко мне, смотрит явно презрительно, словно говорит: «Я к святому пришла. А ты-то что можешь мне сделать?»

И ещё более жалобно кричит: «Мяу!»

Вскоре батюшка вышел. Я сразу увидел, что он – христианин, который говорит из глубины сострадания ко всем.

Он огорчился, что я приехал к нему: «Зачем? У вас в Донецке так много хороших священников!». Стал перечислять хороших батюшек, говорит: «Много их, а я что тебе могу?». А потом: «Зачем же ты на холоде сидел и не постучал в дверь. Ты же замёрз! Как же я теперь буду на службе стоять, если я знаю что ты голодный!».

Меня это поразило. Вот, есть, оказывается, на земле человек, который не может жить, когда мне плохо.

Я просил его молиться о маме, спросил о своём деле и спросил, всё ли хорошо в Церкви. В это время меня сильно смущали слова одного Донецкого проповедника, который постоянно говорил, как всё плохо в церкви и какие все в ней плохие – и люди, и священники, и епископы…. Батюшка засвидетельствовал, что в Церкви всё хорошо. Дал понять, что в церкви во все времена множество праведников и так будет всегда.

Уже позднее в «Эсхатологии» святого Иустина Сербского я найду слова, что Церковь даже в последние три с половиной года земной истории будет рождать детей Божиих. О том же писал святой Нифонт Константинопольский, что «цепь святых не прервётся до страшного суда». Многие другие подвижники и отцы, например, митрополит Вениамин Федченков, святой Иустин Сербский, святой Николай Сербский, святой Иоанн Кронштатский, святой Серафим Саровский и другие, говорили о том, что праведников и святых в Церкви – большинство. Это я знал, но хотел услышать, что скажет старец, живой носитель Предания. Он меня успокоил и дал понять, что большинство настоящих церковных людей праведны.

Потом началась служба. Службу он вёл необыкновенно. Действительно каждое слово молитвы говорил Самому Богу, и это чувствовалось и передавалось народу. Когда я в другой раз увижу его на Литургии, меня поразит, как он кланяется народу на Херувимской – из глубины покаяния перед Богом и перед каждым человеком. Он имел нежность духовную и заботился о всех. Несколько раз выходил из алтаря: «Как зовут твою маму?», а я просил о ней молиться, потом пришёл человек с палочкой, и батюшка снова вышел: «Вы сядьте на скамеечку, у вас ножки больные, не стойте».

Потом он дал мне денег на обратную дорогу. Я пытался отказаться, но он внимательно посмотрел и сказал: «Но я хочу тебе дать… Можно?».

Любовь возжигает любовь, и свет возжигает свет. Когда свечница в храме во время службы взяла денежную кружку чтоб собирать деньги, она поклонилась народу, и в этом поклоне я узнал Батюшку Гавриила.

Батюшка не хотел ни известности, ни славы, и не искал никаких почестей. Но, как то часто бывает с подлинными духовниками, люди могли утешиться в скорби даже просто подумав, что есть возможность позвонить любящему их человеку Божию.

Однажды я был у батюшки Гавриила, исповедовался на Литургии, и он спрашивает: «Это всё?» (имея в виду грехи).

Я говорю: «Всё».

И тогда он сам стал называть мои грехи, о которых я и не думал. Называл долго, но необыкновенным образом – не обличая, а каясь вместе со мной: «Согрешили тем-то и тем-то и тем-то – прости нас Честный Господи!». Так я впервые увидел священника, для которого моя боль была даже в большей степени его болью, чем для меня самого.

Не знаю, что больше наставляло меня в старце, то о чём он говорил, или то, о чём он молчал? Зная его, хотелось жить его светом. На него можно было положиться во всём: и на его молитву и на его сострадание. Именно сострадание и любовь давали ему благодатную прозорливость. Но главным в нём было именно то, что он любил так, как мечтает быть любим любой человек.

Всем своим образом жизни старец учил меня двум вещам, хотя и никогда не говорил об этом. Первое, если какой-то человек страдает, то единственным способом утешить его будет – полюбить его. Полюбить по-настоящему, чтобы дороже его нам никого не было. Чтобы мы никогда не сказали ему, что его мы любим, но жену или друга любим больше. Нет. Он – во всём единственный. Ему отдать всё сердце. Но и всякий другой так же единственен и любим, и ему тоже отдать надо всё своё и всего себя.

У кого-то из святых отцов я встречал слова, что для Бога каждый один человек так же дорог, как и все люди вместе. Это – норма и нашего отношения ко всем, и старец её исполнял.

И второе, чему учил старец: если у человека есть боль или проблема, то надо всё сделать, чтобы эту боль исцелить, а проблему решить. Если у него нет денег – дать свои. Нет жены – найти. Нет работы – всех обзвонить и помочь. Он болен, огорчён, мучим чем-то – молится Богу до тех пор, пока Бог не решит его проблему.

В общем, сделать всё, чтобы этому человеку помочь, и не успокоиться, пока не поможешь.

Сам старец относился к людям именно так и это было чудеснее всех чудес, которые происходили благодаря его сострадательному вниканию в сердца и мир.

Приведу несколько примеров.

Когда Алексей приехал из семинарии, он был очень огорчен и унывал, казалось ему: всё плохо, и тогда ему посоветовали поехать к батюшке Гавриилу. Алексей уныло отвечает: «Ну ладно, поеду, посмотрю на него».

Приехал, а батюшка выходит на крыльцо и говорит: «Ну что, посмотрел на меня?». Потом последовала беседа и Алексей уехал от старца счастливым.

Старец смог так поговорить с ним, что к семинаристу вернулась надежда и он смог жить дальше.

Аня Ж. рассказывает, что когда её отец впал в искушение и куда-то ушёл из дома, её мама позвонила старцу Гавриилу и просила молитв о муже. Старец начал молиться, и отец Ани услышал его голос: «Иди домой». Хотя старец жил в Павловке, а он в Донецке. И он вернулся домой.

Одна женщина купалась и стала тонуть. Она мысленно обратилась к батюшке Гавриилу с криком помощи. Старец тогда ещё был жив. И тотчас волна вынесла её на мелкое место.

Старец Гавриил был настоящим христианином. Он действительно брал в своё сердце тех, кто к нему приходил. Даже впервые видя человека, он его сразу же любил, и это ощущалось всеми приехавшими к нему.

Каждому приехавшему он старался дать денег на обратную дорогу, давал угощения, отводил в трапезную храма, чтоб женщины накормили приехавших.

Татьяна С. приехала к нему, когда он лежал в больнице, он зашел в ванну и вышел оттуда с шоколадкой. Выйдя от старца Татьяна развернула шоколадку, а там 5 гривен.

Он всегда разделял жизнь другого, и ни один человек не ушёл от него без утешения.

Наталия Б. приехала с подругой к старцу, а келейница говорит: «Батюшка занят и принять не может. Уезжайте в Донецк». Подруга расстроилась, а Наташа говорит: «Не расстраивайся, а садись на скамейку и молись, чтоб он вышел». Только начали молиться, как он выбегает: «Ну, что случилось? У меня для вас всего несколько минут! Говорите!». И помог им.

С., у которого шизофрения, долго мучился и искал человека, который бы его по-настоящему полюбил и разделил бы его скорбь от болезни. Такого человека он нашёл в Павловке. До этого ни один священник даже не брался утешить С. Его ругали, учили духовной жизни, но не сострадали. В старце он нашёл именно «сострадателя» своей душе. Каждый раз старец давал С. денег на обратную дорогу.

Одна девушка, Виктория М. приехала к старцу Гавриилу. Её перед этим несколько недель сильно обижали. В полупустом храме какая-то старуха пристала к ней, стала её толкать, ворчать на неё, чтоб девушка подвинулась, не занимала её место. Девушка отходила, а старуха шла за ней и ругалась. Старца она раньше никогда не видела, он её тоже не видел. На проповеди он неожиданно стал говорить: «Нас обижают, а мы плачем… Кто бы меня незаслуженно обидел??? Не надо ни молиться, ни трудиться, грехи прощаются, и ангелы держат над этим человеком венцы».

Она же присутствовала на общей исповеди, которую проводил старец, называя вслух разные грехи. Старушки вздыхали, когда он называл их грехи. Девушка молча слушала. Неожиданно старец сказал, что грешим жадностью, и уточнил, что много флаконов французских духов от жадности покупаем. Тут настала очередь удивиться этой девушке, потому что она именно это делала за день до службы.

Десятилетний сын этой девушки как-то подошел после службы к старцу, протянул ему шоколадную конфету, и говорит: «На, держи. Я всё равно не люблю такие». А старец берёт и говорит: «А я, грешный, люблю».

Татьяна С. на четвёртый день после смерти батюшки Гавриила поругалась с сыном Д. Тот выпил что-то наркотическое, побил окна и стал в буквальном смысле бесноваться. Она начала молиться батюшке Гавриилу и Д. утих.

Она же говорит, что, когда батюшка был жив, ему не всегда звонили, потому что боялись потревожить. А теперь ему можно звонить постоянно, наша молитва к нему и есть такой звонок.

Она же вспоминала свою первую поездку к старцу. В тот раз отец Гавриил не произвёл на неё впечатления. Она даже смутилась: «Какой же это старец – в старой одежде, без машины?». Она уже собралась уезжать, когда отец Гавриил подошел к ней и кротко сказал: «А когда вас спросят, где были, отвечайте: у отца Придуракиса!». Татьяна ещё больше удивилась. Прошли годы, прежде чем она смогла оценить ответ старца, который не искал похвалы, но искал настоящести. Она поняла, что старец таким юродством хотел помочь ей заглянуть вглубь его души, а не смотреть на рваную рясу. Ведь достоинство человека не в машине, и не в одежде, но в благодати. Именно это и хотел показать ей старец.

Бывает так, что человека ранит любой совет и исцелит только сострадательное молчание. Старец умел дать совет, но умел, и молчать там, где любой совет может ранить.

Человек, желающий принять священство, имел своим духовником монаха, который настаивал на том, чтобы и этот юноша принял монашество. Юноша был не против, до тех пор, пока не встретил свою любимую, с которой захотел сочетать жизнь. Его духовник воспротивился. Тогда юноша обратился к старцу Гавриилу, и тот посоветовал поступить по глубочайшему велению сердца. Сердце юноши на самом деле желало брака, но он опасался при этом, что прогневает Бога, если откажется от предложения духовника принять монашество. Поэтому старцу Гавриилу приходилось не только советовать вступить в брак, но и исцелять душу юноши, раненую неразумным советом духовника монаха, не считавшегося с устроением и болью молодого человека.

Священнику В. на важный вопрос «Много ли сейчас святых в церкви?» старец ответил: «В мире много святых, но Господь их скрывает».

Советы старца не подавляли волю вопрошавшего, но помогали тому глубже познать, чего же он, спросивший, по Богу желает. Для каждого человека старец находил именно его, неповторимый путь.

Святой Иоанн Златоуст говорил, что путей к Богу столько, сколько людей. Но, чтобы помочь человеку идти, надо любовью прозреть его душу. Это могут только мамы и духовные люди. Это и делал старец.

Ведь совет, не совпадающий с путём человека, только ранит и калечит его. Но человек растёт не только в своём пути, но и к своему пути. И тут духовник должен всей своей любовью и благодатью вглядываться в доверившегося ему человека, чтобы направить того по тайному желанию его сердца, часто не очевидному и не явному для вопрошающего. Как говорит Экзюпери: «Человек вообще долго рождается на свет». И духовник тут садовник, который старается, чтобы вишня выросла вишней, а яблоня – яблоней. Не диким деревом с кислым плодом, но плодоносным, потом, что обрёл свой путь, и, следуя им, идёт на встречу к Любимому и любимым.

Батюшка Гавриил был последователем Глинской старческой традиции, которая, в отличие от Оптинской, сокровенна и таит себя от мира. Потому он никогда не поощрял разговоров о себе как о необыкновенном человеке. Как святыню он хранил в своём шкафу подрясник своего наставника – старца Виталия Сидоренко. Большинство приходящих не знало, что в келье старца есть такая святыня. Таким был отец Гавриил – сияя миру светом Христовым он скрывал своё доброделание. Вместе с тем он однажды сказал: «Мы должны по крупицам собирать то, что передали нам старцы».

Явно осознавая необыкновенность своих духовных даров, он отказывался считаться подвижником. Это происходило потому, что он видел – святость – не завидное исключение из правил, она – норма, которую может достигнуть всякий, кто ищет её. Беда людей не в том, что Господь не даёт им святости, а в том, что она людям попросту не нужна.

Большинство, обретших веру, пришло в Церковь решать собственные проблемы. И проблемы эти решаются, но Церковь существует всё-таки для того, чтобы собрать воедино рассеянный мир. Чтобы каждый живущий обрёл всех людей и Бога. Чтобы люди были близки друг другу, как лица Троицы между Собой. Это и есть норма христианской жизни, и потому святой – нормален. Старец знал, что быть человеком и быть христианином – это одно и то же. Только праведник и есть подлинный человек. И осознавая это общее для всех призвание старец не выделял себя из других, но всей своей жизнью говорил, что каждый, кто пойдёт по пути Христову, достигнет того же, что и он.

Старца Гавриила однажды стал мучить помысел: «Жалко ли Богу нас так, как мы жалеем себя?». Ответа на этот вопрос в книгах не было, и старец пытался осмыслить это. Ему явился Господь и сказал: «О, человеки! Если бы вы знали, как Мне жаль вас. В десять раз больше, чем вам жаль себя». Сама грамматическая конструкция речи говорит о том, что в данном случае Христос обращается ко всему роду людскому и ответ этот – общий.

О старце мы мало рассказывали другим, как он сам того и хотел. Но его сокровенное присутствие в жизни ощущалось постоянно. Помню, как мои друзья шли со мной по улице. Одного из них обидели дома, и он решил навсегда уйти от родителей. Тогда другой друг вспомнил, что в такой же ситуации старец по телефону благословил его вернуться домой. Применив ситуацию к себе, обиженный товарищ так же отправился домой, как и тот.

И вообще, знать, что в твоей жизни есть человек, который любит тебя всем сердцем и сделает для тебя всё – это наполняло всё земное существование внутренним светом. И одним из главных уроков старца для меня был тот, что если мне так хорошо с ним, то я должен научиться быть добрым, чтобы всем другим было так же хорошо со мной.

Старец Гавриил говорил одному священнику: *«Священник не должен быть панибратом. Должна быть какая-то дистанция, субординация. Но не так, чтобы себя выше всех поставить»*.

Думаю, что такое возможно, когда окружающие ощущают внутреннее духовное величие священника. Когда видят через него Бога. Такой священник всю душу отдаёт ради любви к людям, но для окружающих он – величественный эльфийский король Элронд, каким он предстаёт перед смиренными хоббитами. Такой священник не имеет никаких внешних отличий, кроме этой необыкновенной красоты духа, кроме той благодати, которая щедро изливается из его души на людей и творение, и все вокруг, ощущая его небесноликую любовь, становятся рады и счастливы, словно дети на руках мамы. Сам старец и был таким человеком, и рядом с ним открывался Господень замысел: каждый мог бы быть таким...

Люди часто боятся обращаться к старцу и узнавать Божью волю, потому, что им кажется, Его воля не совпадёт с их тайными и жизнеопределяющими устремлениями в бытии. Но, на самом деле, Бог, входя в жизнь человека, разрушает в ней только то, что построено по страстям. А всё остальное, важное и сокровенное (семью, дружбу, творчество, служение) Бог наполняет благодатью, преображает и возносит на небесную высоту. Не отбирает драгоценное, но наполняет его новым содержанием, Духом Святым. Подобно, как апостол Пётр любил ловить рыбу, а Христос сделал его ловцом человеческих душ для рая.

Древний подвижник сказал, что духовного человека мы узнаём по той атмосфере, которая ему сопутствует. Христос называет Святого Духа Утешителем. А потому отличительная черта Господних праведников: рядом с ними в души людей приходит мир, тишина мыслей и уверенность, что Господь никому не допустит плохого.

Этот мир Духа Святого сполна передаётся и через молитву к ним, и слова подвижников, и даже через их фотографии.

Одно присутствие такой фотографии в комнате несёт тишину и радость всем, кто там обитает. Таков был и старец Гавриил...

Конечно, старец не родился таким, но учился духовной жизни у своего наставника – известнейшего глинского старца Виталия Сидоренко.

Самого старца Виталия мне видеть не довелось, но в келье его духовного сына – старца Гавриила Стародуба, я видел его подрясник. Первое, что бросалось в глаза, это даже не изношенность, но неимоверная ветхость ткани. Множество дырок разной величины делали подрясник таким, что из него не получилось бы даже тряпки. А, ведь это одежда великого подвижника. Человека святой жизни, который имел христоподражательную любовь и по его молитвам Господь совершал любые чудеса. И этот земной ангел не имел никакого попечения о том, во что ему одеваться, всю жизнь проходив в дерюге, от которой теперь явственно струится благодать...

После этого, когда мне кто-нибудь говорит, что христианин должен быть богатым и успешным, я вспоминаю одежду земного ангела, старца Виталия, который умел вдохнуть в души приходящих к нему людей радость, но не приобрёл на земле ничего, что можно было бы считать не сокровищем, но даже обычной вещью...

Старец был из тех, кто давал возможность прикоснуться к красоте жизни и увидеть бытие, как чудо и сказку. И чудо это заключалось в постоянной заботе Господней о каждом человеке в мире. Старец только делал явной эту заботу. Он, подобно платоновским мудрецам, выводил людей из пещеры искаженного зрения, где мир представляется уродливым и печальным. Он открывал мир таким, каков он есть в действительности, и люди тогда поражались потоку любви и света, который изливается Троицей на бытие.

И тогда невозможно было идти путём зла, потому, что Христос оказывался слишком близким, заботливым и кротким, и такого Бога невозможно было обмануть и предать.

Собственно, старец оказывал на людей то же действие, которое оказывает и внимательная к словам молитва — он открывал светоносность бытия и постоянную нужность в нём каждого человека, ненапрасность каждой слезинки и несомненность радости, которой Господь награждает искавших Его.

Старец говорил, что благодать даёт ему терпеть немощи других. Одному грустному человеку он сказал: «Нужно когда тяжело говорить: "терпел и буду терпеть"».

С. боялся, что старец будет его ругать за грехи. А батюшка Гавриил пригласил его на обед и сказал: «Чего вы меня боитесь? Посмотрите — у меня зубов нет, я не кусаюсь».

Старец глубоко чтил святого Иоанна Сан Франциского и советовал молиться ему во всех душевных болезнях.

Он всегда и всем давал конфеты и деньги на обратный путь. Всех старался кормить. И еда у него неизменно была вкусной. Ел старец вместе со всеми гостями.

Он так же советовал людям поститься и говорил, что «враг рода людского боится поста».

Одной впервые приехавшей к нему девушке старец предложил зайти в храм. «У меня нет платка», – отвечала она. «Ничего страшного», – сказал ей старец, – «у Марии Египетской вообще одежды не было».

Ольга вспоминала, как за несколько дней до падения самолёта близ Донецка, старец, в беседе с ней, крестил все пролетающие самолёты и с волнением говорил: «Господи! Господи!».

Старец Гавриил Стародуб любил весь окружающий мир и всегда удивлялся благодати, которую Господь вложил в мироздание.

Однажды к нему приехала семья из одного села в Донецкой области. Жена и дети были верующими, а мужа (алкоголика и гуляку) взяли с собой за компанию. По дороге жена ему рассказала, что они едут к особому священнику, который всё про всех знает.

Когда муж вошёл к старцу, то спросил его: «Батюшка, говорят, вы всё знаете. А вот скажите – где я свой крестик потерял? А то ищу и не могу найти».

Старец внимательно и ласково посмотрел на него и ответил: «Ты нарушил закон природы. Когда пилил деревья на дрова, то спилил и одно живое дерево. Вот там, где ты его спилил, крестик свой и ищи».

Когда мужчина приехал домой, то нашёл свой крест именно там, где и указал ему старец...

Батюшка Гавриил умер 22 января 2010 года, но не оставил нас. Люди едут к нему на могилу и получают помощь. Наташа К. привезла туда свою больную маму. У мамы была онкология и серьёзнейшие проблемы с печенью. После молитвы на могиле батюшки сделали повторные анализы в больнице, и все показатели были в норме. Вскоре усилиями врачей удалось исцелить и онкологическое заболевание.

Жизнь каждого из нас на земле не оканчивается со смертью, но до второго пришествия в поколениях людей растёт и приносит новые плоды то, что мы посеяли на земле. Поэтому мы с уверенностью можем сказать, что на земле продолжает действовать молитва старца, теперь уже совершаемая им из рая. Но и та молитва и любовь, которые он явил на земле, так же приносят свой плод. Один из них – это многочисленные его ученики, среди которых немало священников. Я видел многих из этих священников и радовался тому, как глубоко они понимают духовную жизнь и тому, что на них тоже можно положиться, если тебе тяжело и плохо.

И пускай вся та благодать, которая жизнью праведника пришла и продолжает приходить на землю, в полной мере неизвестна нам, живущим ещё не в раю, но теперь мы ещё раз узнали, что рай – это Христос, живущий в сердце того, кто по-настоящему любит нас.

Часто мы спасаемся ещё и через терпение обид, через то, что другие причиняют нам боль, а мы эту боль терпим. Посмотрите, например, на отношения даже влюблённых – они постоянно ранят друг друга своими страстями.

Святое устроение души старца Гавриила проявлялось ещё и в том, что он никогда никого не огорчал и не ранил. К ближним он был братолюбив с нежностью.

Об этой нежности нужно поговорить особо. Правильная аскетика не подавляет в человеке эрос, а преображает его в духовную любовь и нежность, изливаемую и на мужчин, и на женщин. Старец был таков. Рядом с ним можно было спасаться не через терпение обид (он никого не обижал), а по принципу «с преподобным преподобен будешь» (Пророк Давид).

Будучи светом, старец желал разжечь равный свет и в душах своих учеников.

Детская простота старца есть простота не неискушенности, но святости. Имея чистое сердце и чистым взглядом взирая на мир, старец радовался буквально всему. Однажды моя мама принесла ему икону.

– Кто это? – спросил старец.

– Святой Нектарий Эгинский, – ответила мама.

– Матерь Божия! Святой Нектарий! – Обрадовался старец, – а она освящена???

– Да.

– Матерь Божия, она освящена! – Благоговейно воскликнул он.

Даже те чудеса, которые мы видели, общаясь со старцем, меркли по сравнению с тем небесным ощущением, что мы были ему нужны до последних глубин и до конца.

Святые и праведники не оставляют нас и на небе, продолжая всей своей деятельной любовью участвовать в нашей жизни. Не видя старца мы знаем, что он не оставил нас, потому что любовь никогда не перестаёт.

Будучи в славе Господней, он не нуждается в прославлении от людей, но, как и всякий любящий, хотел бы быть любимым в ответ.

Дорогой старец, прими с этой книгой любовь всех нас, кто любил и любит тебя! Твой великий труд на земле не был напрасен, как не напрасна любовь. Будучи учеником Христа, ты оставил больше учеников, чем, вероятно, думал и сам, когда жил на земле. Будучи человеком Церкви, ты всех вобрал в свою любовь, и никому из нас не было тесно в тебе, ибо каждому ты отдал всецело всего себя. И доселе ты не окончил свой труд, труд созидания наших душ, совершаемый теперь тобою из рая. Помоги всем нам знать, что Христос нам – родной и любящий, и что ни на земле, ни на небе нет большей радости, чем любить Его!

***

Как-то я говорил со старцем Гавриилом Стародубом и просил, чтобы он обо мне помолился, а он сказал: «И вы обо мне помолите́сь». Я был крайне удивлён и спросил, как же я могу молиться о старце, если он так прекрасен? На что он ответил: «Битый битого везёт…»

И в этих его словах мне открылась не только подлинность человека, который способен видеть другим лучшими себя, но и ещё одно таинство жизни, что и утешитель нуждается в утешении.

«Ты справедлив, благороден и совестлив», – говорит Ходжа Насреддин человеку, не бравшему помощь Ходжи, чтобы деньги достались другим нуждающимся, – «но я тоже справедлив, благороден и совестлив – и потому ты не пойдёшь в цепях на невольничий рынок!»

И каждый раз, если мы отдаём своё, чтоб был счастлив другой – Бог посылает к нам Своих ангелов радости, в роли которых нередко выступают земные люди, поделившиеся с благородным человеком чем-то нужным ему: улыбкой, добрым словом или деньгами…

Стеснительный дедушка

Батюшка Н., как-то ехал из Никольского монастыря и не смог влезть в автобус на Донецк. С ним на остановке остался ещё какой-то стеснительный старичок.

– Давайте знакомиться, – предложил батюшка Н.
– Давайте. Я – отец Гавриил, – ответил стеснительный дедушка.

Тогда только священник понял, что рядом с ним стоит знаменитый старец Гавриил Стародуб.

В Духе

Ещё один священник рассказывал, что, приехав в первый, и единственный раз, к старцу Гавриилу Стародубу он возвращался от него на крыльях. Но они не договорили и старец Гавриил предложил ему приехать ещё раз и исповедаться, а тогда он хотел помочь будущему священнику избрать путь жизни и направить по этому пути. Но он постеснялся ехать ещё раз, а вскоре Гавриил умер. «И я завис в этом состоянии. Я не знал, как дальше жить», – рассказывал позднее священник. «Но, когда я приехал к старцу Дионисию, тот начал со мной разговор с того места, где прервал его старец Гавриил». И старец Дионисий во всём помог молодому батюшке.

***

О старце Гаврииле приводят такую историю. Как-то ему рассказали о молодом человеке, который ухаживал за родителями, посещал все службы в храме, строго постился и искал постоянной молитвы. Услышав всё это, старец спросил:

– А не слишком ли он правильный?

Здесь старец хотел предостеречь людей от христианства формы, которое далеко и от радуги святоотеческого сознания и от творческой верности преданию, когда ты живёшь созвучно всей неповторимости Духа в себе самом.

***

Добрая девушка – преподаватель Донецкого университета, рассказывала, как, ещё будучи студенткой, ездила к старцу Гавриилу Стародубу. Молодые люди, дожидаясь приёма у старца, много шутили и смеялись, а строгие келейницы делали им замечания. Но, когда вышел старец, он и не думал делать замечания, а каждому из пришедших нашел слова ободрения, каждого был рад видеть, и, как она потом вспоминала: «К каждому заглянул в глаза»…

***

В Таганрогском образовательном центре мне рассказали, что у них несколько раз бывал старец Гавриил Стародуб. И как вы думаете, какие книги читал старец? По патристике? По догматике? По литургике?

А читал он об астрономии и истории музыки…Он спрашивал у сотрудниц фильмы и книги о женских хорах и об астрономии… Старец любил и ценил познание мира Господня…

***

Чекушина Ирина из Таганрога рассказывала, что по ее наблюдениям, люди, побывавшие рядом со старцем Гавриилом Стародубом умнели.

***

Смотрительница православного центра в Таганроге вспоминала, что когда к ним приезжал старец Гавриил Стародуб, то его интересовала не работа центра и не проекты, но все ли хорошо у служащих тут людей и не надо ли кому помочь?

«Какая у вас зарплата? Хватает ли её вам? Если у вас трудовая книжка? Не огорчают ли вас?» Такие и подобные вопросы задавал старец.

О Кураеве

О Кураеве старец Гавриил Стародуб в начале 2000 годов сказал: «он хороший, но пока...». Что вскоре и исполнилось...

Семинарист

Один священник из Таганрогского благочиния рассказывал, что когда он пришел в храм служить, то две местные монахини, знавшие старца Гавриила Стародуба, сказали настоятелю, как старец, когда-то говорил им: «Когда придёт к вам семинарист Алексей – его не обижайте, ведь он будет здесь настоятелем».

Конечно, предыдущий настоятель разъярился и 4 года не давал молодому священнику жить и дышать. Но пророчество, конечно же, исполнилось, как то всегда и бывает.

***

Смотрительница православного Таганрогского центра для семьи и молодежи как-то пожаловалась старцу Гавриилу Стародубу, что никак не может набрать детей для воскресной школы.

Он ей ответил:

– Будете работать со взрослыми.

Она ему:

– Как со взрослыми? Ведь я же детский преподаватель! И где я возьму взрослых?

– Со взрослыми, со взрослыми – повторил старец.

Что впоследствии так и оказалось.

За него можно...

Одна знакомая моей подруги Татьяны С. долго хотела выйти замуж, но совершенно ничего не складывалось. И вот, наконец, с ней согласился познакомиться парень, который был одновременно выходцем с Востока (живущим на Украине), мусульманином и наркоманом. Девушка совершенно потеряла голову от желания скорей вступить в брак, и повезла его к старцу Гавриилу Стародубу, взять благословение на свадьбу.

Старец заметил, что она не найдёт себя в браке, а отыщет в монашестве. Девушка страшно разозлилась, уехала с парнем, встречалась с ним, а потом, конечно, рассталась. Несколько лет она злилась на старца, неся совершенную дикость в стиле «он запрограммировал меня на безбрачие», но потом, действительно, стала монахиней и говорила, что нашла себя в этом.

Но самое интересное было с парнем. Когда эта пара уехала, старец Гавриил стал каждое воскресенье вынимать о мусульманине частичку на литургии.

— Вы что это делаете? — возмущались всевозможные его знакомые, считавший себя большими знатоками, — он же некрещёный! Это не по канонам!!! Нельзя!!!

— Ничего, — спокойно отвечал старец, — за него можно...

Вскоре этот юноша не только исцелился от наркоманской зависимости, но принял крещение и даже стал монахом в одной известной лавре...

— Что же? — удивилась Лориоль, когда я рассказал ей об этом, — те люди, которые делали замечания схиархимандриту Гавриилу, не знали, что перед ними старец?

— Все как один знали!

– Как же они не видели, что он понимает больше их?

– Ах, – ответил я, у нас ведь каждый – ходячий Вселенский собор, у каждого – непогрешимость суждений, как у Папы Римского...

Да опубликуйте в Фейсбуке цитату любого старца – и 300 умников напишут, что он не прав. Опубликуйте хоть апостола Павла, и умники скажут, что они видят эту, изложенную апостолом проблему, иначе...

А формалисты найдут 300 канонов, чтоб ограничить не только святых, но и Бога, чтоб загнать Его в рамки того, как Он должен быть свят, как должен поступать на взгляд формалистов.

Ведь и умники и формалисты это, как говорил Джек Воробей: *«Две крайности одной и той же сущности»*. А именно – глухоты к Духу, к сути.

Потому объяснять им что-то высокое, это как Эйнштейну прийти на рынок и начать рассказывать там о квантовой механике. Его не только не будут слушать, но и посчитают дурачком, а себя они – торговцы и покупатели – сочтут куда умней, ведь они умеют подсчитывать прибыль и сдачу, а что ещё нужно для тех, кто пришел на рынок?

Но даже тот факт, что любой тамошний торговец легко обсчитает Эйнштейна, не перечеркивает того, что недоступная пониманию торговцев и домохозяек квантовая механика объясняет Вселенную гораздо полнее и глубже, чем доступная и понятная им таблица умножения...

***

Две худших вещи, которые усваивает большинство семинаристов РПЦ: вольность в отношении к святыням храма и вольность в отношении к людям.

Семинаристы привыкли тыкать, а я вспоминаю, что старец Гавриил Стародуб даже с маленькими детьми был на «вы»...

***

Это было, когда привозили мощи Спиридона Тримифундского на Донбасс. Тогда одна взбалмошная бабка, считающая себя сверхчеловеком, подошла к старцу Гавриилу Стародубу и стала просить у него молитв о себе. Старец подался телом в сторону и воскликнул: «Ты знаешь кто я? Я – Спирепердон! Спирепердон!» и отошел от неё.

Она удивилась и тоже отошла, думая: «Наверное, он по смирению не хочет, чтобы я просила у него молитв».

А на самом деле, как говорит Лориоль Великолепная, всё дело в том, что он просто таким образом отпугивал от себя экзальтированных бабок.

СТАРЕЦ ИЛАРИОН МИХАИЛ

Старец Иларион (Михаил) из келии святого Харлампия Нового Скита, ученик святого Иосифа Исихаста приезжал выступать на фестиваль «Братья» в 2017 году.

У него светлое лицо как на портретах святого Иосифа Оптинского. Когда старец читал лекцию, все чувствительные люди не могли сдержать слёз и плакали. Вокруг него распространялось чувство единения – Господь пришел чтобы все были вместе, прощали, ценили неповторимость другого и были родными.

Он был как несущий солнце внутри.

После лекции старец принимал всех, кто хотел поговорить с ним. Мы с супругой Олечкой подошли к нему два раза, в первый – когда он общался с людьми прямо на поле.

Какая-то девушка спросила старца Илариона:

– В чём моё предназначение?

Он:

– Как тебя зовут? Юля? Ты – Юля, ты – личность, другой как ты больше нет и никогда не будет. В этом твоё назначение!

О приезде старца я узнал от организатора фестиваля, иерея Ярослава за день до события. Приезд до последнего держался в секрете, чтобы всё прошло спокойно.

Услышав об этом, я понял, что визит старца – главное событие фестиваля. Рассказал о предстоящей радости нескольким людям, кому была нужна духовная помощь. А потом неожиданно и безо всякой причины на меня напал ужас, что старец Иларион скажет что-то обидное о моём Старце Дионисии. Я мучился от этих мыслей весь вечер и утро до литургии. Убеждал себя, что старец никогда не скажет плохо о другом старце, читал купленную пару дней назад книгу об Иосифе Исихасте, молился Иосифу. Даже мысленно обращался к старцу Илариону говоря, что люблю его и благодарен ему за приезд, но не могу побороть этот ужас и страшные мысли.

Утром мы с супругой Ольгой быстро оделись и пошли в храм, который находился прямо на фестивальном поле. Неожиданно из-за больших палаток вышел старец Иларион в сопровождении иерея Ярослава и переводчиков. Лицо старца сияло, мы подошли под его благословение. Ярослав представил меня как университетского преподавателя и представил мою жену, сказав, что я – духовный сын старца Дионисия.

Иларион спросил (а иерей Ярослав перевёл):

– Как фамилия твоего старца?

– Каламбокас.

И старец Иларион, услыхав фамилию моего старца, радостно воздел руки к небу и выразил свою радость о моём драгоценном Старце.

На литургии я смотрел на старца, и мне казалось, что он воспринимает мир вокруг через молитву так же, как другие – через зрение.

Оказалось, что старец Иларион много общается с молодёжью в Греции и России. Он выступил перед всеми нами с прекрасной лекцией на тему «Духовная жизнь молодого человека в современном мире».

Ниже я приведу фрагменты этой лекции.

Старец начал речь со слов: «Радость всех вас увидеть и с вами пообщаться».

Россия пропитана кровью мучеников. Это святая земля. Потому и вы, живущие здесь, имеете великое благословение от ваших прародителей, которые здесь пострадали.

То, что не хватает для полноты – это Господь, так как человек создан чтобы он был с Господом. Как только человек отделяется от Господа – смысл его жизни меняется, как правило, просто пропадает, его время становится мёртвым, так как жизнь находится у Бога.

Просите в молитве своей, в первую очередь, чтобы все ваши начинания были с Божьего благословения. Тогда вы сможете достичь той цели, к которой стремитесь в своей жизни.

Мы привыкли думать, что мы недостойны, виноваты во всём. Но это всё не так. Знайте – и неудачи – это тоже своего рода удача. Если что-то у нас не получилось – Господь специально так попустил, чтобы мы пошли в нужную сторону.

Отдайте жизнь свою в руки Божии, и у вас будет жизнь со смыслом и радостью, так как жизнь имеет много радости! Даже боль, даже болезнь имеют свою радость. Таким образом человек может стать святым. Нет сложности в том, чтобы стать святым – вручи жизнь свою в руки Божии через молитву и доверяй Богу.

Вы сейчас молодые и можете построить своё «я» как заповедал Христос, иметь такое же поведение как имел Господь, только таким образом мы можем организовать своё «я».

Христианин – это радость.

Если вы можете и научились – попробуйте помолиться с тем человеком, с которым в эту минуту встретились.

Если вас обидели – вы дадите понять рядом стоящему, что он не прав не через скандалы, а через смирение.

Любовь – это огромный камень, о который бьются все проблемы и как морская волна все они разбиваются и проходят. В семье всё общее, нет «твоё» и «моё» – есть «наше». В семье, какие бы проблемы ни были, все они решаются совместно. Там, где у меня есть слабость – моя семейная половина помогает выровнять там, где меня не хватает.

Выбирая супруга, супругу – будьте немножко мудрыми – постарайтесь выбрать того человека, который будет меньше создавать проблем и выбирайте то, что по вам. Однако, вы не найдёте лучшей жизни чем жизнь со Христом (старец имел ввиду что цель брака – Христос и наша совместная жизнь в Нём).

Не тратьте время своей жизни на вещи, которые ни к чему не приводят. Интернет, мобилки – это не плохо, плохо – когда мы переходим всякие границы. Если не быть рядом с Богом – очень легко потянуться к недоброму. Но если мы будем молиться и доверять Господу – мы сможем обойти очень много капканов.

Когда наша душа не молится – душа задыхается. Молитва – это наше стояние перед Богом.

То, что нам мешает встретиться с Богом в молитве – это наша обида, недовольство, когда мы кого-то не простили.

Насколько человек смиреннее, настолько Господь выше его поднимает.

Когда вы достигаете чего-то – это всё подарок от Господа. Вашим смирением и славится Господь, а вы достигнете всего, что можно в жизни.

Если мы будем жить смиренно, считая себя последними, тогда Господь Сам нас поднимет и поставит впереди. Господь никогда не оставляет смиренного.

Человек смиренный, радостный – является примером для других.

Если мы будем смиренны – тогда мы позволим чтобы Господь говорил в нас и мы будем слышать Его.

Исихасты, прежде чем говорить – молятся. Так и мы. Сотворите маленькую молитву внутри себя, чтобы Господь дал вам сказать то, что нужно.

То, что есть у молодёжи хорошего – это влюблённость. Если вы влюблены в кого-то – разве вы не будете по отношению к нему чистым?

Творя Иисусову молитву, делайте ударение на слове «Христе» – мы говорим о Боге.

Некий монах на Афоне хотел быть патриархом. Как-то он попросил знаменитого старца войти в его дом. Тот ответил:

– Дверь моей кельи слишком низкая.
– Я наклонюсь и войду.
– Если бы ты мог наклоняться, то на самом деле был бы патриархом...

Человек попадает в зависимость от наркотиков и выпивки, так как ему не хватает любви.

Каждый из нас нуждается в том, чтобы его любили и обнимали.

Коммунизм россиянам оставил в наследство великую добродетель – терпение. Видите – из плохого, вам осталось очень хорошее.

Проблема в том, что мы только просим и говорим (в молитве). И никогда не оставляем места чтобы Господь в нас говорил. Была одна женщина, которая хотела научиться молиться. Ей говорят: «Читай Иисусову молитву». Она: «Я столько лет молюсь, ничего не изменилось...» Старец ей говорит: «Ты всё время говоришь, оставь Богу место поговорить. Иди домой, сядь, убери всё в доме и ничего не делай и не молись».

Тогда она в первый раз увидела, что у неё хороший дом, села в кресло и стала вязать. Она услышала птиц и красоту вокруг, а потом услышала Господа у себя в сердце...

Проблема в том, что мы просим и хотим услышать то, что мы просим и не даём Господу говорить в нас.

Если у нас внутри есть любовь к ближнему, тогда мы сможем услышать Бога внутри нас.

Человек смиренный живёт с Богом. Не теряйте возможности жить просто, мирно, с Богом. Почаще собирайтесь с друзьями.

У человека очень большая необходимость в простоте. Это то, через что можно достичь любви. Только простота и радость может нас сблизить. Только тогда можно почувствовать что мы – одно целое.

Потом старец предложил задавать вопросы.

Вопрос: Как относится к тем, кто симпатизирует инославным? Побить ли их камнями?

Ответ: Если мы едем в Константинополь, а там живут инославные – как вы хотите чтобы к вам там относились? Каждый человек, во что бы он ни верил – он из такого же теста что и мы, он ничем от нас не отличается, просто мы были счастливыми родиться православными. А кто хочет получить камнем по голове – пусть первым бросит камень в другого.

Вопрос: Как понять каков твой путь монаха или супруга?

Ответ: Первое и главное – Евангелие одно, дорога одна. Как в Москву много путей так и ко Господу есть разные дороги. В Евангелии сказано, что мы все созданы для разных дорог. Будьте внимательны – какая ваша дорога? И знайте – каждая дорогая сложная.

Вопрос: Как бороться с блудной страстью?

Ответ: Организм каждого человека разный. Один горячий, другой холодный. И мы как отцы не осуждаем, если человек попал в такое искушение, мы стараемся проявить снисхождение. Да, это грех, но мы не можем требовать от всех одинаково. Но если ты впал в этот грех, знай, что ты не постарался бороться.

Неожиданно везде отключается электричество и микрофоны не работают, старца со сцены почти не слышно. Тогда старец просит всех спеть русскую песню. Люди поют «Выйду ночью в поле с конём». Электричество снова включается и старец говорит: «Нам нужен был маленький перерыв. Если можно – «Катюшу» потом станцуете? Вот через это вы понимаете, какие вы богатые радостью!».

Вопрос: Как не охладеть в вере?

Ответ: Надо молиться хоть немного и хоть абзац читать из Евангелия. Не говоря уже о том, что человек, читающий в доме Евангелие ограждает дом от демонов и чистит его. Очищается всё – и дом и человек.

Вопрос: Как бороться с наглыми людьми?

Ответ: Как я могу ответить вам, когда сам наглый? Тот, кто помягче должен потерпеть немного, чтобы наглый пришел на правильный путь.

Вопрос: Возможно ли возрождение Византийской империи?

Ответ: Не исчезнет и не пропадёт только вера в Бога. Мы должны иметь Господа, а всё остальное оставьте, все остальные империи имеют великую гордость, потому нас оставляет Господь и мы начинаем биться головой о потолок. Все должны помнить, что мы здесь временно. Наш город находится на Небе».

Завершая выступление и ответы старец сказал:

Давайте быть помощниками нашему ближнему. Я благодарю вас за величайшую радость с вами общаться.

Потом все по просьбе старца стали в хоровод и начали петь «Катюшу». А старец пел с нами и шел в хороводе, а мы все чувствовали, что каждый человек пришел в этот мир ради великого «Вместе», которое и есть Церковь Божия!

***

Старец – это человек, который может в полноте передать ученикам традицию, а традиция в данном случае означает путь обретения Бога и восстановления небесной красоты в человеке.

Несколько ответов старца Илариона (Михаила) Афонского журналистке А. Никифоровой (2012 год)

– В России сегодня те, кто пришел в Церковь 15-20 лет тому назад, порой чувствуют в своем сердце охлаждение к вере, «выгорание». Бывает и так, что соблазнившись происходящим в церковных стенах, они из Церкви уходят. Отчего это происходит?

– От того, что было положено неверное начало. Прежде всего, мы должны читать Евангелие, а не книги о старцах и подобную благочестивую литературу. Знать, что говорит Христос. Посмотрите на икону Христа, Который держит раскрытое Евангелие! Там написано: «Аз есмь путь, и истина, и жизнь». Следовательно, это для нас главное, а не человеки. Давайте смотреть на то, что нам говорит Христос, а не на то, что делают люди. В таком случае мы не станем соблазняться поступками других и уходить из Церкви.

– А ведь именно «поступки других» часто отчуждают нас от Церкви!

– Причина не в «поступках». А в том, что мы не верим во Христа и не любим Его. Иначе разве мы уйдем от Него?! Ты любишь Христа, а значит и каждого человека, видя в нем образ Божий. Если ты веришь во Христа, то какие бы поступки людей ты ни увидел в Церкви, ты не соблазнишься ими.

– Как научиться смирению?

– Смирению нельзя научиться. Смирение – это дар от Бога. Твое смирение, Александра, это не смирение, а театр. Подлинное смирение – это осознавать, что ты что-то знаешь и умеешь и при этом понимать: «Это все не мое. Это все от Бога. И все дарования – от Бога».

Иларион Михаил, как и многие другие старцы Афонской традиции, много ездит по миру с лекциями и везде устраивает приём желающих общения людей. Его ответы вдохновенны и солнечные и сам он несёт с собой солнечное сияние.

Видел я и как один самонадеянный идиот стал говорить старцу Илариону, что тот неверно понимает учение о молитве, «а вот Игнатий Брянчанинов писал иначе!». Старец заулыбался и в лучшей традиции мудрецов древнего Китая не стал спорить с дураком. А тот всё пытался доказать что-то своё, и выглядело это так, словно какой-то умник пытается сказать настоящему поэту, что тот неверно употребил оборот или слово...

Старец Иларион говорит, что смирение, это не уничижительные слова о себе и не безжизненность, но полное ликования состояние, когда ты воспринимаешь всю жизнь как дар и заботишься об умножение света.

Каждый старец – это всемирное сияние! Не может укрыться город стоящий на верху горы, и общаясь с Шекспиром все знают, что перед ними Шекспир. Потому бывает смешно слышать слова не понимающих людей, что «у нас де в деревне Малая Урюковская тоже есть свой старец». Настоящие Старцы всемирны и они тотчас вводят пришедших к ним в пространство сказки и Духа...

Старец Иларион живёт на Афоне, но ездит по всему миру, чтобы к каждому нуждающемуся прийти на помощь. Он любит выступать перед молодёжью, и когда он выступает, то в его словах звучит та красота Духа, которая бывает лишь у старцев и великих поэтов, и которая тотчас говорит всякому сердцу, что услышанное сейчас – правда.

Слова, сказанные человеком Духа невозможно предугадать, как нельзя предсказать следующую терцину Данте или строку Шекспира. Люди чаще всего привыкают к банальному пути даже в вере, ведь и в храмах слишком много идущих дорогой формы, но если человек имеет в себе тайную склонность к подлинному – старец и поэт разбудят его и приведут его к красоте.

У нас есть знакомая семья с больной девочкой, которая почти не ходила. И моя студентка Маша, волнуясь о ней, просила старца Илариона молитв, после чего родители с удивлением отметили резкое улучшение состояния ребёнка и дальнейший прогресс в лечении её болезни.

Старец, это человек, через которого другие могут явственно прикоснуться к Богу, и который молитвой вводит божественную заботу в жизни тех, кого ему жалко, или кто попросил его помощи. В этом пришествии Господа в мир и жизнь, всегда существующем, но теперь явном взгляду – главное чудо, сотворяемое старцам и для других.

Одной моей студентке в её храме часто говорят, что христианину улыбаться нельзя, а нужно мрачно вздыхать о своём ничтожестве. А великие старцы Афона наоборот открывали всякому пришедшему человеку, как тот красив и важен. Так и глядя на Илариона Михаила, невозможно сомневаться, что жизнь есть блаженство!

***

Молитва обозначает встречу со Христом.

***

То, что мы делаем, нужно делать не для того, чтобы попасть в рай или стяжать добродетели, но из любви ко Христу.

***

Лицо старца Илариона (Михаила) – само по себе есть проповедь красоты и неба

***

Рядом с настоящим человеком, старцем, подвижником, человеком Духа, ты чувствуешь, как расцветают бытие и сердце. И неслучайно столько людей плакало от радости, когда старец Иларион (Михаил) Афонский общался с ними на фестивале «Братья – 2017». Ведь тогда душа открывается, и ты видишь, что пришел в этот мир для умножения красоты и в себе и вокруг себя, и что небо всегда даст силы, чтобы и вокруг тебя, в меру твоих сил, расцветали жизнь и добро.

***

Старец открывает общение с другими как драгоценность. Глядя на Илариона (Михаила) невозможно было не заметить его ликования о беседе с людьми как о празднике. Незнакомых он принимал так, как будто был мамой и другом для каждого. Только рядом со старцами и теми, кто причастен Духу, ты понимаешь, что любовь с первого взгляда существует.

***

Как учат святые отцы: чтобы о чем-то говорить, нужно это пережить.

***

Как говорит еп. Ириней Лионский: там, где проходит христианин, он должен вызывать удивление, потому что он представляет собой вместилище Святого Духа.

***

Покаяние – это не много коленопреклонений, это не продолжительные службы, не длинные посты – это та грусть, когда душа чувствует, что ей не хватает Божией благодати, не хватает Святого Духа. Когда мы это чувствуем, душа становится мягче, и потихоньку, с любовью ко Господу, приходит в нас Христос. Потому что грех уходит в такие моменты. И не только сам грех, но и последствия этого греха уходят из нас, так как благодать Господа не может находиться в одном месте с грехом.

Поэтому главной целью, к которой стремились все наши святые в своей борьбе, – была молитва. Молитва – это то, что приводит нас к общению с Господом, это беседа, которую мы можем вести с Ним. Это цель, которую мы должны поставить во главу своей жизни. Чтобы мы были правдивы, чтобы не мы учили и вели людей ко Христу, но благодать Божия, которая будет в нас.

***

Вся богословская традиция находится в Литургии, поскольку это жизненное богословие. В европейских странах Литургия начинается порой поздно – в одиннадцать часов, а где-то и в полдень. Одному мальчику, совсем маленькому, очень трудно было голодным ждать Причастия. Его отец был хорошим христианином и соблюдал порядок – нельзя есть перед Причастием. А ребенку очень хотелось печенья. Отец говорил ему: «Печенье – это не постная еда; если хочешь, можешь поесть хлеба». И когда однажды их посетил один старец, ребенок в разговоре с ним сказал: «Вот, у меня такая проблема. Отец мне говорит, что нельзя есть печенье перед Причастием, можно только хлеб. А хлеб я не могу есть, он мне не нравится». Старец тогда ему говорит: «Поднимись в свою комнату и скажи это Христу. А Христос тебе ответит, что нужно сделать». Ребенок пошел к себе в комнату, через пять минут спускается и говорит: «Мне Христос ответил». – «Что Он тебе сказал?» – спрашивает старец. «Мне Христос сказал класть варенье на хлеб – так я могу съесть хлеб». А варенье – постное. Вы видите, этот ребенок, ни о чем не задумываясь, просто пошел, помолился Христу.... Мы не знаем, как он молился, но он получил простой ответ, логичный. Так же, как сделал Авраам, который просто получил задание и пошел, даже не обдумывая волю Господа. Это же задание дается и нам. Мы все должны быть похожи на Него. Христос говорил: «Если Мои заповеди будете соблюдать, тогда Вы будете похожи на Меня и наследуете Царство Вечное» (ср. Ин. 15:9).

Где бы мы ни находились, мы должны препоясаться, как Господь на Тайной Вечери, чтобы омыть ноги учеников. На Суде Божием, когда нас будет судить Христос, Он разве будет судить по количеству поклонов или постов? Он будет судить нас по тому, как мы увидели человека, как мы отнеслись к человеку, что мы дали человеку.

Когда Господь нас к чему-то призывает, когда не мы у Него просим, а Он Сам дает, например, какую-то честь, – тогда Сам Господь отвечает за то, что Он нам дал. Поскольку Он за это ответственный, то Он даст и решение всех проблем.

СТАРЕЦ НИКОН ЛАЗАРУ

Старец Никон Лазару из афонского монастыря Ксенофонт, ученик старца Ефрема Аризонского, выступал в августе 2018 года на православном молодёжном фестивале «Братья» в Астрахани, Россия. Он провел для собравшихся две лекции и принял на личную беседу каждого, кто этого только хотел.

Старец Никон Лазару говорил, что *«все наши проблемы начинаются с нашего ума»*.

«Деньги, женщины, еда – это не зло. Это дары Бога, а Его дары не бывают злыми. Зло в злоупотреблении, зло начинается с нашего ума. А, значит, будем очищать свой ум Иисусовой молитвой».

«Христа били, а Он терпел, но когда некий воин ударил Его по щеке, Он спросил: "Почему ты Меня ударил?". Этим Христос показал, что иногда нужно смиренно терпеть обиду, а иногда и на место обидчика поставить. Благодать научит нас как поступать в каждом случае. А благодать мы получим когда будем исповедоваться, причащаться и читать Иисусову молитву».

Подходя к старцу Никону ощущаешь, что вокруг него по миру разливается сияние, которое так явно чувствует сердце...

Беседа старца Никона Лазару на фестивале «Братья» 9 августа 2018 года.

Курсивом даны разъясняющие комментарии – Артём Перлик.

– Благодарю вас всех за вашу любовь и за ваше присутствие. Ко мне приезжают люди из Чили, Колумбии, Индии, Дании, Норвегии, Японии.

Когда смотришь на старца – то сам собой становишься лучше и плачешь – А.П.

Переводчик очень часто ошибался в переводе слов старца, пытался сократить его речь, но старец, не зная русского, десятки раз поправлял неумелого толмача и уточнял как и что должно быть переведено. Свидетелями этого чуда были все 400 участников фестиваля – А.П.

– Старец Ефрем Аризонский показывает нам, что если мы любим наших ближних и хотим помочь им в спасении – мы должны начать с самих себя. Тогда люди, увидев нас, могли бы решиться тоже прославлять имя Божие. Если наша жизнь расходится с нашими словами – это не приносит никому пользы.

Один индийский завоеватель, не христианин, говорил: «Самая красивая книга написанная человеческими руками – Евангелие». Его спросили: «Отчего же ты тогда не становишься христианином?». Он ответил: «Потому что я познакомился с христианами...»

Если мы любим наших ближних – мы должны начать молиться, исповедоваться, причащаться – это первое, что показал нам старец Ефрем Аризонский.

Любовь бывает неправильной, не Христовой. Любовь бывает от демона, это его любимая одежда, он только о любви говорит. И мы тогда накладываем на других своё видение их жизни. А затем мы удивляемся: почему наш ближний нас не принимает? Хотя мы, как нам кажется, говорили то, что написано в Библии. И мы не понимаем, что используем Библию для того, чтобы ближний нам уступил, облекаем эгоизм в любовь.

Если мы хотим помочь своим ближним – мы должны очищать себя... Православные миссионеры не были учёными знавшими многое. Они сначала стали кем следовало стать, а потом сделали то, что следует делать. Мы поражаемся Златоусту и Василию Великому – но упускаем из виду то, что они делали, чтобы стать таковыми.

Всё, что мы посеем, затем мы пожнём.

Когда сами мы нечисты, то и вода которую мы даём является нечистой. Чтобы угощать водой другого нужно сначала достать лягушек из самого себя.

Мы не думаем о том, что мы сами можем являться проблемой и препятствием на пути спасения для других людей.

Мы являемся проблемой для самих себя и для ближних.

Мы не помним того, что нам говорил учитель в школе, но мы хорошо помним учителя...

В день Пятидесятницы говорил один апостол Пётр, и обратилось 500 человек, а сегодня говорит 500 человек – и ни один не обращается... Когда мы стяжаем дух апостола – мы поможем другим.

Нам следует понять, как мы можем помочь другим.

Нас не спасает наше знание, мы спасаемся жизнью. Если мы начнём спасаться – и вокруг нас начнут спасаться. Нет такого святого, который бы спасся только один...

Каждый спасается таким путём, которым он может идти. Один может посещать больных, другой может проповедовать, третий, который не может делать ни первого, ни второго – будет молиться, отец Ярослав *(организатор фестиваля – А.П)* будет делать то дело, которое он делает, чтобы мы оказались здесь, – и каждый спасётся своим уникальным способом...

Каждый человек откроет одну и ту же райскую дверь своим ключом!

Мы не можем копировать подвиги старца Ефрема, но мы можем подражать пути, которым следовали святые.

Начнём с того, с чего начинали все святые – с молитвы Иисусовой. И когда мы спасёмся, мы сможем помочь всем тем, кого мы любим.

Ответы старца Никона на вопросы зала после лекции

– У Гитлера тоже была жена, которую он любил, но всех остальных убивал. Это любовь демона. А любовь Христова, которую творил Иосиф Исихаст, – когда мы очистим ум от нечистоты и страстей, и тогда мы сможем показать нашу любовь к ближним, чтобы она была чистой.

Нам нужна любовь другого, чтобы ближний с нами согласился. Мы часто выдаём наш эгоизм за любовь. Демонская любовь – когда мы используем Библию чтобы подчинить себе другого. Любовь Христова имеет в себе уважение другого. Когда человек не уважает – это любовь не Христова.

– Господь иногда нас оставляет, чтобы мы научились идти духовно. Исаак Сирин говорит: «Добродетель, которую мы получили без труда, не принимается Господом». Поэтому, когда уходит благодать, не следует расстраиваться – Господь стои́т рядом и ждёт, когда мы начнём совершать подвиг.

– Божья благодать никогда не покинет нас, если мы сами не захотим, чтобы она ушла.

– Наш подвиг состоит не в том, что мы научились молиться, но чтобы мы понимали, что мы молимся. Это возможно через ежедневное упражнение. Иисусова молитва. Чтобы наша молитва была чистой – не следует ни с кем днём ругаться. И следить за глазами в течении дня, не смотреть ничего нечистого.

Старец сказал, чтобы личные вопросы ему задавали уже не через переводчика, но те, кто знает английский, или кто кому может перевести, чему мы весьма обрадовались, так как этот переводчик оказался человеком весьма отталкивающим, заносчивым семинаристом, и нам не хотелось доверять такому человеку свои вопросы…

Потом старец стал благословлять пришедших, кто этого хотел. Некоторые задавали ему вопросы на английском. Мы с моей супругой Ольгой Данченковой подошли благодарить старца. Он с огромной теплотой выслушал мои слова благодарности, а я держал его за руки и на сердце у меня были особые слёзы счастья…

Увидев мою супругу, старец просиял, показал на её фотоаппарат марки Nikon, и сказал «My Name!». Олечка подарила старцу связанную для него шапочку и передала наши записки о здравии.

На личную беседу осталось 24 человека – все сидели в крытой беседке и спрашивали, а старец отвечал. Вот некоторые его фразы из этих бесед.

– Лучше спать в храме, чем бодрствовать вне его…

– Вера проявляется любовью.

– Есть моменты в жизни, когда наша вера затухает. И тогда нам надо обратить свой взор к Господу. Нам нужно читать Новый Завет, он не такой уж большой… Когда наша вера затухает – творить особую молитву, обращать взор к Господу, просить помощи у Господа.

– Когда мы знаем, что Христос претерпел за нас, то неужели мы не перенесём небольшие искушения?

– Фильм – это как книга. Один берёт ручку и пишет, другой берёт камеру и снимает.

Старцу представили меня как писателя. Старец очень обрадовался и спросил:
— Что вы пишете?
— Стихи, сказки, патристические статьи...
— Вы говорите по английски?
— Нет...
— Я хотел бы передать вам свою книгу.
Ольга:
— Я учу английский.
Старец сияя благословляет нас...
Неожиданно на фестивальной сцене включают громкую музыку и люди предлагают пойти и сказать, чтобы операторы сделали звук потише. Старец кротко улыбается и отвечает:
— *Не надо. Попросите лучше, чтобы поставили Джима Морисссона, DOORS...*
Рядом со старцем Никоном ты явно чувствуешь, что Господь тебя ничем не огорчит и не ранит, и всё сделает, чтобы ты был счастлив.
Некоторые из моих слушателей лекций после встреч со старцем говорили, что присутствие старца само по себе укрепляет в них веру и даёт расширение жизни в сердце и радость.
Маша М., спросила у меня совета, о чём ей спрашивать старца. И я сказал: «О том, о чём бы вы хотели спросить у Бога».
Старец Никон необыкновенно кроток. Обычно почти всякий человек: семинарист, священник, преподаватель и даже торговец на рынке хотят показать, что они вот тут и сейчас — хозяева положения. А старец этого не желает...
Слушая старца Никона Лазару ещё раз понимаешь, почему святой Порфирий Кавсокаливит говорил, что христианин должен быть поэтом. Ведь старец постоянно

видит мир, как мудрую и прекрасную песню Господню, а жизнь как повод для ликования.

Да и речь старца – это речь эльфийских королей Валинора. Даже малый его ответ или рассказ – как высокий стих, когда воздух вокруг сказавшего начинает звенеть от присутствия Святого Духа, чтобы чуткие к свету радовались и плакали, и снова становились людьми!

Старец Никон – это один из редчайших на земле людей Духа, глядя на которого и никогда не ощущавшие Бога понимают, что Христос – воскрес!!!

Вторая лекция старца Никона Лазару на фестивале «Братья – 2018». Вопросы – ответы.

(Все вопросы были заданы участниками фестиваля, а последний – епископом Антонием).

Вопрос: *Если не суждено быть в браке и к постригу не готов – как быть?*

Ответ старца: Есть много разных способов. Есть те, которые не вступали в брак и не стали монахами: учёные, миссионеры, художники. Если мы видим в ближнем Христа – то мы можем спастись.

Апостол Павел не был женат и не был монахом. Каждый должен подвизаться там, куда его поставил Христос. Один может быть режиссёром, другой может быть хореографом. Где бы человек ни был, он может спастись. Лот в Содоме смог угодить Богу. Нам следует смотреть не на то, где мы находимся, но на то, как мы стараемся. Каждый может спастись своим способом.

Вопрос: *Спасутся ли неверующие, но очень хорошие люди?*

Ответ старца: Церковь ответила на этот вопрос много столетий назад. Спрашивающие так не знают, что святые отцы уже ответили на этот вопрос.

Господь говорить, что есть овцы вне стада. (Ин. 10, 14-16). Стадо овец – это церковь, в которой мы спасаемся. И Господь говорит, что есть овцы вне стада – это не является чем-то новым.

Как спасутся те, которые вне церкви? Святой Иустин Философ говорил – и это позиция церкви в этом вопросе – что те, которые живут по слову Божьему, являются христианами, даже если мы посчитаем их атеистами. Иустин говорит, что так было с Гераклитом и Сократом до Христа. Нас делает христианами не вера – нас делает христианами наша жизнь.

Демон знает всё учение православия. Почему он не спасается? Потому что он не живёт по вере. Господь принёс нам не новую философию, а новый образ жизни. А это значит, что спасаются и те, кто не являются христианами. Сам Господь распознаёт тех, кто Его!

Блаженный Августин толкуя слова, что есть овцы вне стада вздыхает и говорит: *«Как много овец вне стада и как много волков внутри стада!»*

Мы христиане – это должно нас интересовать. Как Господь спасает вне церкви – это уже Его дело…

Вопрос: *Как понять, что другой – это твоя вторая половина, и не ошибиться?*

Ответ старца: Будем искать того, кто бы нам подходил, но, одновременно, будем молиться, чтобы не ошибиться.

Потом старец, в продолжение вопроса, начинает говорить уже не о браке, а о работе, и рассказывает (очевидно – для кого-то из сидящих, чьё сердце он видит), что мы не знаем, что придёт в нашу жизнь, и потому должны довериться Богу и просить Его помощи. Например – продолжает он – мы добиваемся некой хорошей работы, которая кажется нам идеальной, но через 3 года туда приходит новый сотрудник, который делает жизнь всех вокруг адом. *«Как не ошибиться?»* – продолжает старец, – *«Когда мы положимся целиком на волю Божию, тогда во всяком деле мы преуспеем...»*

Вопрос: *Как сохранить любовь в браке?*

Ответ старца: Если вместе с любовью у нас есть уважение к другому. Если мы будем видеть в другом образ Божий. Нельзя использовать любовь для того, чтобы другого смирять. Родитель должен уважать личность ребёнка и его интересы. Потому нам не всегда следует уступать другому, если он говорит что любит нас и просит нас что-то сделать.

Вопрос: *Как жить, если один из супругов не верит?*

Ответ старца: Если муж любит жену которая меньше верит, он найдёт способ как любить человека, поскольку, когда они вступали в брак, он знал, что его вторая половина не верит. Но в течении жизни другой человек может открыть для себя Христа.

Жалко, что протестанты снимают такие интересные фильмы на религиозные темы, а у православных таких фильмов нет. Я смотрел один такой фильм с Дженифер Лопес, он называется «Ангельские глаза». Там говорится, почему люди не разводятся, даже если не всегда понимают друг друга.

Поэтому я вам советую смотреть подобные фильмы, чтобы вы видели, как другие борются с разными проблемами и перенимать опыт других...

Супруг атеист может ли мешать другому молиться в уме? Причащаться тайно? Тайно идти на исповедь? Но не надо делать напоказ поклоны перед неверующим супругом – это формализм...

Вопрос: *Как научиться уповать на Бога?*

Ответ старца: Этому мы можем научиться из опыта. Если мы видим, что Господь берёг нас до сих пор, то будем уповать на Его помощь в дальнейшем. Он уже показал нам Свою заботу о нас. Он знает, в чём мы нуждаемся.

Важно, чтобы мы прилагали усилия и были достойны Его даров.

Чтобы не произошло, мы скажем: «Господь поможет» и ничего не будем делать. Перед тем, как уповать на Господа, надо очистить себя, устать от наших трудов, и тогда мы можем надеяться на Господа.

Если мы хотим, чтобы наша надежда на Бога была искренней, мы должны сначала потрудиться.

Вопрос: *Как найти духовника?*

Ответ старца: Нужно быть внимательными. Любой священник может совершать таинство исповеди. Но, поскольку мы не только исповедуем грехи, но и просим неких духовных советов, надо, чтобы нам подходил этот духовник. Поэтому надо прежде подойти и пообщаться, задать ему вопросы и увидеть – понимает ли он, о чём мы ему говорим? Какой у него характер? Как он общается? Утешает ли его ответ?

Если он нам не понравится, поцелуем его руку – и до свидания!

При этом не надо считать, что тот, кто нам не подошел – плохой – может, другому он понравится.

Я когда был студентом, то пришел к одному священнику в поисках духовника, поговорил с ним и увидел – он не понимает как я мыслю и несёт такую чушь, что хочется его ударить так, чтоб у него с головы скуфья слетела!

Так я подходил к семи духовникам, и лишь восьмой меня понял, и я остался с ним на всю жизнь.

Этим восьмым был старец Ефрем Аризонский – А. П.

Вопрос: *Можно ли мне заняться исследованиями онкологии как учёному?*

Ответ старца: Христос не только прощал, но и исцелял. Болеющий раком спасается, так как имеет время на раздумья, молитву, раскаяния. Его не спасает сама болезнь. Если бы нас спасала болезнь, то Господь бы не исцелял.

Апостол Павел был болен и просил у Господа исцеления. Болезнь не есть что-то хорошее, поэтому надо чтобы медицина развивалась и появлялись новые методы лечения.

Василий Великий говорит, что если бы Богу было не угодно врачевание, Он не вложил бы лечебные свойства в травы. Это заповедь Бога – чтить врача!

На фестивале все люди – нормальные, но в любом большом сообществе всегда находится пара психов, и они, конечно, задали свои любимые вопросы про царя в России и последние времена. Интересно, что эти неадекватные вопросы шли чередой, но ещё более интересно как старец каждый раз выводил тему от болот заблуждений к подлинности и небу.

Вопрос: *Как жить в последние времена и можно ли брать паспорта с чипами?*

Ответ старца: *(старец весело рассмеялся такому вопросу и сказал):*

– Последние времена ещё не наступили!

Далее старец говорил только о тех чипах, которые вживляются в тело и дают человеку интегрироваться в мир электроники и техники.

– Чип не имеет никакого отношения к вере. Но мы против чипов под кожу, – хотя это не вероучительный вопрос, но это ограничивает наше человеческое достоинство и свободу.

Когда-то подобные технологии использует антихрист, но он сделает это явно и открыто – «Если хотите покупать и продавать – то соглашайтесь», но люди, которые сейчас внедряют такие технологии не имеют отношения к антихристу, хотя делают его дело…

Вопрос: *Будет ли у нас в России царь?*

Ответ старца: Нам следует понять одну важную вещь: наша родина станет великой, когда мы станем великими. Когда каждый из нас будет стараться быть лучше.

Нет надобности в том, чтобы пришел какой-то легендарный царь и освободил нас от чего-то. Только Христос может сделать нас славными.

Вопрос: *Святой Паисий Афонский говорил, что греки скоро возьмут Константинополь. Когда это будет?*

Ответ старца: *(старец снова смеётся)* В Константинополе сейчас живёт 15 млн. турок, а в Греции 9 млн. греков, и они при всём желании не заполнят недостаток греков в этом городе. Не надо относиться к таким вещам буквально!

И тут я подумал, что у святого Паисия такие вещи спрашивали какие-то греческие психи-националисты, и он ответил им так, как ответил бы врач психиатр шизофренику, который кричал бы врачу, что тараканы уже захватили Марс!

– Конечно захватили – отвечал бы психиатр, – конечно, а теперь не волнуйся и иди в свою палату...

Думается, что подобным образом говорил с такими людьми и святой Паисий, но слушающие его психи раззвонили его ответ по всему интернету!

Вопрос: *(Спрашивающий с диким и горящим тёмным взглядом несёт какую-то несусветную дичь о царе, России и скором приходе антихриста)*

Ответ старца: Христос победит антихриста. Поэтому, чем позже придёт антихрист, тем лучше для него.

Моя студентка Мария Важева не выдерживает слушать эти дикие вопросы и поднимает руку, спрашивая для свой подруги, не решающейся задать вопрос.

Вопрос Маши Важевой: *Как бороться с унынием?*

Ответ старца: Бороться с этим надо именем Христа. Будем просить милость Господа и Он найдёт как избавить нас. Мы не можем сами с этим справиться – но в Господе всё возможно. Когда в нас будет надежда на Господа – тогда в нас не станет места унынию.

Проблема не в том, что в нас есть уныние или печаль, но в том, что в нас нет Христа. Поэтому будем настаивать на молитве Иисусовой. Христос сказал: «Просите многократно – и дастся вам!»

Встаёт епископ Ахтубинский и Енотаевский Антоний и просит в завершение более чем 2,5 часовой встречи задать свой вопрос. Старец готов слушать

Вопрос епископа Антония: *Как молиться человеку, живущему в современном ритме жизни?*

Ответ старца: Молитва, это то дело, которое человек получает только через личный опыт. Молитву можно стяжать только молясь. Есть молитва храмовая и частная, но больший акцент нужно сделать на частной молитве. Мы не можем быть всё время в храме, но можем всегда молиться. Иисусова молитва. Тот труд, который мы проделываем, чтобы научиться чисто молиться – это тоже есть молитва.

Демон не боится того, кто считает Христа философом или учителем. Демон страшно боится того, когда мы верим, что Христос является Богом и говорит: «Господи, Иисусе Христе, помилуй меня!».

Смирение смертоносно для демона, это то, что демон не может сделать никогда.

Поскольку мы не можем быть всегда в храме – будем всегда творить в уме молитву Иисусову.

Чтоб достичь внимания в молитве – надо полностью находиться в нашем текущем моменте: смотрим ли фильм, читаем ли книгу – быть там.

Наши дары и способности, это не только то, что посылает Господь как дар, но это ещё и та удивительная вещь, которую мы делаем через каждодневный труд.

Когда человек научится собирать свой ум в молитве – он будет помнить, что прочитал, увидел, услышал. Если наш ум рассеян – мы не сможем преуспеть даже в малейших вещах. Сегодня демон прилагает усилия, чтобы наш ум был рассеян: нам что-то говорят, а мы одновременно смотрим что-то в телефоне – тогда мы проиграли игру.

Это практическая вещь – мы живём какими-то событиями, но мы их не переживаем. Иисусова молитва научит вас тому, чему вас не смогут научить другие.

Когда мы дома – хорошо эту молитву проговаривать вслух, чтобы наши уши тоже слышали – это поможет собирать наш ум. Будем делать то, что мы можем, а всё остальное сделает для нас милосердный Господь!

Слушатели аплодируют старцу и радуются ему. Старец по просьбе людей называет фильмы, в которых много красоты и смысла. У переводчика не выходит перевести ни авторов, ни названия, и тогда старец диктует нам фильмы на английском, а знающие язык записывают.

С большой теплотой старец говорит о книге Ефрема Аризонского «Моя жизнь со старцем Иосифом».

Далее старец переходит к книгам и говорит: *«Удивляет, что протестанты и католики пишут такие удивительные книги, как «Сила и слава» Грэма Грина, а у православных таких книг нет»*.

Из любимых и удивительных книг старец так же называет «Повелитель мух» Голдинга и романы Достоевского. Старец говорит: *«Надо вам прочитать все сочинения Достоевского!»*.

«Смиренный человек – не тот, кто всегда уступает. Почему? Когда он всё время уступает, то другой начинает наглеть и забирается ему на голову. Когда один постоянно уступает, то другой начинает этим злоупотреблять и так ты подаёшь ему повод совершать грех. Иной раз уступи, когда дело касается маловажных вещей, касается его гордости – хоть и правда на твоей стороне, а иной раз не следует уступать. Узнать же, когда надо оказать смирение, а когда надо ставить другого на место, можем лишь благодаря благодати свыше: когда мы каемся, причащаемся и молимся. Смиренный умеет сражаться. Если с тобой кто-то ругается о каких-то маловажных вещах – не отвечай ему, пусть даже и правда на твоей стороне, не открывай свои уста. Так как он, находясь в этом состоянии, не сможет тебя услышать – окажи ему милость, не принимай от него гнев и ярость, помолчи… Тебе следует защищать себя своей жизнью, тем, как ты живёшь. Исаак Сирин говорит: «Испытывай противников, в том числе в вопросах веры, не словами, а своими добродетелями».

Мысли о встрече со старцем Никоном Лазару

Моя студентка М., сказала о Старце: *«Рядом с ним я была так счастлива, даже больше, чем когда влюблена и есть ответные чувства. Рядом с ним я чувствую торжество сердца. Я была похожим образом счастлива, когда мой муж сделал мне предложение – но сейчас это немного другое чувство».*

А я, прислушиваясь к людской радости, думал, что Господь с нами всегда, но через старцев Он являет Себя в торжестве, как Великий Победитель всего, что осмелилось противиться тому счастью, которое Бог сполна готовит всем добрым людям!

Из беседы журналиста со старцем Никоном Лазару

Журналист:

– Христиан делают рабами правила. Например, – не вычитал правила – не имеешь права причащаться.

Старец Никон:

– Мы никогда не можем быть достойными причастия. Святое причастие – это не награда, когда духовник говорит, что ты молодец и теперь достоин причаститься. Мы причащаемся, чтобы духовно выздороветь, исцелиться от страстей и иметь оружие для борьбы со злом, которое коренится внутри нас. Святой Никодим Святогорец говорит: «Когда я борюсь с какой-либо страстью, то я сам с ней борюсь. Когда же я причащаюсь, то Христос во мне и Он Сам с нею борется, и таким образом я их побеждаю».

Если у тебя духовник, который говорит: «Постись столько-то дней и прочитай такие-то молитвы, чтобы причащаться, то это значит, что нужно менять духовника, нужно искать другого духовника. Конечно, есть каноны и законы, но когда человек входит в конфликт с канонами – мы не должны упразднять человека, мы упраздняем каноны! Иначе происходит то, о чём говорит один выдающийся богослов Элладской церкви, о. Епифаний Феодоропулос: «Каноны становятся орудием убийства. Вместо того, чтобы спасать, – убивают». Это то, о чём говорил апостол Павел: «Дух животворит – буква убивает».

Священники должны понять, что не все могут готовиться к причастию одним и тем же образом. Один может поститься, а другой нет. У одного есть время прочитать правило ко причастию, а у другого нет.

Однажды я спросил свою знакомую: «Что ты будешь делать завтра?» Она мне отвечает: «Я пойду на работу».

– В день Пасхи пойдёшь на работу? В Пасхальный день работать?

А она мне отвечает:

– А что мне делать, ведь больные в больнице и на Пасху хотят есть…

Что я должен сказать этой девушке – что тебе не следует на Пасху идти на работу?..

Не может быть, чтобы для всех были одни и те же правила. Люди должны причащаться как можно чаще. Невозможно ждать целую неделю до святого причастия. И зачем мы задаёмся вопросом, как часто следует причащаться? – когда сама церковь говорит, что невозможно ждать целую неделю до причастия. Поэтому духовники должны понять определённые вещи и к каждому иметь свой подход.

***

Господь нигде не заповедовал смирения перед глупостью... Потому старец Никон Лазару и говорит, что христианин знает, когда ему молчать, а когда сражаться...

О молитве и препятствиях в ней

Сколько света, сколько Божьего уважения к людям приходит в мир через слова Его старцев.

Вот, например, как старец Никон Лазару говорит о молитве, и сколько тут Господней заботы даже и о не умеющих видеть, сколько такта, сколько вдохновения к жизни!

Молитве не учатся никаким другим способом, мы можем научиться молитве только тогда, когда молимся. Отвлекающие элементы существуют везде, просто они разные. Одни в миру, другие на Святой горе.

Но поскольку то, что нас отвлекает нас от молитвы, это не внешний шум, а шум у нас в голове, беспорядок в наших мыслях, мы можем добиться успеха в молитве, где бы мы ни находились, будь то на Святой горе или в миру, если начнем потихоньку восстанавливать спокойствие в своём рассудке...

Благодарных, тех, кто научился говорить: «Слава Тебе, Господи!», Бог притягивает к Себе Своей любовью, тотчас исполняя их прошения. Бог быстро исполняет прошения благодарного, потому что знает, что он от Него не отдалится. А неблагодарному, который не научился говорить: «Слава Тебе, Господи!», который не благодарит Бога за Его дары, Бог медлит исполнять желания. Неблагодарный, не научившийся говорить: «Слава Тебе, Господи!», молится и молится, а Бог медлит отвечать на его прошения. И Он делает это намеренно, чтобы как можно дольше удержать его на молитве, как можно дольше удержать его близ Себя.

Итак, хотим ли мы, чтобы Бог услышал нас? Тогда начнем со: «Слава Тебе, Господи! Благодарю Тебя, Господи, за то, что я вижу, слышу, что у меня есть дом, есть во что одеться, есть кровать, чтобы мне спать на ней! Что у меня есть друзья, что я могу говорить, слышу!» А затем перейдем ко второй стадии молитвы – исповеданию. Исповедаем пред Богом свои грехи. Бог знает их, но чтобы мы их сами осознали. Потому что мы любим забывать о том, что сделали. И всегда видим себя лучшими, чем мы есть. Поэтому и не принимаем критики от других.

После благодарения следует исповедание, а затем прошения: «Господи, я хочу этого, хочу того. Помоги мне преуспеть там-то. Помоги добиться того-то». И не будем забывать, что Сам Христос увещает нас: «Просите, и дастся вам» (Мф. 7: 7)».

***

Старец Никон Лазару о восстановлении разума в Боге: «Никто не обязывает тебя смотреть всё, что показывают по телевизору, слушать всё, что говорят. Сотвори духовный пост. Скажи: «Ограничу себя в этом ради любви Христовой». Думать нам надо о том, что действительно важно, о самом необходимом. И тогда потихоньку разум приходит в равновесие.

Конечно же, это возможно. Существуют люди, которые добились этого в миру. Если это возможно одному человеку, живущему в миру, возможно и другим.

Корреспондент спрашивает старца Никона Лазару:

— Кто самый большой враг православной веры в современном обществе?

Старец отвечает:

— Этот враг всегда один и тот же — это наша гордыня и наша склонность видеть врагов вокруг нас. Когда мы святы, тогда у нашей веры нет никакого врага. А когда мы не живём правильно, как следует христианам — тогда мы сами разрушаем нашу веру.

Внешние враги нашей веры приносят церкви святых и мучеников.

Мы мешаем другим прийти к Богу, поскольку сами не такие, какими должны бы быть.

Таким образом, величайшие враги нашей веры, это лень, небрежение, безразличие к Церкви и к Телу Христову. Наше воздержание от участия в таинстве исповеди и причащения, вот они — враги нашей веры! И ещё то, что мы не молимся. Не читаем молитву Иисусову.

И даже есть такие христиане, которые насмехаются над другими верующими, которые участвуют в таинствах исповеди и причастия. Вот они и являются величайшими врагами нашей веры…

***

Посмотри́те, с каким благородством Бог и Его люди оберегают всех, кому плохо и больно.

Старца Никона Лазару корреспондент спрашивает об оставившем сан священнике, как к этому относиться.

Старец:

— Множество раз случалось такое, когда какой-нибудь священник оставлял монашество.

Что случилось с конкретным священником — мы не знаем, и это нас не интересует. И не нужно это обсуждать, так как мы не знаем, что пережил этот человек, и что он переживает сейчас.

Но поскольку мы не можем знать, что в действительности с ним произошло, и каждый строит какие-то догадки, то лучше всего свести к минимуму разговоры о нём, ну или вовсе ничего не говорить, а только молиться за него.

Каждый может чувствовать себя как ему захочется – но реальность отличается от наших мудрований.

Вопрос девушки к старцу Никону:

— Нужно ли вразумлять наших родителей, воспитанных в СССР?

— Как можно повлиять и изменить мнение человека, который был воспитан и состарился с определённым типом мышления и образом жизни?

В случае, если человек не принимает твоих советов. Нужно прекратить давать советы. Иначе он будет противодействовать специально, чтобы не соглашаться с тобой.

Только молитва может помочь, а Всеблагой Бог найдёт способ для спасения, который мы не можем себе даже представить. Бог может послать ему мысли, чтобы он задумался и согласился. Бог может подействовать многообразно, такими путями, которые для нас недоступны. Поэтому наибольшая помощь, которую мы можем оказать – это молиться Богу за него. То, что мы должны были сказать, – мы уже говорили сотни раз. С определённого момента мы начинаем надоедать человеку, утомлять его, и он, обороняясь, выбирает защитную позицию. После этого, что бы мы ни говорили – сделаем только хуже.

Поэтому теперь пусть лучше ничего не говорит (эта девушка), но молится.

Лучше вместо того, чтобы говорить отцу: «Как хорошо, когда люди исповедуются и причащаются» – показать это своей жизнью, на деле – насколько лучше становится она сама, когда исповедуется и причащается. И отец, видя дочь такою, скажет: «Стану и я таким, как моя дочь». Если же он видит свою дочь постоянно ополчающейся на него, словно учитель или начальник, обращающийся к подчинённому, то он никогда не согласится с ней.

Пусть лучше она сама изменит своё поведение – тогда изменится и её отец».

***

У старца Никона Лазару спрашивают: «Что делать, если не любишь себя? Как полюбить себя, не смешивая любовь к себе с эгоизмом?». Старец отвечает:

Это можно постичь опытным путём. Упражняясь в деятельной любви к ближним, мы учимся любить самих себя... Мы любим себя, просто неправильным способом. Но, живя и упражняясь каждый день в любви к ближним, мы научимся правильно любить себя.

В обычной жизни есть очень много средств проявить любовь. Например, через то, что мы будем говорить человеку, или чего мы ему не скажем. И эта любовь меняет мир. Стараясь проявить любовь к ближним мы начинаем замечать не только их недостатки, но и то доброе, что в них есть. Когда мы учимся не замечать плохое, а видеть хорошие качества, мы сами меняемся. Делая добро другим людям мы, прежде всего, приносим пользу и себе. Святитель Иоанн Златоуст говорил, что когда мы хотим кого-то помазать ароматным маслом, то прежде сами начинаем благоухать, а потом уже тот, кого помазали. Для этого нас создал Бог, чтобы мы жили вместе, а не сами по себе.

Есть очень интересный фильм «Эта прекрасная жизнь» режиссёра Френка Капры. Посмотрите его. Посмотрите много раз. Он удивительно простой. В нём затрагивается изумительная тема: любовь как каждодневный стиль жизни, и о том, как она способна влиять на тех, кто нас окружает. Любовь меняет жизнь других людей.

Мы должны быть с другими людьми даже тогда, когда находимся одни. Мы должны помнить о близких, молиться о них, звонить им, поздравлять с именинами, и не только виртуально, но и в реальной жизни.

***

«Я был в гостях у одной семьи у мужчины, которого пришла навестить знакомая ему женщина. Мы пообщались, она ушла куда-то, наверное, на работу, и этот мужчина мне говорит: «Отче, простите, что эта женщина пришла сюда в таких узких штанах!».

«Послушайте, – отвечаю я ему, – сюда пришла женщина, которая страдала много лет. Вы смо́трите не на лицо человека, а на ноги человека! Перед вами человек со страданием в глазах, а вы смо́трите не на лицо, а на ноги. Вы больны».

Наша проблема в том, что мы живём в красивом мире, который не замечаем! Мы ищем в этом мире не красоту, а плохое. Господь даровал нам рай, а мы превращаем его в ад...»

***

Литургия совершается для того, чтобы мы причащались. Это не какое-то театральное представление, чтобы мы посмотрели, как священник читает молитвы, как прекрасно он воздевает руки, как красиво он кадит или как прекрасно поют певцы. Церковь – это не музыкальный зал. Божественная литургия совершается для того, чтобы мы причащались, а не для чего-то другого. К счастью, мы не исполняем некоторые церковные правила.

Первые христиане, но не только первые, а и в последующие века, не могли даже помыслить, чтобы ждать целую неделю, от одного воскресения до другого, и не причащаться. Они причащались и в течении недели… Причащаться только в субботу и воскресение – это редко. Следовало бы причащаться и среди недели. Но поскольку, как говорил преподобный Паисий, «традиции стали считаться преступлением, а преступление стало считаться традицией», нарушение правила, когда люди причащались только в воскресение, стало считаться традицией. Это не традиция, а её нарушение. Ведь традиция состояла в том, чтобы причащаться и посреди недели.

Это дурная традиция – исповедоваться перед причастием. А если тебе нечего сказать, в чём исповедоваться? Прийти и придумать что-нибудь для того, чтобы священник потом сказал «иди причащайся?»

Много веков назад церковь осудила то, что сказал Ориген, но не осудила его самого. Она осудила не все его труды, а только некоторые. Поэтому в последующие века отцы церкви, которых мы сегодня почитаем, использовали то, что говорил Ориген.

Будем рассуждать и осуждать дела, слова, поступки, – но не человека, который это совершил. Но и это будем делать не торопясь и со страхом Божиим.

Мне вот, например, нравится кинематограф, интересно читать рецензию на какой-то фильм или книгу, которая может быть не только положительная, но и отрицательная. И поскольку критики указывают на недостатки, я не трачу время на просмотр чего-то ненужного.

Да, мы можем судить, когда священник или епископ совершает какую-то ошибку, противоречит евангельскому слову. Будем осуждать и судить, но не его самого, а его слова, его взгляды.

Горе нам, если мы не судим. Только животные не умеют судить и рассуждать. Человек обязан судить, должен иметь критическое мышление, критический взгляд, чтобы уметь отличать хорошее от плохого. Если он не будет отделять зёрна от плевел, он не будет знать, как поступать. Проблема состоит не в суждении, а в осуждении, когда мы не имеем власти так поступать… Совсем другое, когда мы христиане в нашей обычной жизни пользуясь правом на суждение приходим к осуждению человека и этим выставляем себя лучше его. Таким образом, мы прибегаем к суду, не имея рассуждения. Да, мы можем судить, когда священник или епископ совершает какую-то ошибку, противоречит евангельскому слову. Будем осуждать и судить, но не его самого, а его слова, его взгляды. Его высказывания могут быть записаны на бумаге или на диктофон, и за это его могут постоянно осуждать. В то время как он сам мог раскаяться, изменить свои взгляды и спастись, а те, кто будут продолжать его осуждать, погибнут.

Сегодня все стали богословами. Все знают, как должно быть правильно. Открывают свои уста и хоронят всех, не оставляя никого. Они, осуждая человека, соблазняют многих других, и этим умножают свои грехи. Сам Христос сказал: «Судите судом праведным». Поэтому говорю, что это нужно делать с осторожностью и со страхом. Следует задаваться вопросом: я справедливо сужу, или мне кажется, что справедливо?.

Старец Никон Лазару: «Труд, который позволяет человеку содержать свою семью, тоже является молитвой. Грех – не выдать зарплату своему сотруднику

ЗАМЕТКИ ОБ АНТОНИИ СУРОЖСКОМ

***

Митрополит Антоний Сурожский принадлежал к тем людям, по которым, как по камертону, можно выверять своё христианство, чтоб настроить себя на евангельское звучание подлинности и красоты.

***

Антоний Сурожский всегда говорил то, что было достоянием его опыта Бога. А ведь даже и среди людей церкви чувство Бога – вещь не часто встречающаяся. Но подвижник – это и есть тот, кто открывает другим небо как реальность, даёт пришедшим прикоснуться к той же благодати и истине, которые известны ему. Подвижник говорит о том, чего касались его руки, и для других он делает возможным это самое главное чудо – прикосновение к Богу.

***

В мире обязательно должны быть люди, думая о которых другие, даже не имея личного опыта, понимают, что Бог есть. И такие подвижники делают весть церкви достоверной. Можно много спорить о вере, можно вспоминать добрых и благородных в разных конфессиях, но невозможно где-то вне православия иметь такое сияние лица, такой отпечаток неба, какой мы видим в лике православного праведника, такого, как митрополит Антоний. Потому святой Григорий Палама и пишет, что *«Слова опровергаются словами, но чем можно опровергнуть жизнь?»*

***

Для меня и для многих моих знакомых митрополит Антоний своими книгами открывал христианство как жизнь. И читая его, мы видели, что христианин и не может быть другим, кроме как сияющим вечностью, не гонящимся за тем, что ему есть, что пить и во что одеваться, постоянно служащим людям, и вдохновенно умножающим красоту в себе и вокруг себя.

***

В Антонии Сурожском, в здравости его христианства, в его любви ко Христу и жизни посвящённой служению и умножению красоты, мы видели человека. Того самого, о котором древний святой говорил, что человек может быть откровением о Боге.

***

Антоний Сурожский часто замечал, что он не имеет систематического богословского образования. При этом он был колоссально начитан, ценил поэзию и культуру, а его слова об отсутствии образования означали скорее то, что вечность и подлинность не измеряются дипломами и научными степенями, но самим причастием к небу и красоте.

***

Антоний Сурожский не боялся быть смешным и чего-то не знать, потому что у него не было желания утвердить себя собой, но ему хотелось, чтоб другие могли прикоснуться к тому свету и радости, которые он на опыте познал как счастье и полноту.

***

Многие из моих знакомых глядя на фотографии митрополита Антония или слушая его речи, открывали для себя красоту и полноту христианства.

***

Одна моя знакомая девушка иконописец ещё до своего воцерковления выставляла свои картины (а тогда она была художником) в Лондоне. Она пробыла в Англии несколько месяцев и однажды решила зайти в православный храм. Там в тот день проповедовал Антоний Сурожский, и она, ещё далёкая от церкви, просто услышав его, вдруг поняла, что в мире вправду существует святость и то измерение бытия, которое именуют Небом, и которое кажется таким далёким, пока человек не касается в своей жизни подлинности и полноты.

***

Мудрецы православия всегда умели понять, что значит жизнь человека для него самого.

У каждого живущего на земле есть некий свет, который греет его. Это может быть любовь, друг, природа, дорогие книги, некие фильмы и много ещё чего. На самом деле тот свет, который радует человека – есть отблеск великого Света нашего мира. Но это ещё нужно суметь показать.

Помню, как одна моя знакомая девушка с некоторой тревогой спросила, как я отношусь к тому, что она слушает русский рок? Я ответил, что отношусь к этому хорошо, потому, что её любовь к року есть на самом деле любовь к той дороге, которая однажды привела её к Богу через жажду подлинности и неложности.

Но, ведь подобный образом рассуждал и святой Максим Исповедник, когда стал исследовать, что для самих западных христиан означают их догматические заблуждения и как они их понимают. А потом, разобравшись в этом, он смог говорить с ними не на языке «дурак – сам дурак», но через понимание и вникновение.

И Антоний Сурожский когда-то сказал, что дело миссионера не в том, чтобы припереть человека к стенке доказательствами, но чтобы разобрать потолок, который человек над собой надстроил. И тогда сам человек увидит, что тот свет, который греет его, есть отблеск большего света, который утешает вселенную.

Да, это долгий путь, но веру нельзя передать насильно, потому, что тогда она перестаёт быть верой. Симеон Новый Богослов говорит, что «добро сделанное не добрым образом – не добро». И Сам Бог никогда не принудит человека следовать истине, но ожидает его самостоятельного решения. И тут Бог оказывается мудрее некоторых Своих проповедников, аргументы которых в полемике о религии сводятся в конечном итоге к пене у рта. А всё потому, что Он умеет понять, что значит жизнь человека для него самого. Почему человек избирает то, что избрал, и дорожит тем, что ему важно. На такое понимание способна только любовь, и именно она, а не факты, ведёт человека к принятию того, что раньше ему казалось далёким и странным, а потом, однажды, он может заметить в этом смысл всех своих прежних ожиданий и дел.

Так и Антоний Сурожский, подобно великим наставникам прошлого, спрашивал у приходящих к нему не «Как веруешь?», но «Где у тебя болит?» или «В чём и как ты искал настоящесть и красоту?». И люди, удивляясь такой заботе и дружественности, сами желали больше узнать о вере, взрастившей такого великого человека...

***

Антоний Сурожский старался открыть вопрошавшему его всякому человеку не что такое учение церкви вообще, а что вот этот конкретный аспект учения может значить в жизни спросившего. Потому что Христос и всё что Христово существует, прежде всего, для каждого из нас лично.

***

Богослов – это тот, кто говорит о Боге, Которого знает и ощущает. Потому, например, Антоний Сурожский мог прийти на мировую научную церковную конференцию, где все читали доклады с ссылками и цитатами, и там он без бумажки говорил, передавая своё ощущение Духа Святого в применимости к этому вопросу. И после его доклада, в общем-то, можно было расходиться, так как вся мировая учёная конференция бедно смотрелась на его фоне... И это потому, что он всегда говорил как власть имеющий, а не как умники и фарисеи.

***

Игорь Геращенко, супруг православной диссидентки времён СССР, Ирины Ратушинской, вспоминает о своей встрече с Антонием Сурожским: *«От него исходил та-*

кой свет, что это в значительной мере укрепило мою и Иркину веру». И это – именно то, чего ищут в церкви все, кто в этом мире стремится к подлинности – они ищут света и неба, а не ещё одну организацию с бюрократией и множеством земных интересов. А ключи к церкви как она есть, вход в церковь как в Царство Троицы, – это общение с праведниками, литургия, молитва и вся красота сотворённая человеком, но несущая на себе печать Духа Божьего.

***

Впервые найдя в интернете проповеди Антония Сурожского, я, в те годы редко ходивший в храм студент, тотчас позвонил своему товарищу и сказал, что на мой взгляд, митрополит Антоний – и есть современный святой.

– А что такого случилось? – удивился товарищ.

– Только великие поэты сильны говорить так, как говорит этот человек – ответил я.

...Я знал людей (и сам был одним из них), которые, ещё только приглядываясь к православной церкви, узнавали об Антонии Сурожском и слышали его выступления – и этого хватало, чтобы понять – благодать и святость действительно существуют...

***

Моя подруга англичанка рассказывала, что встретила Антония Сурожского в соборе после литургии. Он был уже стар, но стремился каждому дать благословение. Было видно, что он очень устал. Ему принесли стул и Антоний, опираясь одной рукой на спинку стула, другой благословлял подходящих и улыбался каждому таким образом, что каждый при этом чувствовал себя самым нужным.

***

Только добрые знают тайну, что мир есть сказка. А все остальные, не имея такого опыта и бытия для других – не верят им.

***

Святые, когда писали и говорили, не знали, что они святые, но знали, что говорили они истину, сказанную в Духе.

Многострадальный Иов: «Как же вы говорите, что я похулил Бога, если я чувствую Его Дух в ноздрях своих».

Антоний Сурожский: «Я не хороший человек. Но всё, что я говорю о Боге – правда».

***

К блаженствам Евангелия может приступить только тот, кто исполнил заповеди.

Блаженство – это радость. О чём? О том, что Бог в человеке и человек в Нём. Но это достигается только подвигом исполнения заповедей.

Только если самому испытать в сердце эту радость становится понятно, о чём мы говорим.

Бог хочет, чтобы мы на опыте радость знали, иначе будет непонятно в чём же тут блаженство. Человек, не изменивший свой ум не может этого понять. Одна женщина, услышав чтение евангельских блаженств, сказала Антонию Сурожскому: «Если такие у вас блаженства, то я их не хочу. Я в жизни и так достаточно настрадалась».

Мир не знает радости и предлагает нам удовольствия: покой, безопасность, деньги, вещи, развлечения. Но не радости.

Старец Софроний Сахаров говорил, что в начале, просто читал Евангелие, а потом на опыте узнал, какая бытийная реальность стоит за каждым евангельским словом.

***

В идеале человек должен быть для другого человека раем. Сравните это с утверждением Сартра: «Ад – это другой человек». Так воспринимают люди друг друга, потому что в глубине понимают – они должны быть нужны друг другу по-настоящему, но в реальности они друг другу абсолютно не нужны. Встреча не на вечность, ненастоящая встреча, делает присутствие другого адом. Как в песне Владимира Высоцкого: «Тут за день так накувыркаешься, прийдёшь домой – там ты сидишь». И это герой песни говорит жене – то есть человеку, который должен быть дорог. Но мир, практически не знает любви не по страсти. Святой Нектарий Эгинский говорит, что «без Христа даже любовь сгниёт». Без Христа нет истинной любви, а есть только страсть в той или иной форме. Любовь праведного человека не такова. Прежде всего, для любви праведника характерно не делить отношение к людям по степеням. «Я тебя люблю, но сына или мужа всё-таки люблю больше». Такая любовь только мучает того, на кого она направлена, потому что мы понимаем – мы должны быть любимы и нужны до последней глубины и во всём – и только это будет правильно. Одиночество – это когда ты окружен близкими людьми, у каждого из которых, есть кто-то, кто им дороже, чем ты.

Христианин любит не так. Для него каждый человек – единственный. Каждый дорог без всяких степеней. Святые отцы говорят, что для Бога каждый человек так же дорог, как и все люди вместе. Так же поступает и христианин. Антоний Сурожский говорил: «Встречая человека, я поступаю по принципу шкафа – выдвигаю тот ящик, в котором всё об этом человеке». Можно добавить, что когда Антоний встречал человека – он весь превращался в один единственный ящик для этого человека.

Антоний Сурожский видел одного человека всего несколько раз в жизни, но когда тот умирал, то назвал Антония своим лучшим другом. И причина тут в любви, которую имеет митрополит Антоний.

Ещё для встречи нужна благодарность. Благодарность другому человеку за то, что он есть. Тогда для нас с каждой встречей и с каждым годом всё больше будет открываться глубина человека.

Джон Толкин говорил о присвоении: «Некоторые вещи стали для нас бесцветными, потому что мы заграбастали их, заперли их под замок и перестали на них смотреть». Это относится и к людям. Другими словами, мы должны не следовать желанию владеть человеком, а относиться к нему как к дару. Или, как говорил русский философ Симеон Франк: «Воспринимать другого, как свет».

***

Есть разница между тем, как о высоте и красоте говорит умник или поэт. Когда мы слышим умника – то задыхаемся от уныния и лишаемся силы, а когда говорит поэт – люди обретают вдохновение и мудрость жить.

Антоний Сурожский говорил как поэт и пророк, как власть имеющий, а не как умники и формалисты.

Антоний Сурожский говорит о духовном опыте, который сам переживает и испытывает. Потому он всегда говорит как свидетель реальности мира духовного и его слова живые – а это в нашем мире бывает так редко...

Видя и слыша Антония Сурожского, люди поражались тому, что видят перед собой христианина и настоящего человека. Это видение было для них, по Иринею Лионскому, зрением славы Божией. А это всегда радует добрых и напоминает различным эгоистам и умникам, как далеко они отстоят от добра.

Таковы уж умники – им всегда нужна ссылка на авторитет, а красота совершающаяся у них перед глазами их возмущает. Скажешь такому, что Антоний Сурожский считал фильмы Тарковского скучными, они задумаются, а попробуй сказать, что эти фильмы тебе лично скучны, и тебя запишут в ничтожества. Умник в обществе – то же – что фарисей в религии. Иногда эти две ипостаси объединяются в одном лице. Их основная заповедь такова: «Ни один наш современник не может жить и говорить от Духа».

***

Антоний Сурожский будет одним из первых людей земли, вспомнившем, что Западный мир когда-то был наполнен православно верующими святыми. Другим таким человеком был святой Иоанн Сан-Францисский, который собирал древние жития, находил частицы мощей и возвращал память о славном прошлом. И древние праведники через него приходили в мир, о котором молились всегда.

***

Мирополит Антоний говорил обо всём, читал даже лекции об искусстве, и на всякое явление мог посмотреть с точки зрения неба.

Некогда один молодой человек пришел к митрополиту Антонию Сурожскому, и попросил благословения стать священником. И Антоний ответил ему: «Становись, если ты чувствуешь, что можешь сказать о Боге так, как до тебя ещё никто не говорил». Эти слова относятся и к поэзии, и вообще к любому творчеству – если мы видим, что некое внутренне благодатное предощущение слова само просится быть высказанным – нужно говорить. Но помня, что любое значимое слово можно только из пережитых горестей сложить.

***

Силуан Афонский говорил, что «никто из святых не стал бы делиться своими духовными переживаниями и откровениями, если бы их не понуждала к этому любовь». Но и здесь мы видим, что одни святые говорят о себе крайне мало, стараясь более скрыть, чем явить, по крайней мере, когда разговаривают с неизвестными.

И есть другие святые, которые щедро делились своим сокровищем со всем миром. Подобно Антонию Сурожскому они говорили, что, если оставят благодатное событие только в себе, оно будет их греть, но никого больше не согреет. И они шли на риск непонимания, рассказывая о тайном и сокровенном – о своей любви и ответе Господа на неё. Нередко, эти святые и подвижники были людьми поэтического настроя. Так, Симеон Новый Богослов писал стихи, а старец Софроний Сахаров – картины.

***

Однажды к митрополиту Антонию Сурожскому обратился священник, который все силы души отдавал проповеди и храму, и совсем не уделял внимания семье. Его жена страдала, а он хотел, чтобы знаменитый епископ её вразумил не мешать его постоянному пребыванию в храме. Но Антоний, вопреки ожиданиям священника, посоветовал тому бóльшую часть времени жизни уделять семье.

– Но как же моё служение людям? – поразился священник.

– Если ваши домашние будут счастливы – люди сами станут к вам приходить, – отвечал Антоний.

Так и случилось. Священник много времени проводил с семьёй и домашние стали счастливы, зная, что они дороги и любимы. Это видели прихожане храма, и, если раньше священник сам бегал за ними, а они неохотно общались, то теперь люди сами стали приходить к нему домой, чтобы погреться в лучах тёплого и светлого счастья его семьи.

Когда священник рассказал об этом Антонию Сурожскому, тот улыбнулся и промолчал. Ведь он знал, что христианство – это, прежде всего, дарить тепло тем, кто рядом. А тепло уже вызывает желание приблизиться к нему и согреться сердцем. И так, видя, что счастье и радость в мире возможны, человек воистину узнаёт христианство.

***

Думаю, что община (там, где она есть) – это не множество, не весь храм. Это немногие неординарные и стремящиеся к подлинности люди, которые вместе с мудрым священником-другом идут по пути ко Христу. А священник этот в чём-то похож на Антония Сурожского – быть может, лёгкостью, глубиной и поэтичностью Духа Святого.

***

Когда Антоний Сурожский умер, священник моего храма сказал о нём с великим почтением: «Старец был»…

Я тогда удивился: «Почему старец?», так как думал, что праведность связана с чудесами. И лишь спустя годы я понял, почему святой Макарий Великий писал, что «чудотворения подвижника – всего лишь внешнее выражение его сути». Кто есть святой, раскрывается в христоподобной, подлинной любви, которая столь велика, что давала Антонию Сурожскому по 15 часов принимать людей, когда глубже усталости было желание чтобы счастье пришло к каждому и никто не ушел обиженным…

***

Антоний Сурожский писал, что у человека может быть травматический опыт церкви. Такой опыт бывает всегда, когда человек сталкивается с отношением к себе внешних, не живущих по духу христиан.

Моя подруга уехала в Россию к родственникам. Уже через месяц те стали гнать её из квартиры. Она спросила меня – не пойти ли ей пожить в храм? Я честно предупредил, что в храме её съедят уборщицы и свечницы. Как горько было говорить так… Но ведь это – правда…

Ольга, жена Булата Окуджавы, долго готовила его к поездке в Иерусалим. Она договорилась в русской миссии об экскурсоводе. У входа в храм Гроба Господня Окуджаву с женой встретил монах и сказал: «Ну вы прогуляйтесь быстренько ко Гробу, а потом мы с вами дерябнем». Потом Окуджава с болью и сарказмом вспоминал, как им накрыли стол и как после второго тоста батюшку унесли. Окуджава говорил: «У меня не вызывает трепета наша православная церковь, потому, что она находится на том же уровне, на котором находится и всё наше общество».

О религии всегда лучше всего судить по её вершинам, её святым. Без этого мы можем запутаться в невыносимых противоречиях.

Митрополит Антоний – из тех, в ком и вправду узнаётся высокое христианство.

***

Формалисты и те, для кого церковь – контора, а не организм любви, – не понимали и не понимают митрополита Антония, и это не удивительно – ведь святость всегда существует вне шаблонов.

Антоний Сурожский говорил, что часто «люди представляют святых шаблонно», формалистически, как тех, кто постоянно молился, постился, избегал всякой радости и красоты, чурался искусства и науки, и был бы таким же лишённым жизни и подлинности, как и те, кто рисует себе такой портрет.

Конечно, такой образ святого удобен для разнообразных фарисеев и формалистов, ведь фарисейство происходит от духовной лени и куда как легче воздерживаться в пост от мяса, чем превращать жизнь окружающих в праздник, однако христианство состоит во втором, а не в первом.

Все святые, на самом деле, бесконечно разнообразны и их расцвет в Духе совершенно не одинаков, как и их образ жизни, как и музыка их души, вся эта неповторимость образа Божьего в каждом исцеляющемся человеке. И если и было у них что-то общее, так это их стремление жить для других, нести другим радость и праздник и замечать в других красоту, которую может видеть только любящий или поэт, а святые соединили в себе и то и другое…

***

Как-то съёмочная группа записывала сюжет об Антонии Сурожском. В их числе был оператор пенсионного возраста, холодно относившийся ко всему церковному. Но услышав, как митрополит Антоний говорит, он подошел и спросил, можно ли ему, старику, принять крещение?

– Конечно, – отвечал тот, *– ведь это как любовь, а влюбиться можно и в 80...*

Все мы не старее Бога, и некоторые мои слушательницы лекций которым уже за 50 говорили мне, что открыв для себя церковь, они впервые открыли, насколько жизнь интересна.

***

Сам Антоний жил при храме в каморке, никогда не заботился о еде и одежде, не искал денег и почестей и ходил в залатанном подряснике. Он же был в своём соборе и за дворника, и за сторожа, будучи при этом епископом всей Англии и Ирландии.

***

Когда слышишь истории о таких людях, то всегда хочется узнать: как они стали такими и как мы можем подражать им в их пути?

И здесь нужно заметить, что путь человека к святости не содержит в себе чего-то тайного. Он достигается церковной жизнью, которая должна совершаться «последующе святым отцам».

Сами отцы, например, святые Иоанн Златоуст, Симеон Новый Богослов, Иустин Сербский, Серафим Саровский, Игнатий Брянчанинов, нередко говорили, что между древними подвижниками и новыми нет никакой разницы, потому что человек остаётся неизменным как в дни Римской империи и Вавилона, так и в Эпоху Великих Географических открытий или в годы Модерна.

Неизменна и церковь, которую Иустин Сербский характеризует как «Непрестанную Пятидесятницу», непрестанное излияние Духа Святого на людей и бытие.

А значит, всё дело в желании или нежелании человека быть с Богом.

Для того, чтобы стать святыми, людям нужно серьёзно отнестись к двуединой заповеди Христа, данной Им в Великий Четверг: о как можно более частом причащении и о служении другим. Те, кто соединяют в своей жизни частое причастие и служение, восходят в небесную красоту и обретают исцеление или праведность – то есть – становятся теми, кем Бог их задумал.

Ну а те, кто даже в церкви так и не понял сути, выступают то против постоянного причастия, то против идеи служения, в зависимости от того, каких страстей у этих выступающих больше.

Секрет Антония Сурожского был в том, что он соединил в себе и Евхаристию, и служение, и в результате стал человеком неба, тем, глядя на кого другие видели учение церкви как реальность, и возможность жизни как красоты.

***

Митрополит Антоний говорит о Боге: *«Он заповедал нам быть в миру, но не от мира сего, а мы поступаем наоборот: мы, по существу, от мира сего, но бежим»*...

Люди бегут в храм, спасаясь от проблем, от ложности отношений, от уродств и неправды, но, одновременно – всё это приносят в храмы сами в себе. А поскольку их жизнь всецело направлена на себя, свои грехи и фобии, свою «духовность», то они не получают ни мудрости видеть красоту Божию и за стенами храма, ни силы быть продолжением литургии и Евангелия в том, что их окружает в их жизни...

***

19 июня – день рождения митрополита Антония Сурожского. Этот удивительный человек имел редчайшее свойство – он доверялся действию Божию о человеке. На практике это означало его мудрое понимание, что в православии ко спасению людей ведут далеко не только их знакомые верующие родственники, друзья или священники, но и Устроитель мира.

Митрополит Антоний знал, что человек должен дозреть до того, чтобы принимать Бога в свободе. *«Любить Бога и делать что хочешь»*. И это то состояние о котором Иоанн Златоуст говорит, что «к Богу ведёт много путей и у каждого возрастающего в Духе этот путь неповторим», потому что каждый такой человек старается не о внешней форме выражения христианства, но о созвучии своей жизни с Евангелием, со Христом, с Его красотой.

Пётр Мещеринов пишет об этом так: *«Это вовсе не требует, так сказать, выхождения за церковные рамки, а значит то, что мы пользуемся всем, что предлагает нам Церковь, индивидуально, сообразно с нашей только что определённой целью и нашим устроением, обстоятельствами и проч. На практике это значит ровно то, о чём говорил преп. Серафим Саровский. Способствует, например, нашему богообщению пост – постимся. Не помогает – определяем такую его свою меру, чтобы наше христианство не превращалось в Религию Еды. Нас раздражает соприкосновение с церковной средой – сводим его к минимуму... И так далее. Возразят: но так человек совсем распустится. Отвечаю: если он ищет Христа, то не распустится, а именно найдёт свою меру»*.

Но всё это делается для того, чтобы человек вырос к единосердечию с Евангелием и Христом. Хотя он и делает «что хочет», по все его действия совершаются перед лицом Высочайшего, и такой человек сам убегает греха, превозношения, и его сердце оказывается устремлённым к литургии, Христу, к Духу Святому и ко всей сияющей Господом красоте.

Такой человек ощущает частность и уникальность своего общения с Богом и всегда ищет именно богообщения, ищет явного чувства Его присутствия и в бытии и в сердце. Такой человек всегда много образован, он не увлекается множеством диких идей витающих около православия. Так, он не устраивает акции протестов против фильмов и книг, не занимается возрождением средневековых империй, не выискивает процент содержания в пирожном яичного порошка, он вообще далёк от всего неважного и не имеющего своего места в Небесном Иерусалиме. Потому-то он тот, кем был и Антоний Сурожский – настоящий христианин, редчайшее зрелище даже в храмах. Не встретив такого, никто из искавших Бога, не понял бы высочайшего отличия православия от всех других идей, конфессий и философий.

Что ж, в православии мудрость даётся на вырост и обретается только теми, кто восходит на эту гору общения и предстояния Высочайшему, чтобы опытом пережить то, что открывалось лучшим из живших в мире, как писал китайский классик Ду Фу:

Я на вершину взойду
И увижу тогда –
Как горы другие малы́
По сравнению с нею...

***

Антоний Сурожский сумел открыть для людей церковь во вселенском её измерении, где есть место для всех народов и никто не предпочтён другому, но все равно находятся в любви Божией. Это вселенское измерение церкви помогало общающимся с митрополитом Антонием ощущать церковь как укоренённую в вечности и в вечность же приводящую. Потому у христиан не должно быть тоски по некому «золотому веку» – ведь Христос всегда тот же самый и жизнь с Ним возможна во всей полноте во всяком веке. Христос в равной мере с каждым человеком и с каждой эпохой, и для Него важны не национальность, не богатство, не знатность, не мирские заслуги, но наше уподобление Ему в милосердии и доброте.

Такое восприятие христианства – древнее и апостольское, но именно это понимание было во многом утрачено в эпоху христианских стран и империй, хотя оно, безусловно, сохранялось в наследии подвижников.

Богословы первой русской эмиграции XX века, такие, как Антоний Сурожский, были теми, кто восстанавливали не только это древнее понимание христианства, но и святоотеческое осознание мира, основанное на творческой верности мысли святых отцов.

Вот как говорится о таком восприятии веры в Послании к Диогнету (II век): *«Христиане, – говорит он, – не разнятся от других людей ни страной, ни языком, ни житейскими обычаями. Но, обитая в греческих и варварских городах, где кому досталось, и следуя обычаю местных жителей в одежде, пище и всем прочем, они представляют удивительный и поистине невероятный образ жизни. Живут они в своем отечестве, но как пришельцы. Для них всякая чужбина – отечество и всякое отечество – чужбина. Они во плоти, однако живут не по плоти. Находятся на земле, однако они граждане небесные. Повинуются существующим законам, однако жизнью своей превосходят самые законы. Они любят всех, однако всеми бывают преследуемы. Их не знают, однако осуждают. Их умерщвляют, однако они оживотворяются. Они бедны, однако всех обогащают. Всего они лишены и по всем изобилуют. Словом сказать: что в теле душа – то в мире христиане».*

***

Митрополит Антоний Сурожский пишет: *«Христос не для того только родился, чтобы нас спасать. Он нам доверил тайну спасения мира. Он нас призвал не к тому только, чтобы мы стали Его наследниками в Царстве Божием, но чтобы мы взяли на себя труд преображения этого мира».*

И отказ от этого труда преображения и умножения красоты в себе и вовне, когда человек несёт свет небесный во все свои дела и занятия – такой отказ не есть смирение, но извращение своего на земле назначения, отказ от реализации в себе Образа Божьего, который всегда проявляет себя в красоте, но не в безобразии, серости, пассивности, формализме или форме без сути.

Известного историка моды Александра Васильева однажды спросили журналисты: *«Вам не кажется, что ваша борьба за хороший вкус – это борьба с ветряными мельницами?».* И он ответил: *«Но это же удовольствие! Жизнь это удовольствие! Добиться цели у меня нет задачи...».* И разъяснил, что в любой стране всегда есть какая-то часть людей, которая хочет чтоб их жизнь была созвучна чему-то высокому и прекрасному.

И, наверно, таков всегда и есть труд подвижников доброты и красоты: они знают, что слышит всегда меньшинство, но это меньшинство состоит из самых светлых либо стремящихся к свету людей. Мы все созданы для рая и высоты, но говорить о дороге к подлинности можно только с теми, в ком жива эта жажда – пить воду истины у берегов реки красоты.

***

Моя студентка из Европы рассказала, как её знакомому священнику в Нидерландах Антоний Сурожский сказал при рукоположении: «Будь собой и будь свободен...»

***

Отец Павел Адельгейм вспоминает об Антонии Сурожском: «Антония Сурожского не облачали иподиаконы. Он облачался сам. У него не было специальных иподиаконов.

Он говорил о себе: «Митрополит я по совместительству, а основная моя работа – церковный сторож». Как митрополит он от денег отказался. Он считал, что волне достаточно, что его покормят.

Общение с ним приносило радость соприсутствия с человеком чрезвычайно духовно значимым, и с другой стороны удивительно доступным, так, как доступен Бог…

С ним ты чувствуешь присутствие Бога».

ПАИСИЙ АФОНСКИЙ
И ЖИЗНЬ ДЛЯ ВСЕХ

Как ни странно, но, если не считать старцев, то в мире очень мало священников, которые могут по-настоящему поддержать. Ведь, для того, чтобы это сделать, надо жить жизнью страдающего человека.

Потому все так и тянутся к этим удивительным людям, которые способны жертвовать своим счастьем и временем ради того, чтобы Бог сполна вошёл в жизнь того, кому сейчас больно. Обычно людям (и священникам) вполне хватает своего малого счастья, или несчастья, и им не нужен другой в той глубине и полноте, где совершается тайна единосердечия, которую, даже встретив однажды, невозможно забыть.

Люди шли к святому Паисию и подобным ему подвижникам не за чудесами, но за тем великим сокровищем, когда ты чувствуешь, что чья-то жизнь теперь целиком и полностью – для тебя, и без тебя этот человек не захочет ни счастья, ни спасения.

Рядом со старцем вдруг понимаешь, что весь мир от начала существует ради тебя, чтобы принести тебе счастье.

Иерей В. в 2016 году посетил Грецию. Он направлялся к могиле старца Паисия Афонского в монастырь, и вёз его туда греческий шофёр по имени Василий. Они разговорились и шофёр сказал, что молодым человеком был у старца Паисия в 1991 году. (старец отошел ко Господу в 1994). Василий был у него со своим другом и говорил, что очередь людей к старцу начиналась от подножия горы и шла до монастыря (что составляет внушительное расстояние). Они достояли до конца и встретили старца.

– Он вам что-то сказал? – *спросил шофёра священник.*

– Нет. Я его ни о чём ни спрашивал и он меня тоже. Просто благословил. А вот моего друга спросил, в какой храм он ходит? Друг ответил, что ходит к митрополиту Филофею (известному греческому старцу). *Паисий обрадовался и сказал:* «Ходите к нему. Таких три человека на всю планету!».

Потому каждый, кто только встречал Паисия, хранил память об этой встрече всю жизнь – так женщину может потрясти любовь великого поэта, так всеми обижаемый впервые чувствует себя нужным.

В мою жизнь старец Паисий вошел так. Я тогда учился на первых курсах университета и почти совсем не думал о вере, в отличии от моей прекрасной Мамы, которая была настоящей православной христианской. Как-то она предложила мне, много читавшему, прочесть жизнеописание старца Паисия. Я нехотя согласился, и, взяв книгу с собой в университет, сел за последнюю парту и стал читать. Первое, что бросалось в глаза – это невероятный свет, который лился со страниц книги. Он был подобен свету величайших стихов, но, если в стихе он может заключаться всего в нескольких строках на страницу «словесной руды», то тут каждая строка явственно была светоносной. Я, тогда ещё не ходивший в храм и далёкий от церкви, читал и блаженствовал: со страниц передо мной возникал образ человека, который был настоящим, и о котором можно было только мечтать. Он был не литературным персонажем, а живым и реальным моим современником, научившимся всегда и во всех ситуациях жить для других.

На перемене ко мне подошла добрая подруга по имени Ольга и спросила: «Что ты такое читал, что у тебя всё лицо светом светилось?». Я не заметил этого, но как ещё может действовать на души великая и подлинная красота?

Его книги были для меня и многих тем образом святоотеческой мысли, когда вера оказывается не набором правил, а путём к радости и Христу. Меня тогда окружали такие же, как я, новоначальные молодые люди, которые готовы были отказаться от всякого преображающего мир творчества, порушить всякую красоту, если только авторы её – не святые отцы. А Паисий, наоборот, учил видеть отблески фаворского света во всём творении, в каждой великой строке мудрецов и поэтов.

Ему поразительным образом до всего было дело. В круг его интересов было включено всё, и на всё он смотрел небесным, божественным взглядом. Ему было невероятно интересно жить, и на мой вопрос «почему так?», он отвечал страницами своих книг: «Всё дело в любви и служении». Евхаристическая, основанная на церковных таинствах любовь помогала в каждом человеке и любой части мира видеть смысл, а служение направляло силы жизни в нужную сторону.

Быть человеком, значит служить родным, – словно говорил Паисий. А секретом его было то, что в мире нет никого не родного, но всё включено в заботу и ласку. Это отношение старца влияло на всех вообще. Помню, как, когда я был в греческом монастыре Петра, где живёт всемирно известный старец Дионисий Каламбокас, и там монахи с благоговением и радостью вспоминали, как Паисий говорил, что Господь никогда не допустит никакого зла, из которого не извлёк бы много добра. Ведь мир устроен как сказка.

Мир и жизнь – это совершающаяся на самом деле сказка, где Господь всем добрым готовит счастливый конец.

Здесь позволю себе привести историю из жизни другого святого – оптинского старца Амвросия, и история будет как раз об этом, о сказке нашей жизни.

Е. Поселянин: *«Один мой приятель, исполняя желание родителей, служил, не имея никакого к тому расположения. Его томила должность, считавшаяся другими видною, приятною и хорошею. Ему было сделано предложение такой службы, которая, представляя во всех отношениях повышение, в то же время была ему по сердцу. Сперва о том были одни разговоры, потом потребовался решительный ответ. Я попросил у него позволения списаться за него с оптинским старцем Амвросием. Совет старца был – отказаться, и я уговорил приятеля написать отказ...*

– Сейчас, сказал он (приятель) сумрачно, я сделал вещь, ну, по-человечески говоря, глупую, неразумную. Я не выношу этой службы. Она делает меня несчастным, отравляет мне жизнь. Мне представлялся прекрасный выход и я должен отвернуться. Я это сделал. Но, чтобы мне было от этого весело, нет.

Через несколько дней с полною неожиданностью ему было сделано другое предложение, которое будучи во всём выше первого, было совершенно по его наклонностям, точно создано для него. И тогда старец спешно советовал немедленно принять это предложение».

Таков же был и Паисий. Первое, что он делал для приходящих к нему и для читателей, являл реальность Бога. А то, что Бог существует – есть событие, важнее которого с нами уже никогда ничего не случится. То, что Бог есть, означает, что наша жизнь и есть сказка, лучше и больше которой не может быть.

Наше дело здесь – верность Богу, а наше счастье – есть дело Бога.

И нам остаётся только с удивлением наблюдать, по какой причудливой, чудесной и мудрой дороге Он приводит нас к чистоте и счастью.

Благодать превращает каждый день в торжество приобщения к Богу.

С Богом хорошо жить. А чувствовать, как благодать проницает мир и делает всё хорошим и нужным – это самое настоящее блаженство. Там, где все ожидают горя, Бог всему даёт неожиданный оборот, и с Ним не бывает плохих концов.

Е. Поселянин: *«Если я вижу, что надо приступать к какому-нибудь делу, благословлённому старцем, – соберись тут полки знатоков этого дела с пророчеством неудачи, – я знаю, – что оно удастся».*

А Его воля всякий раз ведёт нас к невероятной радости, не смотря ни на какие испытания и противления – все они в Его руке, всего лишь служат нашему счастливому концу, а это и есть сбывающаяся в нашей жизни сказка.

Мне вспоминается одна студентка, у которой я когда-то преподавал. Она, как и все люди земли, хотела быть счастливой, но, желая достигнуть счастья, приобрела только боль и раны души. Она старалась найти счастье в отношениях с парнями, но каждый раз всё это приносило ей только разочарование и мучение. И тогда она обратилась к Богу, как к источнику счастья. Но где искать Его, она не знала. И она пришла ко мне, как к преподавателю, с вопросом: «Покажите мне Бога. Сделайте так, чтобы я ощутила Его реальность и Его присутствие». Оказалось, что она уже пять лет ходит в храм, но живого чувства Бога, которое имеют некоторые православные христиане, всё ещё не обрела. И я ей сказал тогда: «Собирайтесь и мы поедем с вами в больницу – служить больным. Утешать их, вдохновлять и радовать. И вы сами увидите, что будет дальше». Полдня мы провели в больнице, и она честно старалась отдавать свою заботу тем несчастным, кого встретила там. А, когда мы вышли оттуда, она с удивлением сказала мне: «Я впервые в жизни чувствую Бога, что Он есть и любит меня».

Все люди земли ищут счастье, но, парадоксальным образом, находят его только те, кто дарит счастье другим людям. Поэтому пожелать кому-либо быть счастливым — это то же самое, что пожелать быть добрым и проявлять эту доброту в конкретных делах любви и милосердия. И тогда мы узнаем, что такое радость и мир душевный, который приходит в наши сердца с неба.

Когда человек хочет обратиться к старцу, чтоб узнать, как поступить по Господней воле, то враг рода людского начинает пугать его мыслями, что Божья воля принесёт в его жизнь только боль. Человеку представляются некоторые выходы из его ситуации, но каждый из них тревожит его или манит призраком счастья, — не приносит ему утешения. И, если всё же человек доверится Господу и задаст свой вопрос, попросит помощи старца, то Господь поступает так, как никто не мог даже предположить и внезапно радует вопросившего чудесным, нежданным, невероятным счастьем. Ещё в Ветхом Завете Он говорил, что Его пути — не наши пути, и Его мысли — не наши мысли (по Ис. 55:8). И его решение оказывается самым сказочным и самым радостным, хотя и самым неожиданным.

Сколько раз я боялся написать старцу Дионисию Каламбокасу и открыть ему свою душу, но каждый раз, когда это делал, Господь дарил такое счастье, которого невозможно было и ожидать. Ведь у Бога ни для кого не бывает плохого, но Он хочет, чтоб мы сами позвали Его и тогда всё всегда оказывается хорошо, ведь наш мир — это сказка на самом деле.

Всякий свет в душе загорается от другого света и дело старца – это ещё и те многочисленные люди, которые, видя его или слыша о нём, хотели той же чистой и светлой жизни. Один священник рассказывал, как, побывав в монастыре старца уже после его смерти, он был поражен тем теплом, с которым встречали его монахини. Ему даже дали денег на обратный путь, а когда он, стесняясь, стал отказываться, настоятельница сказала, что так должно быть, чтобы каждый помогал всем другим, и это их долг – ему помочь.

Когда читаешь воспоминания о старцах, то бросается в глаза общая окрылённость очевидцев. Эту окрылённость рождает в людях Дух Святой, льющийся в сердца через старца. Тут и удивление видеть себя значимым перед Богом, и благодарность, и светлое проницание души благодатью, и вдохновение жить и творить добро.

И старец Паисий так же вдохновлял жить, открывал жизнь как сказку и чудо, где Бог – реальный и постоянный участник брачного пира, сочетающего Господа и всех добрых в одно.

Старец даёт пришедшим возможность поступить по Богу, то есть, из всех возможных решений избрать то, которое умножит свет и будет радовать Самого Христа. Воля Божия – чтобы мы поступали свято, и старец помогает нам поступить именно так, и тогда наш поступок будет вплетён в нить священного в этом мире.

Старец вдохновляет довериться Господу, доверить великому и кроткому Христу всю свою жизнь, принять случающееся с нами как Его волю. А чувствовать Бога и доверять Ему – это значит ещё на земле жить в раю. Вот, что говорит об этом святой Анатолий Оптинский: «*Хоть я и песчинка земная, но и обо мне печётся Господь, и да свершится надо мной воля Божия. Вот, если скажешь это не от ума только, но и сердцем... положишься на Го-*

спода с твёрдым намерением подчиниться воле Божией, какова бы она ни была, то рассеются перед тобой тучи и выглянет солнышко, и осветит тебя и согреет, и познаешь ты истинную радость от Господа, и всё покажется тебе ясным и прозрачным, и перестанешь ты мучиться, и легко станет у тебя на душе».

Жизнь по воле Господней, доверие Его любви – это и есть рай для человека, когда ты любим и знаешь, что поступаешь единственно возможным способом.

Некий священник, который долго терпел обиду, приехал к старцу Кириллу Павлову за советом. Тот выслушал его и сказал: «А ты смирись». И эти слова неожиданно вселили радость в священника. Он сразу понял, что именно терзало и мучило его и как сделать, чтобы теперь стало легко жить.

Воля Божия даёт нам ощутить лёгкость верного и доброго поступка, и тогда Сам Дух Святой удостоверяет нас в правильности того, чем мы живём и что делаем.

Митрополит Антоний Сурожский говорил, что пастырство заключается не в том, чтобы учить, а чтобы люди знали – ты живёшь для них. В этом же заключается и христианство. В простой и короткой фразе: «моя жизнь – для вас».

Паисий был тем человеком, даже просто услышав о котором, люди точно понимали – Бог всегда на их стороне и всё сделает для того, чтобы дети его обрели великую радость.

Узнавали, что великий и всесильный Бог не может и не хочет без нас. И что смысл жизнь в том, чтобы быть с Ним, таким дорогим и близким, и что всё Его могущество служит одной только цели – утереть слёзы и воскресить сердца к счастью.

***

Афонский старец Анастасий (Топозиус) – насельник монастыря Кутлумуш, 20 лет жил и общался с преподобным Паисием Святогорцем.

Старец Анастасий говорил, что «когда кто-то приближался к отцу Паисию – всё проходило. Всё, что было в голове – уходило, и было достаточно просто лицезреть святого».

Бог всегда прогоняет все наши страхи с тревогами, чтоб мы знали: отныне нас всех ждёт теперь только счастье.

***

Святой Паисий Афонский говорил: «Когда со мною делятся своей болью – даже на осколках стекла сидеть и по колючкам ходить не так чувствительно. Если кто, действительно, страждет, то я готов и умереть, чтобы помочь ему».

И это важно помнить, когда мы обращаемся в своих молитвах к кому-то из чудных святых, Богородице или Богу...

***

16 июля 1998 года отошел ко Господу иеросхимонах Исаак (Атталах) – ученик преподобного Паисия Святогорца, автор первого и самого полного его жизнеописания. В одной из глав этой книги отец Исаак упомянул и о себе, но вскользь и в третьем лице. Именно он был тем монахом, которому старец Паисий при постриге дал имя одного из самых почитаемых им святых – преподобного Исаака Сирина.

Иеросхимонах Исаак (Атталах) говорил: «Божия воля о вас – это то, чего жаждет ваше сердце. Будьте независимыми от чужого мнения… Бог уважает свободную волю. Я хочу видеть вас спокойными, радостными и духовно преуспевающими. Это лучше, чем быть под давлением кого-то или чего-то… Однако помните главное: что бы вы ни избрали, делайте это свято.»

***

Монахиня Кассиана Купаленко пишет: «Ни один женский монастырь в Греции до этого и после не оставил в моей душе такой глубокий след и нигде я не переживала ощущение такой абсолютной тишины (именно исихии) как в Суроти, где находится могилка преподобного Паисия Святогорца. Тогда я прожила в Суроти 2 недели. Игумения Филофея со свойственной ей подлинной материнской любовью перед моим отъездом спросила: «Что бы ты хотела получить от нас в подарок?». Я попросила поминать в молитвах, иногда говорить Богу несколько слов обо мне. Геронтиса сняла свои четки с руки, протянула их мне и сказала: «Дитя мое, ты всегда будешь в наших молитвах».

БОРИС АВДЕЕВСКИЙ – СОКРОВЕННЫЙ СТАРЕЦ

Об этом подвижнике я слышал от добрых священников и некоторых близких людей, которые посещали его в городе Авдеевка Донецкой области.

Старец Борис Заливако открыто говорил, что думал о властях СССР, и за это был во времена Хрущевского гонения арестован и сослан в лагеря, где отсидел два срока, общей сложностью в 8 лет. В лагере он научился Иисусовой молитве. Там же он понял, что с властями не нужно бороться, так как христианин живёт вне властей – жизнью церкви.

По выходу из лагеря он не был восстановлен в священническом служении по каким-то бюрократическим причинам. Стал дворником при больнице в Авдеевке. Очень много трудился. Говорил: «У нас второй учитель после Бога – труд».

Остро переживал родство людей в человечестве, которое почти никому не заметно. Говорил: «Все люди как сообщающиеся сосуды – если в одном месте кто-то согрешил, в другом кто-то быстрей умрёт». Не о том ли говорил и святой Иустин Сербский, когда писал, что падение и восстание каждого человека увлекает за собою многих и многих.

Старец старался ни с кем не говорить. Имел всего двух духовных детей: какую-то женщину и священника Павла Ситака.

Авдеевский старец Борис работал дворником в больнице. Однажды ему повысили зарплату, а он наотрез отказался брать лишние деньги, так как не хотел никакой прибыли. Кассир буквально упрашивал его взять доплату, и старец согласился на это только чтобы не расстраивать человека.

***

О богатых людях которые заказывают себе дорогие иконы старец Борис говорил: «За иконами Бога не видно».

***

«У нас есть преимущество (вера), а Богу нужна победа».

***

Старец Борис Авдеевский даже немногих духовных чад принимал не часто, давая им время исполнить прежние его наставления.

***

Иерей Павел вспоминал, что иногда можно было прийти к старцу «А тот сама любовь. А иногда бывал и строг», – на пользу пришедшего.

***

Старец Борис Авдеевский говорил, любящим его: «Если вы хотите сделать мне хорошее – не грешите».

***

Старца Бориса однажды взяли служить в храм, но он своей безупречной чистотой и верностью Богу вызвал сильнейшую неприязнь у епископа и священников, которые в его присутствии ощущали себя неполноценными. Старца снова лишили священства. Иерей Павел (его ученик) тогда сказал: «Авдеевка не приняла праведника»…

***

Старец Борис говорил, что в тюрьме ему в день давали 150 грамм хлеба и воду. И он, глядя на такой паёк, не знал, смеяться ему или плакать. Уже на свободе он замечал, что в лагере всё было предназначено для уничтожения людей, но именно лагерный срок помог ему научиться молиться и стать тем, кто он есть.

Подобным образом говорил и проведший в лагере 14 лет за веру старец Павел Груздев, когда его спрашивали: «Откуда у вас такие духовные дары», отвечал: «Это всё лагеря…»

Однажды его спросили о болезненном тогда для богословски необразованных людей вопросе о штрих-кодах на товарах в магазине. Старец в ответ взял первую попавшуюся бутылку и спросил: «Какое мне дело, что изображено на этой бутылке?».

Последние годы он жил в Авдеевском доме престарелых. Там все недоумевали, отчего к этому старичку приходит за советом так много людей. Обитатели дома престарелых и персонал инстинктивно чувствовали, что перед ними необычный человек, но не знали, кто он такой.

Вспоминая лагеря, старец говорил, что без Бога и молитвы не вынес бы эту муку.

Говорил он и что Господь открывает ему, где в мире происходят войны и катастрофы, и он молится об этих несчастных.

Мой друг Александр С., 15 лет страдающий от тяжелейшего уныния, когда ему было совсем плохо, ездил к старцу, и ещё в дороге начинал чувствовать облегчение. Старец, как правило, не принимал его, (он вообще почти никого не принимал) и Александр садился на лавочку у его домика. Облегчение приходило почти сразу, и он счастливый уезжал домой.

Старец был бессребреником и мог спокойно сжечь большую денежную купюру, чтобы показать людям, с каким равнодушием нужно относиться к деньгам.

Зимой он практически не топил в своей маленькой комнатушке. Жил очень бедно и затворнически, все силы сосредотачивая на молитве о несчастных по всему миру.

Иерей Павел вспоминал, что старца не хотели восстанавливать в священническом служении, так как он своей жизнью стал бы немым укором для многих священников. Незадолго до смерти старца дружественный к нему епископ Елисей всё же вернул ему возможность служить литургию, но было уже слишком поздно и болезни не давали старцу служить в храме. Болея, старец говорил: «Не ищу ни креста, ни утешения», имея ввиду, что готов с радостью принять то, что Господь пошлёт ему по Своей любви.

Один добрый священник Александр Сорокин очень огорчался, что старец его не принимает. «Неужели я такое чудовище, что не могу с ним поговорить?», – думал он. Но именно этому священнику досталось провожать подвижника в последний путь, что было для священника ответом старца: «Я тебя люблю».

На погребении старца некоторые люди чувствовали благоухание.

Старец Борис жил сокровенно и умер сокровенно, подобно пустынникам древности. Его пустыней стала для него сторожка при больнице, и он, выметая мусор, иногда повторял, что «у Бога мусора нет», ибо всё на земле лучится нетварным Господним светом. Его жизнь, внешне скорбная и незаметная, была вся полна тайной радости приобщения Господу, что и есть самый важный праздник для человека. Он воочию увидал, что жизнь, по слову Симеона Нового Богослова, «это вечный праздник приобщения Богу». Он внешне одинокий, не был одинок, потому что быть с Богом – есть полнота, и люди не знают об этом только лишь потому, что редко ищут пережить реальность той радости, что Бог действительно существует и направляет все наши жизни к добру.

СТАРЕЦ ЭМИЛИАН ВАФИДИС

Лучший путь

Старец Эмилиан Вафидис, будучи игуменом монастыря и принимая многих людей, всем старался открыть, что для каждого человека Бог приготовил особый путь, на котором именно он сможет раскрыться в Духе. Потому так важно каждому отыскать этот путь и идти по нему, а не по очень хорошему, но чужому пути. Подвижники всегда так разнообразны оттого, что они идут по своим уникальным путям к общей цели – святости или любви. Что же помогает нам открыть свой путь? Одна только любовь – старца, мамы, духовного друга, – потому что только любовью можно прозреть неповторимость другого и открыть ему его уникальность в бытии, украшением и светом которого каждый из нас сотворён все прекрасным Богом.

***

Старец Эмилиан Вафидис всегда учил, что человек пришёл в этот мир для радости. У него есть слова: «Если монах не имеет радости в своей душе – уже с этим нужно идти на исповедь».

Где бы мы ни были – жизнь должна приносить нам радость, либо мы ещё не обрели свой путь и место на этом пути.

***

«За всю свою жизнь я не видел ни одного человека, который бы не получил от Бога того, чего просил».

***

Не говори, когда ты хочешь победить какой-то грех «я больше не буду врать», «я больше не буду раздражаться», потому что ты соврёшь и раздражишься как только выйдешь из моей кельи… А постарайся вместо этого приобрести желание ни в чём не огорчить Господа, – и у тебя получится всё остальное…

***

Старец Эмилиан всегда поощрял высшее образование монахов, хотя бы для того, чтобы они могли ответить на многие сложные вопросы тех, кто приходит в монастырь за советом.

***

Старец Эмилиан Вафидис пишет: «Если увидишь какого-нибудь подвижника, который постится, молится, спит на земле, отправляет изнуряющие службы, но не имеет радости, то его борьба фальшива и напрасна».

Потому что радость, как мы знаем из Евангелия – есть плод Духа Святого. А Господь подаёт Себя лишь за то, что считает подвигом Сам, то есть за стремление благодарить за всё и превращать жизни окружающих нас людей в светлых праздник.

***

И в другом месте, обращаясь к своим монахам старец Эмилиан Вафидис говорит, что если ты не чувствуешь в душе радости, то это уже повод идти на исповедь. Потому что если ты не радуешься, то это или духовная проблема, которая должна быть решена с духовником или же это бытовая, которую надо решить с игуменом или игуменией, братией.

***

Старец Эмилиан пишет: «««Я читаю Евангелие» означает, что я стою́ прямо перед Христом в ожидании услышать от Него наставление на сегодняшний день, которое приоткроет для меня Бога и наполнит собою мои размышления... Евангелие учит нас правильно принимать решения».

То есть – Христос Сам обращается к нам во время чтения Его слова, а Его слово имеет силу вдохновлять нас быть настоящими и высокими во весь рост задуманной о нас красоты...

***

«Если не можете быть святыми, будьте хотя бы вежливыми».

***

«Бог – это скала на все века, и в долготу, и в глубину, и в высоту. В Нём могут найти опору все».

***

«Главное в духовной жизни – это радость».

Беззащитные люди

Старец Эмилиан говорил, что о монахах нужно заботиться, потому что это самые беззащитные люди. Под монахами мы можем подразумевать и вообще всех тех, кто отваживается ходить по воде надежды, не имея хорошего жизненного плана, как ему есть, пить и во что одеваться. Это и творческие люди умножающие красоту, и служители дел милосердия и все им подобные, неважно, живут они в обители или в огромном городе. Все они нуждаются в помощи, потому что каждый утешитель тоже нуждается в утешении. И помочь им – обрести милость перед Богом. *«Кто принимает пророка, во имя пророка, получит награду пророка; и кто принимает праведника, во имя праведника, получит награду праведника»* (Мф 10:41)

Есть у Бога для людей такое особое служение – послужить служителю. Ведь те, кто по выражению древнего аввы «держат стены мира» – люди особенно тонкие и ранимые, и им, как и всем другим, драгоценно не только любить, но и быть любимыми…

Об этом, собственно, и говорил старец Эмилиан…

***

Есть в церкви необыкновенные, нежные, высокие души. Вот каким опытом отношения к человеку делится старец Эмилиан Вафидис: «Никогда не будем обижать или огорчать человека, никогда не будем заставлять его почувствовать себя ущербным, приниженным, почувствовать себя хуже других, иначе мы убъём его душу. Этот человек получит травму и не сможет преуспеть в жизни.

Ты назначил кого-то петь на клиросе, он поёт не на тот глас, и ты делаешь замечание: «Опять ты неправильно спел тропарь». Каждый раз, когда он будет приходить петь, он будет вспоминать об этом и думать: «Как бы мне не ошибиться». И, конечно, будет ошибаться. Кто в этом виноват? Тот, кто сделал замечание.

Никогда не будем акцентировать внимание ближнего на какой-либо его немощи, проблеме. Никогда не будем напоминать ему о его пороке, грехе. Будем прибегать только к похвале, но похвале благородной, а не глупой. Ведь человек никогда не исправляется от упрёка, равно как и от замечания».

Старец Эмилиан Вафидис
«Жить в присутствии Бога».

« .. Плач начинается лишь с того момента, как я приступаю к покаянию. И плачу я не для того, чтобы получить отпущение грехов, но чтобы выразить свою благодарность Богу, Который изменил меня своей Десницей. Я плачу, свидетельствуя об освобождении и ликовании своего сердца, воспевая Богу победную песнь. Я приношу свои слёзы как благодарственную жертву. Слёзы вместе с Евхаристией и молитвой Иисусовой - самые благоприятные жертвы перед Богом. Такие слёзы заключают в себе сладость.»

Мария Важева комментирует эти слова старца так: «Как точно, скажите! Ведь, многие склонны понимать покаянный плач как вечно ноющее христианство...

До этого отрывка мне было не понятно как святые плакали о своих грехах... Теперь все встало на свои места...»

***

Старец Эмилиан Вафидис говорит: «Молитва – естественная потребность, заложенная в сердце каждого человека. И нет человека, который совсем не имеет потребности в молитве.

Потребность искать Бога и находить Его – это привилегия человека!»

Моя Мама добавила к этим словам: «И эта потребность реализуется рано или поздно у всех».

***

Старец Эмилиан Вафидис говорит: «Не существует двух систем духовности – и монахи и мир молятся молитвой Иисусовой.

Эта молитва рождается в экзестенциальной глубине человека, который тоскует по Богу и ждёт встречи с Ним.

Иисусова молитва есть живая память о Боге.

Что же происходит с нами через такое призывание и повторение? Мы обретаем духовную силу, исходящую не от нас, но от Самого Бога. Имя Господа, которое мы повторяем, не есть что-то случайное, но оно содержит в себе Божество, оно содержит в себе Самого Христа, Который непосредственно входит в наше сердце. Следовательно, частое призывание этого имени в молитве имеет большое значение. Не потому, что это призывание может нам что-то дать, но это призывание дарит нам приобрести некий навык, чтобы память о Христе стала непрестанной внутри нас, так что и всё, что находится вокруг нас, и наше сердце наполнится Богом».

Итак повторение слов молитвы не есть какая-то магическая практика, которая сама по себе может дать определённый результат. Повторение молитвы нужно для удержания её в душе, вростания в неё, запечатления в душе имени Христа. А, следовательно, вхождения Самого Христа в нашу повседневную жизнь!»

***

Старец Эмилиан Вафидис говорит: «Откровение личного Бога совершается для конкретной человеческой личности!»

***

Старец Эмилиан Вафидис говорит: «Дух Святой дарует человеку некое постоянное благодатное состояние».

***

Как прекрасны старцы! Сколько в них благой детскости! Сколько движения! Сколько светлой жестикуляции! Они все – в жизни, в сути, в восторге. Они идут дарить и давать!

Посмотрите видеозаписи выступлений старца Эмилиана Вафидиса! В нём так много светлого движения тела, что ты и сам становишься настоящим, уходит не просто мысленное мучение, но даже телесная зажатость, и ты согреваешься в тепле Бога.

***

Старец Эмилиан Вафидис говорит: «Существует много способов Иисусовой молитвы. Каждый человек соответственно своему характеру находит свой способ, который со временем изменяется.

Важно найти способ молитвы, который подошел бы нам сегодня. А завтра Христос подаст нам другой способ.

Завтра может наступить через месяц, через 5 лет и даже через 20. Но только представьте себе, – это 20 лет борьбы вместе со Христом, пребывания вместе со Христом.

Если оставить на столе мёд – пчела прилетит сама – мне не нужно звать её. То же самое происходит и с молитвой – я заключаю ум в слова молитвы, а Святой Дух Сам по себе приходит и соединяется с умом. Вот так совершается наше обожение. Очень просто и незаметно для нас. Постепенно мы начинаем видеть и результаты».

***

«Предмет исповеди – не поступки другого человека, а моя реакция».

***

Старец Эмилиан говорит: «Мерило воздержания – рассуждение, принимающее в расчёт здоровье человека. Мера воздержания зависит так же от места, среды, климата, от состояния, в котором мы находимся... Поэтому блаженный Августин настаивает, чтобы мерилом для тебя было хотя бы твоё здоровье».

***

«Моя деятельность на каком-либо поприще должна быть видной для всех, чтобы братья могли на себя рассчитывать».

***

«Не желающий каяться хочет всегда поститься или бдеть целую ночь. Ему надо сразу всё».

***

«Мир есть пространство церкви, а мы члены её тела».

***

«Большинство болезней происходят от потери душевного мира, бывают следствием уныния, многословия, гордости, упрямого своеволия, навязчивых желаний».

***

«Мы склонны унижать ближнего или поддразнивать, часто в присутствии других. В особенности же мы склонны сказать ему нечто такое, что бы поставило его на место.
...Будем вести себя с ним просто и естественно, чтобы он чувствовал себя царём, радуясь благородству человеческой природы».

***

Глубочайшие размышления старца Эмилиана Вафидиса об опыте веры и о том, что даже отсутствие живого опыта можно обернуть себе на пользу и достичь веры, если только у человека хватит ума и мужества довериться знанию самых светлых людей истории этого мира: «Но вы вновь мне скажете: «Мы не видим Бога ни как свет, ни как тьму. Мы не имеем опыта. Это для нас мечты. На что же нам опереться в жизни? Только немощь и сокрушение вокруг нас, только мрак».

Да что же вы говорите, дорогие мои?! Нет! Мы живем вместе и смотрим одинаково. Почему же ты мыслишь как индивидуум, а не как член Тела Христова? Вера и опыт других чужды нам? Мы уже вспоминали раньше слова: «Говорят, что Бог живет во мраке». И, продолжает тайновидец, описатель небесного, что и о Божественном апостоле Павле отмечено (и это правда!), что он видел Христа: «…так же, как и апостол Павел познал Бога».

Что это значит? Святые свидетельствуют об этом, Писание упоминает вновь и вновь, отцы подтверждают, апостол Павел исповедует, опыт мистической жизни являет то, что живет Бог и во мраке, и в свете. Если ты Его не видел, не познал Его, так что с того? Ты есть истина в высшей инстанции? Нет. Потому-то об этом сообщал и сообщает поныне опыт Церкви».

***

Бог всецело там, где нам больно. Он с нами даже там, где мы Его не чувствуем.

И наш труд по обретению Его никогда не будет напрасным, ибо Он сказал: «и приходящего ко Мне не изгоню вон» (Ин 6:37»). Об этом – прекрасный старец Эмилиан Вафидис: «Чтобы обрести переживание Бога, надо пережить тысячу мраков Его отсутствия и Его незримости. Когда же ты через это получишь опыт собственного незнания Бога, полной Его незримости, когда ты почувствуешь, что погружен во мрак своей греховности и осознаёшь полное бессилие, ты удостоишься получить в качестве приданного Божественную благодать».

Великие слова старца Эмилиана Вафидиса о таинстве обретения веры:

«Поэтому Гора придерживается единой вековой традиции для того, чтобы надежно владеть тем, что имеет.

Поэтому следует доверять Святой Горе, ибо она не учит тому, что появилось лишь сегодня. Она авторитетна, ибо свидетельство ее доходит до Христа. Она имеет и дает жизнь, а жизнью является Сам Бог, твой Бог!

В Писании сказано: Светильник Господень - дух человека, испытывающий все глубины сердца (Притч. 20:27). Ты слышишь? Свет Божий есть наше дыхание. То есть мы бы умерли без света Бога, пускай незримого. Следовательно, ты обладаешь светом и должен верить в то, чем обладаешь, ибо это поставит тебя когда-нибудь одесную Бога. Достаточно помнить это и знать об этом: как дыхание, он войдет в тебя и наполнит жизнью. Но может быть, у тебя нет дыхания? Есть! Нет света? Нет Бога? Это невозможно. Твое дыхание скрывает свет. Задержи дыхание – ты задержишь Бога! Бог поселился в нас, исследует глубины нашей души и видит наши желания.

Один монах сильно страдал, ибо его старец чувствовал переживания Бога, а сам он – нет. И знаете, что он сделал? Он упал ниц, склонился на колени и стал целовать землю, скамью, дверь кельи старца и все, что там было, говоря: «И здесь есть Христос - я целую Христа».

Другой целовал осла, который поднимал его в гору, и припоминал слова о том, что Бог дает отдохновение труждающимся и обремененным.

Поцелуй и ты землю, по которой ходишь ты, твоя жена, муж, ребенок, то место, где ты молишься, где воскуряешь фимиам, где плачешь. Почувствуй Христа и облобызай место, где это произошло, где Бог пришел.

Святая Гора показала нам, что благодать Божия действует повсюду. Вы знаете, как называет Иоанн Дамаскин Божественную благодать? «Прыжок Божий». Там, где сидишь ты, где годами ждешь Бога и не находишь Его, вдруг Он выявляется и входит в тебя, заключает в Свои объятья, целует, наполняет дыханием, воздухом, любовью, бытием, Своей Триединой сущностью.

Насколько просто подпрыгнуть человеку, настолько легко «спрыгнуть» и Богу и войти в нашу жизнь. Как Он сходит на вершины Афона, как восходит на лодки и в пещеры, в ущелья и повсюду, улавливая желания, страдания и слезы святогорцев, так слышит Он и последний крик твоей души, нашей души».

***

Старец Эмилиан Вафидис мудро пишет об одной распространённой людской ошибке – желании взять на себя то дело, которое делает только Бог.

«Человек переменчив: на него влияют его здоровье, климат, люди, собственное душевное состояние. Никогда он не бывает один и тот же. Однако пусть нас не интересует, сможем ли мы всякий раз вкусить плод молитвы. Будем совершать правило в отведённое для этого время, а остальное – как Бог даст. Изменение нашего духовного состояния – это дело Бога, а не нас самих. Бог желает, чтобы мы пребывали в молитве два, три, четыре, пять часов и наслаждались этим. Какой плод это нам принесёт, зависит от Бога. Мы дадим ответ не за то дело, которое совершается Богом, а за своё собственное».

Так говорит старец. Между тем, как много в людях переживания, что Бог не выполнит Свою работу, не увидит наш труд, нашу боль, не отнесётся с должным вниманием к нашим переживаниям, откажет нам в важной для нас просьбе и так далее...

Даже у святых бывали такие тревоги. Так, старец Гавриил Стародуб как-то очень волновался о том, жалко ли Богу нас так же сильно, как нам жалко самих себя? И он открыл нам, что ему в ответ на это его терзание явился

Христос и сказал: «О, человеки, если бы вы знали как Мне вас жалко! В десятки раз сильнее, чем вам жалко самих себя...»

***

Старец Эмилиан Вафидис пишет: «Но прежде чем в жизни человека произойдёт эта единственная в своём роде встреча – встреча с Богом – человек должен пострадать, помучиться, это может быть горячка или какая-либо иная боль – телесная, душевная, духовная. Тому, кто не страдает, не плачет, не омывает лицо слезами, невозможно увидеть Бога. Не бывает рождения без болей. Только боль может освободить человека от безрассудных желаний и от всего, что его увлекает, сделать его свободным от самого себя и соединить с Богом».

А одна из тяжелейших болей – это страдание нечувствия Бога. И она, парадоксальным образом нужна нам, чтобы мы почувствовали Его, и не только почувствовали, но и вместили в себя, чтобы Он стал нам присущ, а мы присущи Ему. Потому так важно молиться Ему, даже Его не чувствуя. Тогда Он непременно придёт, и придёт уже навсегда, потому что через боль мы сделаемся способными Его принять.

Старец Эмилиан Вафидис пишет: «Приступая к молитве, мы часто не чувствуем ревности, не ощущаем Божьего присутствия, Бог кажется нам каким-то неведомым, суровым, мрачным, нелюбящим и даже несуществующим. В таких случаях мы бросаем молитву. Но это неправильно. Если мы все-таки возьмем на себя эту тяжесть, осознаем, что должны молиться во тьме своего одиночества, потерпим адовы муки своей души и будем творить молитву в этой геенской темнице без всякой надежды, без Бога, без единого луча света, как того недостойные, – именно тогда начнет действовать Бог, Он придет и снимет тяжесть с нашего сердца, успокоит нас».

***

Старец Эмилиан Вафидис пишет: «Есть одна сказка про лисицу, которой оторвали хвост, и она так привыкла к своему странному виду, что потом не могла представить себе лису с хвостом. То же самое, к несчастью, происходит с нами. Мы так привыкли к помыслам и плотским искушениям, что не можем представить себе жизнь без них».

Посмотрите! На человека, надеющегося на Бога, смотрят, как на дурачка, даже в церкви…

***

Старец Эмилиан Вафидис пишет: «Дорогие мои, к одной вещи мы должны быть внимательны – когда мы молимся, когда упокаиваемся, если мы будем честны перед Богом – то сможем делать дивные дела и в наших душах, и даже в обществе. Но мы должны быть внимательны и не отвлекаться.

Мы можем научиться, если хотим этого, быть орудием благодати – надо научиться не заниматься не своими делами. Чтобы нас не интересовали вещи, которые нас не касаются. Чтобы мы не открывали наш горизонт по- мирски, но поднимали самих себя на небеса. Надо сохранять сколько можно в молчании наш ум, не оставлять его быть растерзанному помыслами.

Один помысел может прийти, это человеческое. Однако когда помыслы видят, что мы не придаем им значения, не начинаем рассматривать правильный он или неправильный, будем мы его слушать или не будем, тогда помысел уходит. И тогда помыслы нас оставят, если мы никакого значения не будем им придавать.

Не надо чтобы нас окружали помыслы, чтобы они отвлекали нас, не надо начинать работы, которые для нас не жизненно необходимы. Даже если мы катехизаторы, или духовные лица, исповедники, учителя, священники какого то прихода, проповедники – все что угодно, где необходима деятельность, где нужно что то организовать. Тогда мы должны это сделать. Так и апостолы организовывали, собирались и говорили – этот поедет в Японию, этот поедет в Египет, этот в Индию …

Это просто организация, которую и мы будем делать, но не будем начинать вещи(работы), которые нас утомляют, нас запутывают, нас отвлекают. Насколько можем, надо держать самих себя в нашем сердце, особенно наши мысли, чтобы их нашел Бог чистыми и мог писать на них.

Когда мы занимаемся многими вещами, когда ввязываемся в работы, эта запутанность и есть катастрофа, поэтому и говорят, что выше десяти заповедей есть одиннадцатая, НЕ ВПУТЫВАЙСЯ.

Не будем впутываться ни во что – не будем огорчаться, не будем переживать, не будем бояться нашей болезни, ни смерти, ни переживать за нашего отца и нашу мать, за наших братьев…

«Ах, придет 666, ах будут делать удостоверения, ах, умрет наше общество, мир пропал, все ранены, ушла, потеряна вера во Христа, никто не рассчитывает на Церковь!.....»

Что за отвлечения это!?

Будет нераздельны – я и мой Бог!».

РАССКАЗЫ О СТАРЦАХ

Старец Филофей

Старец Филофей рассказал о себе иерею В. такую историю. Старец родился в семье греческого миллионера и жил в богатейшем квартале, где селятся только богачи и знать. Когда мальчику было семь лет, родители взяли его на похороны другого миллионера. У того на крышке гроба была надпись: «Смотрите – я с сбой ничего не беру»...

Мальчика это поразило и он стал спрашивать взрослых о том, что это значит? А когда стал юным – то встретил известного греческого старца и спросил его, как жить правильно? Старец дал юному Филофею первое послушание: посреди улицы раздеться донага, а потом снова одеться. Когда Филофей стал обнажаться, сбежались знакомые и репортёры, но будущий старец исполнил дело. И с тех пор он никогда не задирал нос перед другими людьми.

Став послушником старца он получил от последнего послушание собрать что-то в деревне, а переночевать в монастыре на острове. Филофей управился к вечеру, и, когда пришел в порт, паром уже отходил. Тогда он в одежде прыгнул в воду и стал грести к парому. Его заметили и подобрали, и так он снова исполнил послушание, значение которого было для будущего старца всегда велико.

Рассказав всё это иерею В. Старец Филофей добавил: «Я вам это поведал, чтобы вы знали, каким мёдом мы собираемся вас напоить»...

Ещё старец сказал, что, как мы обоняем цветы, так Христос вдыхает запах каждой человеческой души.

Когда на Донбассе погибла прихожанка Андреевского храма, старец Филофей сказал: «Она уже в раю. Она ехала встретить сына, но её встретил Христос. Скоро вы получите подтверждение её блаженной участи».

Некий прихожанин с Донбасса приехал к старцу. Тот показывал ему иконы в храме. Подвёл к иконе Богородицы и говорит: «Тут всё святое. Даже мистер Мускул» (указал рукой на жидкость для протирания икон).

Потом взял «Мистер Мускул» и несколько раз пшикнул на прихожанина. Тот оторопел: «Геронда, вы что?». А старец добро и весело рассмеялся и сказал с акцентом: «Я сюмаседсий!» (сумасшедший). Так человек увидел то детское и простое веселье, которое присуще святым людям, причастным Духу.

Когда иерей В. был у старца, то имел на душе некую проблему, открывать которую стеснялся. Старец долго говорил с ним, а священника терзала эта проблема, но он молчал. В конце беседы старец наклонился и сказал священнику на ухо: «То, что вас беспокоит, пройдёт как проходит головная боль. Вы поняли, о чём я?».

Пораженный священник только закивал головой, удивляясь, как мягко и без обвинений старец избавил его от боли...

Монахи в Иерусалиме рассказывали батюшке В., что, однажды, они проходили мимо одного из списков Иерусалимской иконы Богородицы и услышали от иконы голос: «Мне нужно к Филофею». Поняв, что к ним обратилась Владычица, они стали искать среди паломников Филофея и нашли старца, отдав ему икону. С тех пор этот образ стоит у него в приёмной келье.

***

Когда в монастыре старца Филофея, греческого митрополита, заболевает монахиня, то игуменья едет к ней в больницу и служит ей до тех пор, пока монахиня не поправится.

***

Старец Филофей говорит скорбящему священнику:
– Повторите за мной: «Всё будет хорошо».
– Я не могу, – отвечает священник. – Я не верю в это.
– Просто повторите за мной.
– Не принуждайте меня. Я не могу! Я не верю! Простите.
Старец не принуждает и мягко оканчивает разговор. А на утро священник просыпается в радостной уверенности в хорошем конце. Он весь день ходит и всем говорит, что всё будет хорошо. «Как он это сделал, не понимаю», – признавался потом священник.

***

Известный певец из Греции имел некую сложную жизненную проблему, которая его очень огорчала. Он попросил встречи со старцем Филофеем, и по молитвам того ситуация очень быстро разрешилась. Тогда певец пришел к старцу снова и принёс ему деньги.
– Что это за деньги? – спросил старец.
– Это гонорар за моё выступление в очень известном и богатом ночном клубе. Тут очень много. Возьмите их себе, – отвечал певец.

— А когда вы там выступали?

— В ночь с субботы на воскресение.

И старец ответил, что не сможет взять эти деньги. Ведь певец своим выступлением сделал так, что многие люди не пошли в воскресение в храм. «А мы не можем быть счастливы, если не кладём в основание жизни заповеди Божии. А ходить в храм по воскресениям – это Божья заповедь», – заключил старец.

Ночные гости

Батюшка В. ездил в 2016 году в Грецию и гостил у старца митрополита Филофея. В полночь старец разбудил батюшку и попросил отвезти его по одному адресу.

— А что там? – спросил священник.

— Там семья поссорилась и я еду служить им молебен.

Приехали в час ночи, старец отслужил для семьи молебен, помирил их, покушал с ними, а когда священник и старец сели в машину, Филофей попросил отвезти его ещё в одно место.

— Куда?

— В пекарню.

— Старец! – воскликнул батюшка, – что вы будете делать в пекарне в три часа ночи?

И Филофей рассказал о своих духовных детях, которые открыли пекарню, но дела у них не шли. Они уже хотели закрываться, но старец не благословил закрытие пекарни и сказал, что каждый день будет скупать у них ночью всё, что они не продали в течение суток. Дела у пекарей скоро пошли в гору, они заработали много денег, но каждую ночь старец, чтоб не будить келейников, сам едет к ним в пекарню, сам забирает мешки с хлебом в свою машину и сам отвозит в монастырь, где утром иноки будут этим хлебом кормить паломников и монахов.

Старец Филофей и Марина

Вот, что рассказала Марина о встрече со старцем в начале 2016 года:

«При встрече со старцем Филофеем я опять стала спрашивать, как мне быть. Больно и тяжело мне, равносильно смерти, уехать от отца Вадима и не бывать на службах его, и не иметь возможности помогать ему во всем, как я это делаю уже несколько лет нашей дружбы, но мне нужно уезжать, чтобы начинать работать. Кончаются все мои средства…» Он ответил, что то, что я сейчас делаю для Батюшки, я делаю для Христа. А потом трижды прокричал у меня над головой: «Служи Христу!!! Служи Христу!!! Служи Христу!!!»».

Батарейки

Старец Филофей говорит некоторым людям: «Приезжайте ко мне – я подзаряжу вам батарейки и вы поедете к себе жить дальше».

***

Старец Филофей – благодатный ребёнок, который своим поведением разрушает все представления людей формы о том, каким должен быть епископ. Он весь – лёгок и весел, любит шутить и смеяться, и хочет, чтобы все вокруг улыбались. И окружающие его тоже вдыхают эти веселие и лёгкость, и, часто впервые, начинают дышать свободой веры, видя, что Бог призывает только к любви, доверяя нам бесконечную индивидуальность форм её выражения.

Мячик

Один священник полюбил Швейцарию и сам себе говорил: «Продам всё и уеду сюда жить хоть на неделю или на месяц».

Как-то он встретил старца Филофея и тот ему неожиданно говорит:

– Батюшка! Священник, как мячик в ногах у Господа. Он захочет – буцнёт вас в Швейцарию. А не захочет – не буцнёт.

Ряса митрополита

Старец Филофей готовился к встрече митрополитов Греции и пришёл на приём в заплатанной, рваной рясе. Переводчица ругает его: «Вы это специально так пришли! Вы что – не понимаете, что на такие приёмы надо ходить красивым! Вы посмотрите на других архиереев – надушены духами, золотые запонки! А вы? Где ваша атласная новая ряса которую мы вам сделали?»

– Я её одному монаху подарил…

– Владыка! Зачем монаху ряса митрополита?

– Вы не волнуйтесь, это очень простой монах – она ему не повредит.

– Владыка, завтра приём у мэра и чтоб вы были в хорошей рясе!

На следующий день митрополит Филофей приходит в новенькой рясе. Переводчица рада, и вдруг, посреди приёма замечает, что у старца вместо ботинок шлёпанцы. Вне себя от злости она ругает Филофея:

– Вы это специально!

– Простите, я так хотел одеть красивую рясу, как вы сказали, но ведь об обуви вы не говорили и я не подумал.

– Как вы могли забыть? Вы помните то, что сто лет назад было!

– Но ведь это только одежда. Разве это так важно в чём я приду?

Улыбка

Старец Филофей говорит: «Самый простой способ угодить Господу – это улыбнуться».

Когда батюшка В. ехал со старцем Филофеем на автобусе, старец растягивал губы батюшки в улыбке и говорил: «Надо так».

Святой Иосиф Исихаст

15.08.1959 – день памяти чудесного афонского подвижника и старца Иосифа Исихаста. Если нужно объяснить кому-либо, кто такой старец, то легче всего это сделать сказав: он тот, кто раскрывает другим жизнь как сказку. Так, один из духовных детей Иосифа, старец Ефрем Филофейский и Аризонский, вспоминал как бы в третьем лице о себе, что однажды в молитве ощутил мир таким, каков он есть – лучащимся красотой, хорошестью, мудростью и всё вокруг пело и благодарило Бога. Вот, как он пишет об этом: «Он осознал, почувствовал язык, которым творение славословило Творца. Глаза этого брата, как душевные, так и телесные открылись настолько, что он стал видеть всё совершенно иначе. ... Всё, что он слышал, было каким-то странным, связанным со сверхъестественным. Поющие птички, распустившиеся цветы, цветущие и благоухающие деревья, солнце, сияющий день – все они говорили о славе Божией. Брат видел это как если бы видел рай... Как животное царство, так и растительное говорили о славе, о величии, о красоте и великолепии

Бога. Брат удивлялся, изумлялся, но не мог говорить. Глаза источали слёзы – не из-за грехов, а из-за красоты Божией». Но ведь это и есть сказка в полной мере, когда ты вдруг касаешься красоты и тебе открывается, что как говорил Иустин Сербский: «По своей Божественной, логосной сути жизнь есть рай».

***

Митрополит Афанасий Лимасольский вспоминая святого Иосифа Исихаста писал, что учение Иосифа заключалось в необходимости для людей Иисусовой молитвы и возвращения к частому причащению и иноков, и мирян. Рассуждавший в том же ключе, и точно так учивший приходящих к нему, известный старец из монастыря Лонговарды на острове Парос, преподобный Филофей Зервакос, говорил об этой практике Иосифа Исихаста: «Если человек всеми силами стремится к этим двум таинствам – покаянию и святому Причастию, то, ручаюсь, он преуспеет и достигнет Божественного».

Когда старца Иосифа Исихаста душили помыслы, он говорил себе: «Всё то, что ты говоришь, хорошо. Есть масса логических подтверждений и доказательств, что всё это так, как ты говоришь. Но только где же тут Бог?»

Старец Илий Оптинский

Ольга Седакова и Татьяна Горичева, много путешествовавшие по Западной Европе, рассказывают, что, если речь заходит о православии, то европейцы желают слышать, прежде всего, о старцах. Потому что душа, измученная малой верой или сомнением, очень хочет получить несомненное доказательство реальности Бога и мира духовного. Чтобы обращение к Господу стало для неё выходом из бесполезности жизни, чтобы цепи неважности и смерти спали, и можно было выпрямиться и затанцевать от неожиданного, невероятного знания, что небеса не слепы, и ты всегда будешь любим и нужен.

И это чувство ошеломляющей реальности Бога и дают, прежде всего, старцы. Рядом с ними воздух звенит от присутствия Святого Духа и сияние Господне становится заметно. Старцы делают Бога реальным для приходящего к ним человека, они открывают несомненность неба и важность нашей жизни для Бога.

Сам старец Илий вспоминает, что, когда впервые, ещё молодым человеком, прочёл книгу о старце Силуане, то оказался в каком-то светлом пространстве, которое явно говорило о красоте церкви. Он увидел, что церковь – это только то, чего в людях касается Дух и где они касаются Духа. А потому, на самом деле, православие – это твоя личная встреча с Богом, через которую ты входишь в реальность Духа Святого, где находятся так же и все другие, в ком эта встреча произошла. И ты тогда явно видишь, что грехи некоторых ходящих в храмы людей всегда вне и помимо церкви, а сама церковь – есть история действия Духа Святого в людях и мире. И тогда и через тебя, как и через старцев, потекут в мир реки воды живой.

Конечно, чтобы разглядеть эту воду живую, смотрящий должен быть хоть как-то настроен на истину. Но, если этот сторонний наблюдатель хотя бы в чём-то созвучен свету, он увидит, что человек повстречавший Бога, это тот, кто в окружающем нас формализме, фарисействе и ложности людских отношений осмелился быть

«Живым и только
Живым и только до конца...»

Старец Илий Оптинский и Божья воля

Вика К. до прихода в церковь вела разгульную жизнь. Как-то она смертельно отравилась вином и, думая, что умирает, произнесла Богу обещание, что, если выживет, посвятит жизнь Ему. Она выжила и стала христианкой. Но до 30 лет она никак не могла устроить личную жизнь, так как ни один парень не соглашался с ней встречаться. Она мучилась и переживала, но мысли о монастыре её угнетали. В конце концов, чтоб узнать волю Божию, она поехала в Оптину Пустынь к старцу Илию. Рассказала ему, что ей уже 30, а отношения ни с кем не складываются. Старец задумался, помолился и сказал: «Вам нужно в монастырь». Вика огорчённо воскликнула: «Но я хочу замуж». Старец снова стал молиться и ответил ей: «Тогда молитесь».

А мы, услышавшие эту историю, удивились тому, что наш Господь согласен даже изменить Свою волю, когда она входит в противоречие с нашими устремлениями. Ведь, если Вика и вправду уйдёт в монастырь, то только потому, что это желание созреет у неё в сердце. Бог не станет навязывать ей такой шаг, хотя и открыл, что это с её стороны было бы правильным.

Был в предании и такой случай, когда кто-то из современных старцев, будучи молодым человеком, приехал в Лавру к известному старцу, чтобы попросить благословения на жизненный путь. Тот тоже сказал, что молодому человеку нужно стать монахом. «Но я хочу жену», отвечал тот. «Тогда вам придётся сменить много приходов» сказал ему старец.

Хотя Бог и знает, что для нас окажется самым лучшим, но не вводит насильно в нашу жизнь даже хорошее, а ждёт, пока оно само созреет и вырастет в сердце нашем.

***

Я видел его всего один раз в жизни, в Оптиной Пустыни. Был будний день и в храме было мало людей, но его окружили плотным кольцом и стали задавать вопросы. Я, не особенно надеясь поговорить, сказал ему:

— Батюшка, хочу научиться…

Он сразу повернулся и с необыкновенной весёлостью, как на фотографии святого Амвросия Оптинского, говорит:

— Что? Иди за мной.

Привёл меня на клирос. Его облачение было чёрное с голубым, и от самого Илия исходило такое духовное величие, что вспомнились эльфийские князья из книг любимого мною Толкиена.

Я спросил его, как научиться верить? Он сказал:

— Вера, величайший дар Божий, даруется за нравственную чистоту.

И добавил: «За один косой взгляд теряется благодать».

Важно ещё одно. Когда я сел рядом со старцем на клиросную скамейку, почувствовал исходящий от него свет. Глазами я ничего не видел, но всей душой и всем телом чувствовал свет, который одновременно был радостью, и радость, которая одновременно была светом. Я немного отодвинулся от старца и свет стал ощущаться не так сильно, придвинулся – и свет усилился. Так Господь мне показал, что есть живая вера на самом деле.

Старец Илий и Инстаграм

Мой знакомый священник Николай Бабкин 18.11.2018 написал на свой странице в Фейсбуке: «Удалось пообщаться в батюшкой Илием (Ноздриным). Я спросил о главном и получил ответ, который и сам знал. Всего не могу вам сказать, но отец Илий благословил мое служение в социальных сетях и Библейское Движение в инстаграме».

Слова старца всегда – великая драгоценность, которая будет прорастать добром, светом и радостью как в вашей жизни, так и в жизнях тех, кто откроет для себя что-то важное и высокое через ваш труд. Так всегда бывает со словами старцев – они плодоносят нами и плоды часто достаются и тем следующим поколениям, кого Господь не привёл ещё пока жить на земле...

Старец Ефрем Филофейский и Аризонский

В Аризоне в монастыре святого Антония есть старцы Ефрем Филофейский и Паисий.

Вот какими их увидела моя подруга Виктория Бурцева из Америки.

Старца Ефрема я видела мельком, на трапезе общей и в храме подходила под благословение в темноте. В монастыре служба начинается в 1:00 ночи и до 3:30-4:00 утра. Службы проходят в темноте, без света и свечей. Я расспрашивала людей о нем, говорили, что он солнышко, очень добрый и светлый. От его лица исходят лучики света. К старцу Паисию мне сподобилась попасть каждое наше посещение монастыря (третье посещение было на этот раз). Он благословлял нас крестом с чудотворным миром, которое ему подарили на Афоне. Я чувствовала от креста исходящее тепло и хотелось только говорить при этом: Господи Исусе Христе, помилуй меня грешную. Старец Паисий на первый взгляд кажется немного суровым, но думаю это из-за бороды черной, с проседью. Он небольшого роста, не молодой. Моложе чем старец Ефрем. Что я заметила в старце Паисии, то, что он готов помочь и отложить свои важные дела для всех людей дерзающих его задержать и просить о чем либо. Еще он понимающий и чуткий…

***

Старец Ефрем Аризонский навсегда приехал в США и основал тут монастыри когда увидел, что многие там нуждаются в духовном руководстве, а найти его негде... Старец открыл 19 монастырей по всей Америке и Канаде, чтобы в любой части страны люди могли исповедаться и получить духовный совет. Игуменами и духовниками он поставил своих учеников. Тысячи и десятки тысяч людей со всего мира посещают эти обители. Некоторые из учеников Ефрема и сами стали старцами, как, например, Паисий Аризонский. Однажды Ефрему явился его почивший афонский наставник – святой Иосиф Исихаст, и высыпав Ефрему на колени 20 апельсинов сказал, что столько обителей тот должен основать в США и Канаде. Сами монахи этих обителей и паломники говорят, что Ефрем насытил духовный голод людей в США, открыв им дорогу к подлинности и красоте, которую может открыть лишь только праведник, при жизни имеющий опыт райского блаженства.

Один из его монахов как-то ехал со старцем на машине и подумал, что семидесятилетнему старцу тяжело постоянно ездить из города в город. От жалости он стал молится мысленно о Старце, а Ефрем тотчас стал молится о нём вслух. Монах был поражен и на следующий день спросил: «Старец, когда кто-то молится за тебя, ты знаешь об этом?». И он сказал: «Да, дитя моё, я всегда это знаю и благодарен за это».

Однажды некий молодой человек в Нью-Йорке попал в реанимацию. Родители мучились и боялись, но приехав к сыну, увидели, что тот выздоравливает. Он рассказал им, что всю ночь рядом с ним сидел и молился старец Ефрем. Медсестра подтвердила, что у него всю ночь был православный священник. Хотя в это же время все точно знали, что старец тогда никуда не выезжал из монастыря святого Антония.

Каждое утро Ефрем выезжает из обители в окрестные селения. Он везёт с собой продукты и кормит встречных бедных. Про него говорят: «Он очень любит помогать людям».

Старец – это человек, который являет людям реальность Бога и мира духовного. Старец открывает жизнь как чудо, как красоту промысла Божьего, как несомненность грядущей радости для всех, кто стремился к свету. Если спросить, что даёт миру старец и вообще старцы, то ответом будет – они дают возможность людям пережить ликующее прикосновение Святого Духа.

***

Антоний Мосхонас, настоятель православного храма в городке Тусо́н (США) так вспоминает о нашем замечательном современнике – афонском и американском старце Ефреме Филофейском (Мораитисе), которого ещё называют «Апостолом Америки»:

«Мы, американские архиереи и иереи, в течение семидясити лет хотели привлечь народ в Церковь проведением фестивалей. То есть мы устраивали праздники и гуляния, угощали людей папитками, едой и развлечениями. Мы забыли о молитве, исповеди, постах, четках – обо всем том, что составляет Предание нашей Церкви. Мы даже препятствовали созданию монастырей, так как полагали, что в них нет необходимости, и они не могут ничего дать нашей Церкви. И вот пришел малюсенький человек, без мирского образования и богословских дипломов, без новаторских и смелых идей (которые в изобилии были у нас) и напомнил нам о самом главном – нашем Православном Предании. Он не звал на танцы и развлечения, а призывал к посту и участию в многочасовых бдениях. И люди откликнулись на его призыв, пришли к старцу и поддержали его. Число приходящих к отцу Ефрему не поддается описанию. Америка, стремившаяся к выходу из тупика культуры потребления и рабства материальным ценностям через различные общественные течения (например, хиппи) и восточные религии, открыла для себя подлинное неискаженное христианство – Православие».

Знаю историю об одной западноевропейской православной подвижнице, которая мечтала увидеться со старцем Ефремом, но, когда приехала к нему, оказалось, что старец не только уже в преклонных летах, но и в тот момент был болен. Потому иноки обители Антония Великого в штате Аризона (где жил старец) попросили приехавшую девушку только зайти к старцу, взять благословение и выйти. Всё так и произошло, а когда она вернулась в Европу, то говорила людям, что самым большим религиозным переживанием за всю её жизнь была именно эта встреча...

И действительно, какие бы миссионерские приёмы ни использовались чтобы привлечь людей, но нет более внятного приёма, чтобы показать что Единая, Святая, Соборная и Апостольская Церковь жива и что путь ко Христу, по-прежнему, открыт, а к Святому Духу можно прикоснуться.

**

Старец Ефрем Филофейский, прозванный апостолом Америки и Канады, пишет: «Бог не желает, чтобы те, кого Он спасет, кто ищет Его милости, были тупыми, малодушными, трусливыми и неопытными. Божественное наследие – для возросших христиан».

Моя замечательная подруга и чудесный психолог Елена Шевченко как-то сказала, что раньше, если бы её спросили «Кто такой настоящий христианин?», она бы принесла 10 скучных книжек и долго повторяла «Смирение», «Пост», «Суровость» и даже «Радоваться жизни – это грех!», но теперь на этот вопрос она ответила бы, что христианин, это тот, с кем хочется просто быть рядом, кому хочется вверять своё сердце и свою жизнь, и вокруг кого всегда совершается райское пространство – как вокруг настоящего, великого поэта или старца, подобного чудесному подвижнику и нашему современнику Ефрему Аризонскому и Филофейскому!

***

Старец Ефрем Аризонский сравнивает людей с цветами, за каждым из которых нужен особый уход…

***

«Любовь это не просто протянуть руки и на этом закончить, но чтобы отдать своё сердце. Это имеет значение. Если ты умеешь делиться, значит ты умеешь любить».

***

«Какова ценность самого высокого подарка, если ты предлагаешь его без улыбки?»

Старец Зосима Сокур

Скуфья

К старцу Зосиме Сокуру подходит священник Н. и говорит:
— Какая у вас скуфья красивая.
— Это мне оптинцы привезли. А иди-ка сюда!

И старец снимает с себя скуфью, надевает священнику на голову и просто говорит:
— Носи!

***

Вот история, которой и я был свидетелем. Одна знакомая лет сорока поехала в Никольский монастырь к старцу Зосиме Сокуру, предварительно составив бумажный список из десяти вопросов, которые она намеревалась задать. Попав на приём, она уже хотела извлечь свой список, как вдруг старец заговорил сам, и один за другим, по порядку, ответил на всё, что её волновало. А ответив на десятый вопрос списка, которого он не видел, старец спросил:
— Ещё вопросы есть?

Святой Амвросий Оптинский

Фёдор Достоевский побывавший у святого Амвросия Оптинского увековечил позднее в романе «Братья Карамазовы» один важный эпизод, который много говорит об отношении старца к людям. В романе сказано, что все, кто ждал очереди на приём к старцу, боялись, что тот будет их ругать и отнимать у них что-то драгоценное в их жизни. И эти же самые люди выходили из кельи старца счастливыми. Это потому, что старец несёт в жизни людей Бога, и тогда люди видят, что Господь ни в чём не мучает душу, а только дарит нам свет и любовь.

***

Святой Амвросий Оптинский говорит: «В жизни сей нужен сочувственный взор, ласковое слово, нужно сознание, что нас любят и нам верят, нужно то, что в мире самое редкое и самое великое сокровище – сердце внимательное». Всё это встретишь не часто, но только там, где встретишь, сможешь сказать, что, наконец, общаешься с христианином.

Оптина и святой Амвросий

В Оптину пустынь, чтоб увидеть старцев, приходили уникальные мыслители и писатели: Гоголь, Алексей и Лев Толстые, Достоевский, Владимир Соловьев, Леонтьев, Иван Кириевский и другие. Все они, слишком много понимавшие и умевшие, искали у старцев возможности небесным взглядом взглянуть на их дело и жизнь. Они желали соотнесённости с небом своего труда и устремлений сердца.

Гоголь вошёл в скит к старцу Макарию в большом унынии, а вышел сияющий и радостный, и сказал стоявшим рядом монахам, что старец – единственный из всех виденных писателем людей, кто и вправду может отвести на реки воды живой. И это понятно – ведь творческая грань образа Божьего в нас отвечающая за жажду умножать красоту находит своё основание и утверждение в Боге, без Которого даже самые высокие духом люди ощущают себя как нищие.

Как-то другой оптинский старец– Нектарий подвёл к окну одного человека и указав на красоту мира сказал, что когда-то тут не было ничего, но потом было сотворено всё. Так и человек, обращённый сердцем к Источнику жизни и преклонивший колена перед Высшим обретает свободу благодарить за всё. А умеющий благодарить твёрдо знает, что на земле нет, и не было, такой боли и трудности, которую Поэт нашего мира не сумел обратить бы в добро.

***

Евгений Погожев (Поселянин) так вспоминал о своих встречах со старцем Амвросием: «Меня поразила его святость и та непостижимая бездна любви, которые были в нем. И я, смотря на него, стал понимать, что значение старцев – благословлять и одобрять жизнь и посылаемые Богом радости, учить людей жить счастливо и помогать им нести выпадающие на их долю тягости, в чем бы они ни состояли».

Обратим внимание на эти удивительные слова, где одно из назначений святости, как и поэзии – «учить людей жить счастливо». Между тем люди и в христианстве ухитряются ходить с печальными лицами, и потому миру так нужны поэты и старцы, которые открывают важнейшее – что путь к Богу, путь к счастью действительно существует!

Святой Софроний Сахаров

Когда мы видим, что Дух Святой звучащий в подвижнике, это тот же самый Дух, что звучал и в древних святых отцах – это критерий и формирования Предания Церкви. Ведь Предание – это Дух Святой действующий в Церкви. И лишь благодаря этому действованию мы можем определить на вкус добро и зло со всеми возможными оттенками этих явлений. А старцы, такие как Софроний Сахаров – это эксперты в данной области определения добра и зла.

Старец Софроний был крайне уважаем во всём мире. Как к учителю к нему относились другие старцы: Илий Ноздрин, Зосима Сокур, Иоанн Крестьянкин… Его любили и чтили такие подвижники как Эмилиан Вафидис, Ефрем Ватопедский. И все они узнавали в его опыте опыт Духа, который знали и они. В этом единстве восприятия – непрерывность традиции христианства. И вся эта традиция – всегда живая и творческая. Она не есть бесконечное повторение старого и изученного, но способность всякий раз умножать красоту неповторимым образом, созвучным, однако, всей прежде созданной красоте.

Осип Мандельштам говорил об этом, что «у всякой настоящей книги нет обложки с автором». В том смысле, что одна и та же благодать живит все высокие строки. Так со стихами и так со старцами. Ведь старцы – это поэты христианства, как и поэты – есть литературные старцы. А дело и там и тут в одном и том же Духе Святом, причастие Которому и образует Предание.

Потому святой Иустин Сербский говорил, что каждый настоящий христианин продолжает Предание церкви самим собой. Всякое наше доброе дело, светлая мысль, всякая победа над злом – есть, по святому Иустину, продолжение Евангелия, ведь Евангелие продолжается нами.

Старцы, как и поэты, возвращают жизни её подлинное значение, дают посмотреть глубже страданий, заглянуть за печаль и переживаемые трудности, и увидеть во всём мудрость Божию. Ту мудрость, которая ведёт всех добрых людей к счастливому концу. Но, идя путями этого мира, находясь, пользуясь средневековым образом – на тропинках леса переплетающихся ветвей, закрывающих от нас свет солнца, людям далеко не очевидно, что Господь знает, что делает. И здесь нужны особые встречи с людьми высочайшего сердца, которые дают другим обрести драгоценнейшее из знаний: Господь достоин доверия, и что высшие силы всегда сражаются на нашей стороне.

Старцы, как и поэты, раздвигают человеческое восприятие, расширяют сердце, чтобы все могли, по выражению Агаты Кристи, довериться поезду нашего мира, *«ведь его ведёт милосердный Бог»*. Мы слишком мало знаем о драгоценности своей жизни, но рядом с такими людьми как Софроний Сахаров это понимание оказывается явным, и сам воздух звенит тогда от присутствия Господня и того неслыханного чувства, что теперь-то всё обязательно окончится хорошо! Потому люди так счастливы, когда оказываются рядом со старцами. Моя жена, общаясь со старцем Дионисием Каламбокасом говорила, что сердце её тогда обретает крылья. А когда мне случалось передавать советы старца людям, живущим в разных городах, то те отвечали, что, когда они слышат такие слова, то пространство комнаты, где они находятся, словно бы расширяется и наполняется светом. И это действительно так. Потому что Бог есть свет, и всё, чего Он касается, становится светоносным: и наши жизни и мир вокруг и наш труд.

Софроний Сахаров писал, что *«Всякая внешняя форма – ниже замысла Божия о человеке»*.

Но люди любят именно эту внешнюю форму, потому что она избавляет их от труда, давая взамен предписания. Но в том-то и дело, что всё высокое и настоящее (а церковь в своих высотах вся состоит из высокого и настоящего) предписать невозможно. Так, не могут быть предписаны благодать, поэзия, радость, ликование, удивление, ощущение мира как сказки Господней. Зато человеку можно сообщить ряд правил и постановлений, которые ему будут казаться чем-то вроде адекватной замены богообщения. И не случайно Достоевский в романе «Братья Карамазовы» создаёт злобного и дикого инока Ферапонта, к которому тянутся люди, потому что все они принимают его мрачность и суровость за величие духа. Он противоположен другому герою того же романа – старцу Зосиме, подлинно благодатному подвижнику, сияние которого доступно лишь созвучным Духу, а все остальные проходят мимо него без внимания.

И в этом созвучии человека Духу Святому – всё дело, без этого общего звучания человек не становится настоящим, а лишь только год за годом повторяет привычные действия в храме, оставаясь всё так же пустым и серым и внутри, и снаружи.

Рассказывают, что как-то в храм, где служил святой Алексей Мечев, зашла молодая симпатичная девушка и стала у подсвечника. На неё тотчас налетела старуха и закричала:

– Отойди! Это моё место!

– Как это «моё»? – не поняла девушка.

– Я тут уже 25 лет стою! – раскричалась старуха.

А святой Алексей, услышав это, вздохнул и заметил:

– Надо же! За 25 лет так ничему и не научилась…

Старец Софроний Сахаров говорил, что люди, чтоб приблизиться к Богу, должны сойти с общего для всех банального пути формализма. Ведь Господь к каждому подходит по-своему и каждого растит особо. Дело в том, чтобы нам это было драгоценно, чтобы христиане не превращались в общество любителей акафистов и молитв ко причастию, а стали теми, кто ощущает Господне присутствие в мире и сердце, и потому может свободно «*любить Бога и делать, что хочет*».

***

Старец Софроний Сахаров говорил, что к нему приходили люди всех национальностей, кроме русских. И это – традиционное для России непонимание, что православие, красота и Дух не имеют на этой земле прописки, – они везде, где есть те, кто открыты Богу.

Въезд старца Софрония в Англию

Господь действует через всех людей, но желает действовать через тех, кто открывается Его мудрости и красоте.

В 1958 году, за день до того, как старец Софроний Сахаров и его духовные чада подали документы о переезде из Франции в Англию, в английском парламенте рассматривался закон об эмигрантах. Консервативная партия требовала полностью запретить допуск в страну бедняков, чтобы те не мешали своим присутствием росту экономики. Тогда кто-то из парламентариев сказал, что если бы завтра в Англию хотели въехать 12 апостолов, то из них это смог бы сделать только Иуда Искариот, потому, что у него был денежный ящик.

А на следующий день министр внутренних дел и вправду получил прошение на въезд... от старца Софрония. Памятуя вчерашний разговор в парламенте, министр разрешил старцу с общиной поселиться в Англии...

Нам не дано предугадать, как слово наше отзовётся. И мы никогда не знаем, сколько добрых деревьев прорастает из посеянных нам семян доброты... Колоссальная мудрость Божия каждый раз проявляется победоносно и просто. И эта простота бы очень пригодилась в доверии людей Господу. По Пастернаку такая простота доверия небу «всего нужнее людям, но сложное – понятней им...».

Встреча

Одна моя знакомая девушка иконописец ещё до своего воцерковления выставляла свои картины (а тогда она была художником) в Лондоне. Она пробыла в Англии несколько месяцев и однажды решила зайти в православный храм. Там в тот день проповедовал Антоний Сурожский, и она, ещё далёкая от церкви, просто услышав его, вдруг поняла, что в мире вправду существует святость и то измерение бытия, которое именуют небом, и которое кажется таким далёким, пока человек не касается в своей жизни подлинности и полноты.

***

Старец Софроний говорил, что «молитва, творимая с болью, имеет особую силу», и тогда Бог входит в обстоятельства нашей жизни и приносит радость, о которой мы не умели и думать…

***

Монахиня Силуана (Гуляева, 1953-2017) писала, «Я в жизни видела много замкнутых монахов, которые боятся открыть свой путь а у отца Софрония Сахарова этого не было.

Он предупреждал: закрытость связана с тем, что мы постоянно боимся впасть в ошибку и так мы отвергаем Духа Святого («а вдруг я сделаю неправильно?»). Так вот, лучше нам впасть в ошибку, чем отвергнуть Духа Святого»…»

Эти слова касаются всех христиан. Потому что какие-то аспекты неверности в восприятии исцелить куда легче, чем тотальную не детскость и недоверчивость по отношению к Богу, будто Он только и ждёт, как покарать оступившегося или что-то не понявшего человека. И конечно, эта не детскость к Богу не даёт Ему действовать в человеке не захотевшим на деле быть Его сыном. Между тем, мир – это детская Господа Бога, а не Его бухгалтерия…

Кто что скажет

Что сказал бы обычный верующий человек, если бы кто-то другой пожаловался ему на страсти в своём сердце? Несомненно, он сказал бы, что-то общее и поверхностное. Но вот когда ученый патролог Иерофей Влахос сказал старцу Софронию Сахарову: «Отче, в моём сердце очень много страстей, гневных страстей», старец посмотрел на него, улыбнулся и сказал: «Это нормально, это всё нормально». Влахос ничего не понял и переспросил: «Почему же это нормально?», и старец ответил: «Потому, что, чтоб познать, что в твоём сердце много страстей, нужно, чтобы свет Божий посетил тебя и просветил, и ты осознал, что ты страстный человек. По примеру того, как в тёмную комнату попадает луч света, и мы видим всё в этой комнате, даже летающую пыль. Подобное тому происходит и в сердце, когда оно просвещается светом Христовым!»

Влахос был потрясен таким ответом, заключавшим в себе не осуждение, но оправдание чувствующего вину человека.

Г. Чистяков вспоминает о старце Софронии следующее: «Я вспоминаю, как рассказывали мне разные и самые неожиданные люди о своих встречах со старцем Софронием Сахаровым и с людьми из его окружения в Англии. Москвичи, жители Петербурга и других городов, в основном молодежь, попадая в Эссекс к старцу Софронию, уезжали оттуда и с джинсами, и со свитерами, и с пишущими машинками (компьютеров тогда не было) а потом и с компьютерами. И когда многие из них говорили потом: «Всё-таки странно. Я думал, что они меня научат духовной жизни, а они меня завалили подарками. Я еле сумки дотащил из Шереметьева, когда вернулся от них из Англии».

Я думаю, что вот этими подарками старец Софроний и его собратья показали, что есть духовная жизнь и что есть реальное монашество, которое учит не бегству от мира, не бегству от людей, а любви к людям и той заботе о каждом, вне которой нет христианства».

И действительно, старцы не столько учат, сколько согревают, не столько проповедуют, сколько помогают человеку приступить к Богу, – Великому Художнику, создающему из доверяющих Ему душ необыкновенную красоту.

***

Иерофей Влахос вспоминал, то старец Софроний Сахаров «Научил меня никогда ни обижать, ни делать другому больно в том, что тот считает для себя священным, никогда не попирать того, что для другого священно».

То есть, как бы не было просто то, что дорого кому-то другому, нужно в свете согревающем человека увидеть Христа, и связать радость человека с Высочайшим...

***

«Предстоять перед Богом вовсе не значит стоять перед иконами, но чувствовать Его в своем глубоком сознании, как наполняющего Собою все».

***

Состояние милости у святых распространялось на всё творение.

Так Софроний Сахаров вспоминал, что Силуан Афонский расстроился, когда Софроний просто ради забавы сбил палкой с дерева несколько листьев.

Позднее Силуан говорил, что, «хотя это и не грех, но почему-то жалко и листок».

А святой Иустин Сербский, когда шёл в храм из кельи, смотрел под ноги, чтобы случайно не наступить на муравьёв…

***

Старец Софроний Сахаров говорил: «Молитва действует медленно и благородно».

Схождение Бога в ситуацию можно сравнить не с пилой, вгрызающейся в дерево, но с жизненной силой, дающей ему расти и цвести.

О новых молитвах

Старец Софроний Сахаров говорил своему ученику – старцу Серафиму Бороделю, что требника миру уже недостаточно, и новые обстоятельства истории, развития людей требуют и новых молитв, тогда как в требнике всё только об освящении урожаев и пчёл…

***

В начале 1990-х годов старец Софроний (Сахаров) сокрушался, читая критику своих книг из стен Московской духовной академии.

«Они утверждают, что я мало говорю о покаянии, и поэтому есть сомнения в том, можно ли считать меня православным автором, – с грустью говорил о. Софроний. – Но покаяние – это только начало пути, нельзя говорить только о покаянии, надо обязательно говорить и о том, что дальше – о радости жизни с Богом, о свете Преображения».

***

О святом Софронии Сахарове мне рассказывали: «Когда люди рассказывали ему о своей боли, он неожиданно начинал плакать вместе с ними». И это была его необыкновенная проповедь о Христе людям.

Старец Порфирий Кавсокаливит

Старец, это человек, который делает Бога реальным для тех, кто пришел к нему за советом. В этом открытии Бога главное утешение, которое дарует старец. Потому, что всякий добрый тянется к онтологическому основанию своего добра. Он хочет знать, что ради добра воистину стоит жить. И такое основание старец дарует приходящему к нему, потому, что через старца пришедший касается Бога.

Старец Порфирий мог исцелять людей просто прикоснувшись к больному. Когда старец совершает чудо, у тебя поразительным образом возникает ощущение нормы, что вот сейчас и именно так в этом отрезке пространства и времени восстановлено царство небесное. Да и что такое царство небесное, как ни сбывшаяся сказка, когда жизнь оказывается цветной и повсюду новой. А жить и ликовать – есть одно и то же.

Старец Порфирий любил науку и искусства и, несмотря на свои два класса начальной школы, обладал обширными знаниями во многих областях. Он читал книги на все темы: о физике, медицине, астрономии. Он любил мир Господень и стремился узнавать о мире всё больше и больше. При этом его знание было связано с благодатным взглядом на то, что он познавал. Один из биографов старца пишет: *«У него было много духовных чад с высшим образованием, в том числе преподавателей университетов. Однажды один профессор, астроном с мировой известностью, посетил старца. Зашла у них беседа и об астрономии. Позже он говорил, что старец очень удивил его обширностью своих знаний в этой науке. «Он действительно знал то, о чём говорил, и ни в чём не допустил ошибки», — рассказывал поражённый профессор. В другой раз директор госпиталя, известный хирург, был не менее удивлён, когда старец ему подробно описал то, как следует делать определённую операцию».* Для того, кто умеет любить, мир — всегда повод к ликованию и постижению, когда радуешься каждой клеточке мироздания и познавая её, познаёшь ещё больше мудрость Господню. Подобно многим другим старцам, Порфирий помогал людям искусства обретать вдохновение в Боге и раскрывал им их таланты как творческую грань Господня образа в нас. Наверно, потому, даже простая домохозяйка выходила от старца с чувством, что и она тоже значима и талантлива. Потому, что таланты — это, на самом деле, разные формы выражения благодати и любви, и даже котлеты мы можем жарить талантливо, если только в это время смотрим на Бога.

Даже для великих, таких как Бродский, жизнь была лишь поводом к одиночеству, от которого тот спасался постоянным общением и путешествиями, но оно всегда и всюду сопровождало его. А Господь, наоборот, даёт ощутить свою жизнь как предельную важность для всех сил добра, но знание это ведёт не к надмению, а к ещё большему желанию всюду умножить свет.

***

Преподобный Афонский старец Порфирий говорил, выражая глубочайший опыт святоотеческого восприятия мира: «Когда мы пустим внутрь себя Христа, тогда все вокруг становится Раем!!!». И лишь добрым мир открывается живой сказкой, потому что единственный путь к познанию глубины бытия – доброта!

***

Святой Порфирий Афонский: «Неверные представления человека уходят только когда в его жизнь приходит Христос».

«Современный фарисей, кем бы он ни был, нравственным или безнравственным человеком, получает удовольствие, делая всех, кто его окружает, виновными».

«Через Причащение мы отрываемся от обыденности».

«Отдай Господу своё сердце, а всё остальное Он Сам за тебя сделает».

«Господь устраивает так, чтобы добрые ни в чём не имели нужды!»

***

У людей достаточно слов. Им нужно чудо. Чудо исцеления жизни. В этом чуде, а не в удушье, узнается Бог. И лишь те, кто хочет казаться святее Бога (формалисты) или умнее Его (умники), не раскрываются на такие вещи, а убегают от света в тьму.

Андрей Конанос суммируя свой опыт встреч со святыми пишет: «Святость означает раскрытие, расширение сердца, такую широту ума, которая вмещает всех, всех понимает, всех прощает, любит даже порочных».

Старец Порфирий Кавсокаливит как-то пришел в Афинский публичный дом на площади Омония, и все работающие там девушки выбежали встретить его, в своих традиционных для профессии и своеобразных нарядах.

А святой благословил каждую из них крестом, каждой заглянул в глаза, каждой открыл её ценность и сказал им всем:

– Здесь обитают души ищущие...

***

Святые – это люди, которые, в отличие от других, росли.

Святой Порфирий Афонский говорил: «Когда я был молод, у меня был один образ Бога – крайне строгий, односторонний, шаблонный. Я строил известные схемы и ставил ограничения, смотрел на людей и думал, что Бог согласен с моей логикой. Но чем больше времени, чем больше я соприкасался с людьми и душа моя перемешивалась с их душой, я видел реалии их жизни, смотрел на их чувства, сердце, борьбу, тем больше мне каждый раз открывался другой Бог.

И если я начинал с кормчей книги и строгости, шаблонов и абсолютов, то через какое-то время уже по-другому смотрел на всё и иначе оценивал поступки людей»...

***

Человек редко выбирает зло ради зла. Очень часто за грехом стоит искаженный поиск счастья. И святые имели такое милосердие в сердце, что могли это видеть.

Так, святой Порфирий говорил: «Научись видеть и в грехе поиск, искренний поиск, красоту души, ищущей чего-то, и это «что-то» совершенно истинно».

***

Старец Порфирий Кавсокаливит говорил: «Я вышел из келии ранним утром, чтобы посмотреть на Эгейское море и почувствовать его запах». Старец любил декламировать стихи людям. Святые лучше других чувствуют то особое сияние слов, которое звучит в высокой поэзии высоких душ. «Христос хочет рядом с Собой не грубых людей, но тонких. Святые – поэты. Сколько истинной поэзии в учении, в деле Господнем, в пейзаже Тивериадского моря!».

Старец Алексей Мечёв

О святом Старце Алексее Мечеве вспоминает Сергей Фудель: *«На фоне солидного и мрачного, так называемого "филаретовского" духовенства Москвы, он был носителем того "веселия вечного", о котором поется в пасхальную ночь».*

И в этом веселии, ликовании о бытии – узнаётся подвижник, которому всегда хорошо жить на свете. Ибо благодать даёт видеть всю землю хорошей, исполненной Бога и она же постоянно вдохновляет служить, творить и умножать свет во всяком месте и времени своего присутствия на земле.

Старец Серафим Бородель

Старец Серафим Бородель (ученик Софрония Сахарова) говорит: «Без покаяния не может быть милующего сердца. А без милующего сердца он не может увидеть Бога как Он есть». Старец Софроний говорил ему: «Самое главное – увидеть в человеке его боль».

Серафим так же сказал: «Фарисеи распяли Христа, потому что у них не было и следа милосердия, а была только огромная, тяжеленная и всесокрушающая буква».

Он же: «Послушание – это когда мы по любви стараемся воплотить волю любимого человека. Это – самый короткий путь к милующему сердцу. Чудо послушания – когда двое становятся одним».

Старец Дионисий Каламбокас: «Любовь без слёз, без ссор и без бессонных ночей – это не любовь, а еда без соли. Любви без боли не существует. Да и нет в ней тогда ни смысла, ни качества. Любовь – это нечто большее. Любовь делает нас готовыми платить за грехи других... Это неизмеримо более высокая ступень. Быть способным платить за грехи, которые ты не совершал, как сделал это Христос. Это Любовь».

Когда 18-летний будущий старец Серафим Бородель приехал к старцу Епифанию в Грецию и попросил принять его в православие и в ученики, тот с радостью помог юноше. Но когда тот на следующий день попросил принять его в монахи, Епифаний сказал ему окончить учёбу и потом, если Бог управит, ещё раз заговорить об этом.

Так же Епифаний сказал юноше, что есть две традиции приёма католиков в православие – греческая и русская, через крещение или миропомазание. Старец предложил Серафиму самому выбирать, как он хочет войти в православие, дав понять, что Бог примет любой его выбор.

Старец не советовал Серафиму ехать в Россию, сказав, что сейчас там нет монастырей (дело было до перестройки). Но Серафим не хотел в Грецию, так как не имел чувства Греции. Он хотел стать учеником покойного Силуана Афонского и нашёл его дух в Эссексе, у старца Софрония Сахарова. Когда Серафим приехал в

Эссекс, то ему навстречу вышел сам Софроний и встретил его, показал весь монастырь, накормил его и принял очень тепло.

Потом Софроний сказал ему: «Поживите у нас сколько хотите и мы вам даём полную свободу». Софроний не стремился навязать Серафиму монашество, а помогал ему созреть на его личном пути. Потом последовал месяц борений с помыслами, и Серафим решился спросить Софрония прямо: «Если бы вам какой-то юноша сказал, что хочет поступить в монахи, что бы вы ему ответили?». И Софроний ответил в Духе: «Я бы ему сказал – иди к старцу Софронию и он тебя поведёт к спасению». И к Серафиму тотчас пришла тишина помыслов и борение прекратилось.

Монастырь был очень бедным – они ели крапивный суп и картошку, хотя людей к Софронию приезжало со всего мира очень много. Литургию служили 4 раза в неделю. Литургия, которую вёл старец Софроний длилась два с половиной часа.

Серафим стал келейником Софрония. Софроний говорил, что со святыми жить нелегко. И Серафим объяснял, что это потому, что старец хотел, чтобы люди всегда жили высотой и созерцали Христа. Кроме того у любого человека, и у святого, есть неукорные бытовые немощи, которые существуют одновременно с невероятной высотой жизни в Духе.

***

Когда старец Серафим Бородель давал интервью, то первым вопросом корреспондент спросил:

– Назовите ваш сан, должность и регалии в РПЦ.

– Мой дорогой, всё это не имеет ни малейшего значения перед Богом.

Старец Иоанн Крестьянкин

5 февраля – день памяти чудесного старца Иоанна Крестьянкина. Людям часто кажется, что жизнь есть боль, а он открыл многим, что жизнь есть свет. Старец видел, что людям плохо и тяжело потому, что они, даже много лет ходя в церковь, не умеют доверять Богу, и на самом деле, не принимают сердцем ту истину, что Христос есть любовь, а любовь не может попустить зла любимому.

Прозорливо зная несомненность счастливых концов всех историй, старец хотел, чтобы люди, даже не зная будущего, доверились Христу, Который во всём хочет нам только радости. Да и само спасение – это обретение радости ещё на земле.

Но людям, приходящим к старцу, казалось, что «дальше» в их ситуации и их боли всё может быть только хуже. Старец же открывал им, что у Бога есть одно желание – миловать и миловать, а потому Он всегда на нашей стороне.

Глядя на старца Иоанна, удивляешься, с какой простотой и мудростью он открывал для всех, что Господь сотворил нас в мире лишь для того, чтобы мы обрели радость и стали сильными, чтоб самим умножить её.

И теперь, спустя годы заочного знакомства с ним, я вовсе не хочу подвергать разбору его жизнь. Я лишь хотел поблагодарить святого...

***

Мало кто в мире, как старцы, трудится, чтобы люди искали не форму и правила, но встречу и общение с Богом. Старец Иоанн Крестьянкин так говорил об этом: «Всё спасение наше – в Боге, но не в многочасовых правилах, а в живом, доверчивом отношении к живому Богу».

Память о прекрасном

Дарья Краснова пишет: «Мне было 6 лет, когда получила из рук старца Иоанна Крестьянкина сухофрукты и шоколадку... До сих пор ощущаю эту всепокрывающую Любовь. И только от двух человек такое исходит, и они, слава Богу, ещё служат и молятся о нас. Один из них 11 лет сослужил о. Иоанну».

Даже несколько слов, даже мимолётная встреча с человеком Духа запоминается на всю жизнь, а заметки умников в Фейсбуке никому не интересны уже на другой день…

***

Старец Иоанн Крестьянкин говорил: «Нет людей на одно лицо, и путей в жизни тьма, и к Богу пути различны. И хорошо, когда человек не действует по стереотипу. Он не сразу определится на стезю свою, но зато верно».

Ответы

Старцы дают разные ответы на один вопрос – в зависимости от устроения, состояния и направления жизни человека.

Вот, к примеру, письмо старца Иоанна Крестьянкина:
«Дорогая Н.!
Не проклятие препятствует И. осуществить свою мечту, а Божия милость к ней.

Да и нет на ней родительского проклятия, а вот то, что театр и, тем более, эстрада - место погибельное, это точно. И жалеет И. Господь. Пошла бы петь Богу там получила бы спасение и радость жизни.

А Вам нет благословения идти в монастырь, живите в миру, молитесь в церкви и дома, и милостью Божией будете жить во спасение. Вы ведь не знаете, чего просите ни для себя, ни для дочери. А Господь-то лучше знает, что вам во благо».

И он же просил нескольких известных актрис в период их острого неофитства не покидать театр, чтобы там нести свет.

Ведь плох не театр, он прекрасен и высок, плохой бывает людская жизнь, ложная направленность которой приводит в ложности и хорошее.

***

Когда человек вырастает из правил и предписаний, он начинает желать свободы «любить Бога и делать что хочешь». Но, одновременно, бояться взять на себя ответственность за свою жизнь. Так, однажды, некий священник пришел к архимандриту Тихону Шевкунову и сказал, что молитвы по молитвослову его больше не вдохновляют, потому что он хотел бы встречи с Богом, а не постоянного повторения правил. На это Шевкунов рассказал, что задавал такой же вопрос старцу Иоанну Крестьянкину, и старец ответил так:

– То, что я тебе скажу, пока другим не говори, но каждый раз, когда ты хочешь разговаривать с Богом как желаешь – обязательно делай это!

Отношение к старцу Иоанну Крестьянкину

К старцу Иоанну Крестьянкину за советом и утешением с утра до вечера приходили сотни и тысячи людей. Актриса Екатерина Васильева вспоминает: «видя старца, ты видишь то, как человек был задуман». Он никогда не проходил мимо чужой боли. Был даже случай, когда ночью он пошел в туалет и там его встретил паломник, дожидавшийся помощи, и стал просить ответить на вопросы. Конечно же, старец уделил ему столько времени, сколько было нужно, чтоб решить его проблему.

Встречая старца все прекрасно знали, что перед ними освящённый и преображённый человек. Но, если для людей, ищущих помощи, это знание было радостью, то, как вспоминает митрополит Тихон Шевкунов: «Старца Иоанна преследовали архиереи и собратья...»

Известно, что старец сидел в лагере пять лет, отбывая свой срок только за веру и чистоту жизни. А посадили Иоанна по доносу священника, с которым тот вместе служил в Измайлове в храме Рождества. Старец потом говорил, что этот тюремный срок был промыслом Божиим. Но, конечно, вины с предателя это не снимает...

Старец Амфилохий Патмосский

Красота и истина проявляют себя как нежность по отношению к людям. Каллист Уэр приводит такую историю о своём старце – Амфилохии Патмосском. Уже отходя к Богу старец «прощаясь с монахинями, которых окормлял, просил настоятельницу не быть слишком строгой с ними: «Они оставили всё, чтоб прийти сюда, и они не должны быть несчастны».

Один европейский писатель, из почитавших старца Амфилохия, зная о словах того к игуменье, говорил знакомым мужьям об их жёнах: «Помни, что она всё бросила и пришла к тебе потому, что верила – ты сделаешь её счастливой...»

***

Через молитву ты освящаешь место, где живёшь, и дело, которое делаешь.

Часто причащайтесь, тепло молитесь, терпите – и увидите сильную Руку, Которая вас поддерживает.

Зачастую образованные люди – самые глупые.

Кто не любит деревья – не любит Христа.

Я, чада мои, без вас не хочу и рая.

Молитвою освящается то дело, которое делаешь. Молитвою устраивается всё. Ты ходишь по морю, и для тебя не существует расстояний. Молитвою исправляются намерения людей, даются храбрость, вера и терпение в жизни.

***

Святой старец Амфилохий Патмосский говорил тем, кто отважился захотеть быть собой в обществе ложных людских отношений, отважился быть настоящим и живым: «Будьте мужественны и отважны, да не внидите в напасть. Не придавайте значения миру. Мир и апостолов, и всех святых считал сумасшедшими: «и Меня гнали и вас будут гнать» (ср. Ин. 15, 20)».

***

Несите добрые слова вашим близким, поддерживая их, вы зарабатываете рай. Человеку, который живет без Христа, всё кажется трудным и непонятным.

***

Когда ты не ищешь себе оправданий, Господь просветит другого человека, чтобы он дал их тебе.

***

С помощью молитвы душа утончается и парит. Вы ощущаете живое присутствие Христа в вас и вокруг вас.

***

Когда я вижу человека, очень жаждущего причаститься, я не придаю большого значения посту. Некоторые имеют покаяние такой силы, что нужно им сделать шаг навстречу.

***

Монахиня Христонимфия, игумения Благовещенского монастыря:

— Геронда, когда к вам приходит возмущенный человек и поносит вас оскорбительными словами, что вы делаете в этот момент?

— Когда я сижу на высокой скале молитвы, какие бы волны ни подступали, они мне не причинят вреда. Но если застигнут меня внизу, то смоют в море. Умная молитва уподобляет, связывает, освящает, дитя мое. Когда в душе возгорается огонь молитвы, все сухое опаляется и исчезает». «Умная молитва, — говорил он нам, — основа совершенства. Первая ступень духовного восхождения есть умная молитва. В начале молитвы ты ощущаешь большую радость, затем приходит сладость, и в конце, как плод, приходят слезы, потому что душа ощущает в себе присутствие Бога.

Человеку, который живет без Христа, все кажется трудным и непонятным.

Эгоистичный человек не привлекает никого. А если кто-то и приблизится к нему, то скоро отдалится. Духовная связь неразрывна — в ней и детский дух, и непорочность, и освящение.

Мы должны быть благодатными людьми, чтобы те, кто к нам приближаются, отдыхали душой.

С помощью молитвы душа утончается и парит. Вы ощущаете живое присутствие Христа в вас и вокруг вас.

Через молитву ты освящаешь место, где живешь, и дело, которое делаешь.

Пусть ваш взор будет прикован к небу, и ничто вас не смутит.

Если вы упражняетесь в молитве, козни искусителя не станут беспокоить вас. Молитва ослабляет его силу, и он ничего не может нам сделать.

Мало того, что в наше время ни у кого нет крепкого здоровья, так вы еще и не следите за собой?

Мы видим примеры отцов, которые пребывали в посте и воздержании, но они всегда имели рассудительность и знали меру; особенно это касается молодых организмов. Мы видим, как строго преподобный Пахомий наказывал поваров и экономов, когда, возвращаясь в Лавру из какой-нибудь поездки, он обнаруживал, что в его отсутствие они не готовили, предаваясь сыроядению ради аскезы, и с пожилыми вместе подвергались лишениям и молодые. Когда у нас нет телесного здоровья, мы ни молиться не можем, ни исполнять наши обязанности! Я по себе много раз в этом убеждался.

***

Однажды кто-то из духовных чад старца Амфилохия Патмосского рассказал ему о трудностях в духовных вопросах.

– Не беспокойся, – ответил он. – По молитве все придет. Не беспокойся, только верь, что все, чего не можем сделать мы, люди, делает Бог. Помни об этом и всегда держи это в уме: что не можем сделать мы, делает Бог.

И действительно. Еще до вечера произошло что-то, что подтвердило слова старца.

Убийцу Бог прощает, ведь он в безумии совершает убийство, не владея собой. А эгоиста не прощает.

Нужно совершенствовать прежде всего самих себя. Миру нужно увидеть людей, воплощающих закон Божий. А они так редко встречаются в наше время.

Когда вы видите человека, который духовно устал, не нагружайте его никаким бременем, потому что его колени могут подломиться под тяжестью.

Часто причащайтесь, горячо молитесь, будьте терпеливы, и вы увидите, что вас держит сильная рука.

***

Старец Амфилохий Патмосский был против всякого духовного принуждения и суровости.

В этом вообще особенность святых и старцев — они не покушаются на свободу другого человека, потому что истинная любовь на свободу не покушается...

Старец Амфилохий Патмосский так формулирует один важный закон восприятия: «Человеку, который не имеет Христа, всё видится трудным и тёмным». И наоборот, живя перед Богом, чувствуешь ликование, которое всегда глубже и больше любых неприятностей.

***

Святой Амфилохий Патмосский умер в 1970-м году, за 11 лет до моего рождения. Но я сумел отыскать замечательных европейских священников и монахов, лично знавших старца. Для Амфилохия не существовало понятия «чужой» и «свой», но все, кого он знал, включались им в пространство его заботы. Он не делал различия в помощи, и для него всякий иной, не похожий на него был не, как выражался Паскаль, «живущим на другом берегу» не чужаком, но был дитя Божие, для которого старец был готов на всё. Он сам так говорил об этом:

«Я родился, чтобы любить. И мне неважно – это турки, или негры, или люди с белой кожей. В лице каждого я вижу образ Христа и ради Него готов принести в жертву всё».

Старец Кирилл Павлов

Глядя на старца Кирилла, общаясь с ним, видишь, что он никого не изображает, он естественен, он живой, в нём нет клерикализма, схоластики, тяжести, но в нём явно звучит жизнь, которую даёт Дух причастным Ему.

Старец любил цитировать и святых отцов, и классических поэтов, которые вмещались в его сердце как свидетели всё той же красоты Духа.

Старец – это человек, который парадоксальным для обычной логики способом открывает пришедшим к нему, что они сотворены для радости. Часто старец говорит не какие-то особые пророчества, но напоминает о заповедях. И в его устах заповеди евангелия звучат как пережитые лично им, в его жизни открывшиеся, как подлинный путь к радости и ликованию о мире Господнем и твоём месте в нём.

Один мой знакомый священник несколько лет страдал от несправедливостей и обид со стороны некоторых людей. Когда ему показалось что так дальше терпеть нельзя, он поехал к старцу Кириллу Павлову. Тот выслушал пришедшего и сказал в ответ всего три слова: «А ты смирись». И священник вышел от старца окрылённый, потому что впервые пережил Евангельскую заповедь не как поучение, но как двери в радость и красоту.

Но и это не вся история. Спустя несколько лет один христианин, знакомый того священника, вспомнил об этом случае в тот момент, когда сильно обиделся на свою жену. Ему казалось, что жена должна поступить как он хочет, а жена настаивала на другом решении, и это с её стороны был не каприз, а верность своему устроению души. И кто знает, может быть, они бы повздорили, но его остановили эти самые слова старца, сказанные не ему, но и для него открывающие, что мы бываем счастливы не тогда, когда настоим на своём, но когда по любви исполним волю любимого.

– Да, дорогая, – сказал он ей, – пусть будет по-твоему.

И над ними всеми было тогда светлое благословение Божие, которым Господь так хочет наградить всех нас, а старец – это тот, кто знает, что путь к небу как блаженство совершается для нас на земле…

***

Старец Кирилл в ответ на вопрошания людей, что им нужно делать, спрашивал, а как бы ты поступил? а что хочешь сделать ты? Если отвечавший мыслил в нужную сторону, старец говорил: добавьте сюда еще вот это и это и будет хорошо. Но он никогда никому не замечал: сделаешь, как я тебе скажу.

Некий священник вспоминал о старце Кирилле Павлове: «Он направил людей любить добро».

Старец Сергий Шевич

Читая о парижском старце Сергии, духовнике Владимира Лосского и Николая Бердяева, всегда замечаешь, как драгоценно в мире сердце, внимательное к другим людям. Старец умл сделать то, ради чего существует священство и искусство – он умел открыть людям мир как хороший и добрый, как лежащий в руке Господней, а это значило, что у Бога для всех нас приготовлены только любовь и радость и никогда не бывает плохих концов. Жан Клод Ларше вспоминает о нём: *«Многие, часто известные, представители русской интеллигенции, порой тайно исповедовавшие Православие писатели, поэты, художники, философы, историки, кинематографисты и театральные режиссеры, находившиеся во Франции в эмиграции или по профессиональной необходимости, вплоть до начала его тяжелой болезни приезжали к нему побеседовать или поисповедоваться».*

Что они, эти философы и поэты находили в старце? Они находили Бога, Которому было дело до их жизни, и Который, как оказывалось, всегда был рядом, даже когда люди были далеко от Него. И потому все они уходили от старца утешенными, часто впервые видя, что Господь постоянно был и будет на их стороне, а, значит, и для тебя лично существует в каждой твоей истории настоящий счастливый конец...

Старец Сергий в Париже

Постепенность возрастания свойственна всем людям Божьим. Вначале будущий старец Сергий Шевич посещал кружок, куда ходили читать и слушать лекции самые известные деятели культуры Парижа и эмиграции, а когда он стал старцем – весь этот цвет интеллигенции стал приходить к нему. И чтоб согреться через него Богом, и потому, что старец давал им взглянуть на культуру и творчество тем небесным взглядом, который даёт верность восприятия, потому, что приобщает нас Божией мудрости.

Сергий Шевич о вере

Старец Сергий Шевич, принимая западных интеллигентов, учил их совсем иному, не рационалистическому восприятию веры. Ведь для западного человека вера – это принятие умом исторических фактов говорящих о реальности Бога. А духовная традиция православия говорит, что вера – это духовное состояние ощущения Бога и жизни Им. Потому и заповеди старец понимал как данные Господом средства преображения и стяжания Духа. Ибо в ту меру, в которую мы стяжали благодать, мы и ощущаем Богом, то есть – веруем в Него.

***

Старец Сергий учил приходящих к нему светлой свободе «любить Бога и делать что хочешь». Он учил людей иметь милующие сердца, и главным в его подходе к людям были жалость и молитва. Но люди нередко уходили от старца и приходили в храмы других эмигрантских священников, выбирая тех, кто построже, погрубее и более сурово соблюдает устав.

Впрочем, так везде – люди выбирают себе близких по созвучию сердца, и мало кому нужно созвучие с людьми Духа.

И всюду, как писал Джон Донн: строгость – свойство безобразных, милость – прекрасных…

***

Старец Сергий говорил: «Мы должны с самого начала стремиться иметь доброе, правильное восприятие жизни».

А оно, это восприятие, легче даётся читающим сказки, потому что сказка утверждает, что Бог умеет дарить радость доброму человеку.

Старец Серафим Родионов

Он был всегда радостен и светел..даже на смертном одре он попросил читать вместо канона на исход души Пасхальный канон...он жил Пасхой…

*История монаха Силуана
о старце Серафиме Родионове*

Инок Силуан – немец из швейцарского православного монастыря Домпьер, основанного старцем епископом Серафимом Родионовым, учеником святого Силуана Афонского. Ниже приведу воспоминания инока о старце, взятые мною из статьи. И здесь та же удивительная способность старца открыть, что православие существует ради любви ко Христу и стремления приобщиться Ему и жить с Ним и со всеми любимыми общей жизнью.

Инок Силуан: «В православие меня привел преподобный Силуан Афонский. Я искал свой путь, и в одном католическом монастыре я прочел книгу о нем. Это было шоком, словно пелена упала с глаз, как у апостола Павла. Я понял: все, теперь я православный.

Когда я вернулся в Мюнхен, то стал искать православную церковь. Мне было 20 лет. Я знал, что я православный, но не знал о православии ничего. Я поискал в телефонной книге и нашел русскую православную церковь. Так я пришел туда. Мне очень хотелось найти кого-нибудь, кто знал преподобного Силуана. Ведь он умер в 1938 году, и я подсчитал, что этому "кому-то" должно быть уже за 80 лет. И вот однажды в Мюнхене я познакомился с одной прихожанкой из цюрихского прихода. Когда мы ехали в поезде в Цюрих, я поделился с ней: "Как было бы хорошо познакомиться с кем-нибудь, кто знал старца Силуана!" – "Это очень просто: духовный отец моего мужа – Владыка Серафим, который был духовным сыном преподобного Силуана, ему 92 года." Я чуть не упал в обморок: ведь я был уверен, что надо ехать в Россию или еще куда-нибудь, но вот я нахожусь в швейцарском поезде, и мне говорят, что такой человек живет в Швейцарии! Я должен был с ним немедленно познакомиться. Но это ожидание продлилось два месяца. И вот я приехал сюда и познакомился с Владыкой. Это было так забавно!

– Откуда вы приехали? – спросил Владыка.

– Из Мюнхена.

– Из Мюнхена? Но это так далеко. И зачем же?

– Чтобы познакомиться с Вами.

– Чтобы познакомиться со мной?! Сюда приехали?

– Я слышал, что Вы были духовным сыном старца Силуана. – Я чуть не плакал. – Вы ведь его знали?

– А Вы – тоже? – это было бы невозможно, я, разумеется, был слишком молод.

– Он привел меня в Православие.

Это было самое главное, что я сказал. Владыка тут же оживился, спросил, не голоден ли я и прочие самые обыкновенные вещи.

И вдруг он посмотрел на меня как-то просто и глубоко и спросил:

– Знаете ли вы любовь Христову? (Liebe Christi)

Я был изумлен. Уже пять лет я был в Православии, и до сих пор меня еще никто не спрашивал о любви Христовой, а только – знаю ли я правила поста, среда-пятница, когда можно есть мясо, а когда растительную пищу с маслом или без масла, вечернее правило, утреннее правило... Но никто не спрашивал, знаю ли я любовь Христову. Это был самый простой вопрос на свете. Я поколебался и сказал:

– Да, раза два в жизни я ее чувствовал.

– Это очень хорошо, но мы должны всегда, всегда иметь любовь Христову, а не только два раза! Без этого же невозможно жить. Ошибаетесь вы или нет – это все равно, но надо искать любовь Христову. Вы слишком строги. Слишком много поститесь, слишком много молитесь.

Это было невероятно: епископ говорит, что я пощусь и молюсь слишком много!

– Вы все усложняете. Когда я стал монахом, то спал на полу, ничего не ел, и даже однажды чуть не умер (во время войны Владыка перенес тяжелый туберкулез). Я делал все – и Бога там не было. И когда я все это оставил, Господь пришел. Ведь это же не зависит от наших усилий. Он приходит тогда, когда хочет, и потому, что Он нас любит, а не по какой-то другой причине!

Такого я еще никогда не слышал».

Я был как на небесах. Я не замечал пути из Мюнхена: утром сюда, вечером – назад. Это тысяча километров туда и обратно. Я чувствовал, что здесь – благодать, Дух Святой, радость, и все было так просто. Конечно, Владыка не был против постов, но он говорил, что очень опасно только лишь следовать правилам, и при этом забывать о любви Христовой. Любовь включает в себя все – вспомним притчу о мытаре и фарисее. Меня учили быть фарисеем и мытарем одновременно: все выполнять, как фарисей, и быть смиренным, как мытарь. Но Владыка говорил: "Это все слишком сложно. Ищите только Господа". Через две недели я снова сюда приехал. Это было похоже на заправочную станцию – заправляешься в Домпьере, потом живешь, потом – снова на заправку. Я освобождал один день: утром прилетал сюда, проводил здесь три или четыре часа и снова мчался обратно, а на другой день – снова шел на работу. И каждый раз – как на небесах.

Когда я был здесь во второй раз, я спросил Владыку:

– Владыка, как мне молиться, какому молитвенному правилу следовать? ("Pravilo" – произносит с акцентом о. Силуан).

Он говорит:

– Что такое молитва?

Владыка был почти глухой, и я подумал, что он не расслышал.

– Нет, Владыка, я спрашиваю: как мне молиться? (Wie soll ich beten?)

– Что такое молитва? (Was ist Gebet?)

"Не слышит", – думаю я. И снова переспрашиваю, совсем громко.

– Как, как мне молиться?

– Да, да, я понял! Что такое молитва?

– Что такое молитва? Хм... Это значит – молиться...

– Да, да, но что такое молитва?

– Молитвенное правило... Нет, не знаю, скажите.

И он сказал так просто:

– Молитва – это значит всегда быть с Богом, всегда! Так просто!

Я хотел получить молитвенное правило, а получил – "всегда быть с Богом". И самое волнующее, это то, что все вот эти слова – "любовь Христова", "всегда быть с Богом – для него не были отвлеченной теорией. Когда Владыка говорил, то это просто чувствовалось – да, он всегда с Богом, всегда – в любви. Это было живое свидетельство».

Старец Виталий Сидоренко

1 декабря – день памяти замечательного грузинского старца Виталия Сидоренко, умершего в 1992 году.

Мне довелось лично общаться с людьми, знавшими старца, и все они свидетельствуют о его необыкновенно нежном и трогательном отношении к окружающим. Он не хотел ранить ни одного человека, и не мог вынести, если кому-нибудь было больно.

Как-то одна, приехавшая к нему на приём, женщина волновалась, что от неё потом воняет. Старец, услышав об этой её тревоге, ответил:

– Дорогая! Не воняет – пахнет!

Старцу Виталию Сидоренко бывало так больно от людской клеветы, людских нападок и искушений, что он говорил иногда: «На моём месте никто из вас не смог бы и часа одного прожить…». А знаменитый и добрейший певец Майкл Джексон глядя на то, как мир в ответ на его благотворительность, доброту и стремление к свету поливает его грязью, говорил: «Больно быть мною».

Чтоб по-настоящему помочь другим, словом ли, стихом, заботой, поддержкой – надо самому перенести боль, и лишь тогда другому станет не больно. Потому-то святой Нектарий Оптинский говорил Надежде Павлович, что для исцеления другого от боли нужно взять эту боль на себя. Это очень трудно, но в ответ на такое благородство Господь вмешивается в ситуацию и дарует счастье всем участникам этой истории, утверждая ещё раз, что весь мир есть Господня сказка со счастливым концом.

***

Старец Виталий Сидоренко говорил: «Бывает, и хочешь помочь человеку, и знаешь, что ему нужно сказать, но и понимаешь, что он никаких твоих слов не примет и будет так же страдать от своей темноты и непонимания, хотя выход возможен и существует».

300 святых

Старец Виталий Сидоренко в 1990-х годах ходил по старому кладбищу Таганрога и сказал, что в городе за всю историю было 300 святых неизвестных людям...

Старец Виталий и советская власть

Для баранов характерна неспособность видеть, но я пишу не для них, а для чутких к сути.

В жизнеописании старца Виталия Сидоренко находим следующие фрагменты:

«Среди учеников и учителей своей школы Виталий без боязни продолжал свидетельствовать о Боге, искренне желая, чтобы все были просвещены светом Христовой веры. Молчать или тем более лукавить, скрывая свои убеждения, он не мог. В 7-м классе, когда его вызвали читать стихотворение Некрасова «Железная дорога», он прочитал так:

*«В мире есть царь, этот царь безпощаден,
Сталин – названье ему!»*

Терпение учителей лопнуло. Зная, что никакие наказания на него не подействуют, они побоялись держать такого ученика в школе. Помимо презрительного ярлыка – «верующий», на него повесили еще один – «политический», и выгнали из школы».

Виталий родился в 1928 году, и тут любой баран мог бы посчитать, кто правил в его стране, когда ребёнок так переиначил стих Некрасова на уроке. Если бы только бараны умели видеть...

А вот как другой старец того времени избавлял Виталия Сидоренко от другой опасности – искажения духа в советской армии. Той опасности, о которой знал Бог, но юноша знать не мог.

Вновь фрагмент жития:

«В 16 лет он подвизался в Таганроге, где в то время жил слепой старец отец Алексий, пострадавший от немцев во время войны. Не видя очами телесными, он получил от Бога дар видения духовного, и многое для него было открыто. Виталию он сказал: «Выбирай – или служить в армии, но потом уже таким (как сейчас никогда) не будешь, или странничать»».

Посмотрите на эти слова старца Алексия, – войти в ложную сферу жизни, это больше никогда не быть «таким», это утерять важнейшие тональности духа. Какие тональности? Например те, которые множество баранов так упорно отстаивает, как свои сокровища.

Потому бараны – такие тесные, серые и душные люди, ведь «где сокровище ваше, там будет и сердце ваше» (Матф.6:21)

***

Особенностью старца Виталия было переживать за каждого человека, никого не считая чужим или недостойным заботы.

Если кто-то уступал ему место в метро, он говорил, что за это должен вымолить у Господа спасение этому человеку, и другим говорил: «Когда уступаете место – Христу уступаете».

***

Инокиня Анастасия рассказала нам, что, когда она однажды пришла к старцу Виталию Сидоренко, он сидел на дереве…

А ещё как-то, когда гостям наварили кастрюлю борща, старец Виталий забрал у всех ложки и сказал, чтобы все сидящие за столом ели одной ложкой.

Ещё Анастасия сказала, что все старцы, которых она знала, были быстры в движениях и очень быстро ходили. И все они имели любовь.

***

Некий человек, посетивший старца Виталия Сидоренко, рассказывал: «Раз сидели мы в келье в кругу на полу, отец Виталий кланяется нам до земли и спрашивает: « Почему я вам все время так кланяюсь?» Мы отвечаем: «Батюшка, мы не знаем», – один одно предложение высказывает, другой – другое, третий – третье. Он: «Ну, да… ну, правильно… ну, да… а еще?» Мы говорим: «Мы не знаем». Он отвечает: «Потому что вы – Царские дети».

О Старце Евстафии Кипрском

Митрополит Афанасий Лимасольский, человек афонской традиции, вспоминает о Старце Ефставии Кипрском: *«Когда мы говорили ему о каком-либо нашем затруднении, он всегда отвечал: «Это решается молитвой. Нужно молиться. Если будем молиться, проблема решится».*

И ведь это универсальный совет: одно слово молитвы, укреплённое хотя бы одним сегодняшним добрым делом, расчистят перед нами путь куда лучше десяти тысяч жалоб на мироздание! Ведь молитвой мы зовём Господа войти в нашу ситуацию, чтобы Он ещё раз явил, что мир – есть сказка с наградой для стремящегося к добру человека, и что Он – Бог хороших концов.

Советы старца Гавриила Карейского (Афон) о нестяжании

(Собраны о.Ярославом Ерофеевым после посещения старца)

Саваны не имеют карманов.

Я потерял всё, кроме того, что отдал.

Ничто не моё, если это только для меня.

Открытая рука однорукого гораздо лучше, чем две руки скряги.

Хочешь, чтобы ты и я обеднели – богатей.

Хочешь изобилия – растрачивай.

Хочешь стать нищим – собирай.

Хочешь умереть от голода – закрой свои глаза и уши от человеческой боли и человеческих страданий.

Радость глазам, которые плачут о том, кто болит, потому что эти глаза будут видеть блаженство рая.

Радость рукам, которые одевают маленьких детей и детей-сирот, потому что эти руки станут крыльями и будут летать высоко.

Счастье устам, которые говорят утешительные слова, потому что они будут петь с ангелами «Осанна».

Радость в доме, который открывает дверь прохожему, потому что он открывает двери для Богородицы и Христа.

Мы родились и существуем на планете Земля, чтобы прославлять Бога и дарить любовь и радость другим.

Самое большое удовольствие в жизни, которое мы знаем и чувствуем – это делиться радостью.

Бедность и богатство не в наших домах, но в наших сердцах.

Богат не тот, у кого много, а тот, кому много не надо.

Беден не тот, кто не имеет ничего, но кто хочет много.

Старец Григорий из Дохиара

Виктория Могильная, многодетная супруга священника, вспоминает:

Как-то мой муж чудом попал на Афон, в Дохиар. Многие в паломнической группе волновались, что же, ну что же спросить у старца архимандрита Григория? Он же прозорливый, такой шанс узнать свою судьбу! Муж решил ничего не спрашивать, а лучше попросить молитв. Каково было его удивление, когда геронда сам обратился к нему с советом, узнав сколько у нас детей: «Что бы ни делала твоя жена по хозяйству, вставай рядом и делай вместе с ней»…

***

Старец Григорий говорил, что «любая бабушка лучше патриарха…».

Эти слова и есть – свобода святого человека, называющего вещи своими именами там, где все затыкают уши и закрывают глаза…

Из воспоминаний о старце Филарете Карульском (1872 - 1962)

Старец Филарет так учил молитве:

– Молитва не утомляет, она снимает усталость.

– Как это?

– Ну, вот смотри: скажи мне, что ощущает ребенок в материнских объятиях? Мы не можем этого даже понять, став взрослыми. Только отдаленное воспоминание остается у нас на всю жизнь… А как же нам понять? Остается одно – стать ребенком!

Так и здесь. Тогда только почувствуешь присутствие Бога, когда будешь ощущать себя малым ребёнком. Если кто-нибудь услышит со стороны, как молятся такие люди, то скажут, что они как малые дети.

Если кто увидит совершаемые ими при этом движения, то скажет, что они спятили. Потому что они, как маленький ребенок, который бежит, хватает отца за полу и просит: «Не знаю как, но ты должен сделать то и то»....

Старец Павел Груздев

Епископ Евстафий Евдокимов вспоминает о старце Павле Груздеве: «Отец Павел освоил святоотеческий опыт и применял его к сегодняшнему дню». Этот опыт – есть Дух Святой, когда человек Духа говорит и действует изнутри истины.

О старце Павле Груздеве вспоминают, что он имел у себя пластинки и, когда к нему приезжали люди, иногда ставил им записи церковных хоров или сказки...

В мире благодати и доверия Богу всё совсем не так, как привыкли к этому люди, идущие банальным путём даже в храмах.

Среди воспоминаний о старце Павле Груздеве есть и такое, когда среди посетивших литургию, которую он вёл, был некий семинарист, который не подошел ко причастию.

– А ты чего, не будешь причащаться? – спросил старец.

– Да нет, я не готов! – отвечал семинарист, имея ввиду, что не вычитал правил.

– Причастися. Причастися! – сказал ему старец и позвал семинариста к чаше.

А вот несколько историй, собранных Алексеем Марковым о прекрасном старце Павле Груздеве.

Хорошие примеры для любителей говорить «да как вы смеете называть идиотов идиотами?» и давать мне «компетентные советы», как поэт должен исполнять своё служение.

Кроме приведенных здесь случаев я собрал от очевидцев ещё несколько подобных о старце Павле, и все эти случаи говорят, что святые великолепно разнообразны, в противоположность «правильным» фарисеям…

Алексей Марков: «Много воспоминаний напечатано об отце Павле (Груздеве) из Никульского. Больше всё в рамках и традициях. Чтоб ничего такого уж резкого, тревожащего благоговейный настрой благочестивого читателя не прозвучало. А ведь сам-то старец не боялся никого смутить, когда высказывался, а скорее наоборот, провоцировал, стремясь пробудить в человеке искреннее, настоящее, а фальшиво-мещанскую «религиозность»… да хоть бы и матом её!

Приходит к отцу Павлу бригадир иконописцев и резчиков. Восьмидесятые ещё, только первые храмы открываются, первые иконописные мастерские появляются. Рассказывает бригадир, что, мол, с батюшков по полной берёт за работу, выжимает, несмотря на жалобы о бедности храма, призывы работать «во славу Божию», а не для наживы, по максимуму выжимает. Можно ли, не грех ли?

Отец Павел:

– Бери! Не жалей! Попы они пьют, курят! – потом на ухо бригадиру: – Блядуют!.. Бери!

Престольный праздник у отца Павла в Никульском в июне, на икону «Достойно есть», это везде написано, кучу воспоминаний об этом опубликовано. Так вот, приезжает на этот праздник владыка местный, Платон тогда был. После службы – снимок на ступенях храма, праздничный, общий, по всем традициям. Архиерей, понятно, с посохом, в центре. Отец Павел засуетился, нашёл палку и встал с ней для фотографирования, опираясь на неё как на посох.

Владыка:

— Брось палку-то.

— И ты брось! — ответствует почитаемый православный старец.

— Я архиерей, мне положено посох иметь!

— И я не брошу!

Так и стоят на снимке владыка с посохом, а архимандрит Павел — с палкой.

Что хотел этим старец сказать? Что владыка ничем не выше священника, да и вообще должен не превозноситься, а людям и Богу служить, или ещё что. Но в книгах о старце я этого не встречал, смущает издателей, видно…

Чему лично был свидетелем. Заходит отец Павел в храм, идёт по стеночке, потому как не видит совсем ничего. Женщина немолодая подбегает:

— Батюшка, мне поговорить с вами надо!

— А о чём мне с тобой говорить? Иди…

— Да как же? Я из Ленинграда к вам сюда… поговорить надо, благословения спросить, я больная вся…

— А я не бабий лечитель, а Божий служитель, сказано тебе — иди.

И никакие уговоры на отца Павла не действовали. Женщина, всхлипывая, отошла. Мой юный разум не мог найти объяснения виденному: зачем старец так резко с женщиной, да ещё приехавшей специально издалёка.

Я подсел к ней на скамейку возле храма. Минут через 15 общения я понял, что единственной целью этой женщины было добиться выселения нелюбимого зятя из квартиры. Что бы отец Павел ни сказал, она бы истолковала это как благословение на выселение, но старец не дал ей ни малейшего шанса, так она и уехала…

Начало девяностых, в заснеженное Никульское приезжают двое новоиспечённых мужей, как-то не вовремя, в лихолетье умудрившихся обзавестись семьями. Отец Павел встретил их весело, благословил и напутствовал духовным наставлением, смысл которого можно передать цензурно так: побольше занимайтесь сексом со своими жёнами, производите на свет Божий детей, и всё будет клёво. Дословно передать слова отца Павла я не могу, не потому, что это был сплошной мат, а потому, что дословно не помню, а нецензурной лексикой не владею и в малой толике, как ей владел старец, и любые попытки передать близко к авторским выражениям обречены на неудачу.

Из Никульского молодые люди упархивали как на крыльях. Отец Павел умел и обматерить людей так, что они, вопреки всем канонам и правилам, и через это ощущали, почти физически, любовь Божию к людям, что исходила от старца.

Эта история из известных, как бы визитная карточка отца Павла. В семидесятые или начале восьмидесятых дело было. Приезжают к нему в Никульское люди из компетентных органов поговорить о том, о сём. Точно мы не знаем, о чём конкретно, но предположения очевидны: что людей много к нему ездит, тружеников села смущают, какие-нибудь «жалобы поступают», да и самому стареющему монаху лучше уехать в монастырь, в общем, куда подальше... И вот сам отец Павел гостям навстречу: в завёрнутых по колено штанах, в руках несёт два ведра нечистот из уличного сортира. Опешившие сотрудники органов враз забылись и говорят:

— К вам же столько народа ездит, неужто некому туалет почистить?

— Сам насрал — сам и ношу, — сказал старец и прошёл мимо.

После такого ответа профессиональные борцы за интересы государства ретировались.

Когда он совсем ослеп и ослаб, встал вопрос о месте, куда бы он мог переехать. Своего жилья у батюшки не было. Вроде уже решилось, что он в монастырь в Ростов Великий поедет, там и условия, и уход подобающий обещали. Но старец едет на приход в Тутаев. Условия здесь хуже, но поближе к родным, жившим на той стороне Волги. Хотя, думаю, дело не только в этом. Не мог не знать бывший узник сталинских лагерей, какие бывают «золотые клетки», как обихаживают, а на самом деле изолируют под видом «заботы», его собратьев в монастырях, он не хотел быть ограниченным в свободе принимать людей, желал принимать посетителей, когда может и хочет, говорить, что думает, не оглядываться ни на кого ради комфорта и лучшего ухода.

«Ты лучше молочка постом выпей, да человека не ешь!»
архимандрит Павел (Груздев)

Бежит за отцом Павлом женщина:
— Батюшка, благословите!
— Божие благословение!
— Батюшка, скажите, а туалетной бумагой можно пользоваться?
— А почему нет?!
— Так, комфорт, ведь!
— Ну, тогда наждачкой пользуйся! — ответил старец.

История смешная, но больно думать, как многие люди понимают христианство, что всерьёз решают для себя вопрос, можно ли пользоваться туалетной бумагой…

Православные любят осуждать друг друга на каждом шагу, но если речь идёт не о человеке, а о сане (патриарха, епископа, священника), то они тотчас начинают жевать нюни в стиле «ах, не осуждайте!», особенно не вынося, когда их тыкают носом в болезни их поместной церкви.

Не таким был старец Павел Груздев, который не боялся говорить в лицо уродам то, что он о них думает. У него было выражение: «Не народ слуга священнику, а священник – слуга народу». А по поводу современных ему священников, которых он откровенно считал недоделками, старец говорил: «Попов как клопов, а батюшек мало».

Старец Павел Груздев настолько любил стихи и песни, что на любой случай была припасена у него поэтическая притча или шуточный стишок, а если нет, то он сочинял сам.

Это его поведение резко контрастировало с тотальной гносеомахией советской и постсоветской церкви РПЦ, где всякое проявление мировой культуры было под подозрением и отвергалось, а уж чтобы священник стал рассказывать стихи, это и вовсе казалось людям кощунством.

Между тем и такой мудрый пастырь как отец Павел Адельгейм мог, к примеру, читая в храме проповедь о Евхаристии, прочесть людям стихи Мандельштама о Чаше Причастия, чем тоже крайне пугал своих прихожан, боявшихся и поэзии и культуры.

***

Старец Павел Груздев как-то сказал: «Ведь мы живем в такое время, когда все ученые, все ученые, ой, Люська, а умных-то – аух, и нету».

***

Это древняя мудрость – учиться чему-либо у того, кто знает, и верна она как для овладения поварским искусством, так и для духовной жизни.

Так, иерей Георгий Гогишвили вспоминает о старце Павле: «За 40 дней богослужебной практики, которую я проходил у о. Павла в Верхне-Никульском, я получил в смысле духовного опыта несравненно больше, чем за 7 лет своего послушания алтарником, чтецом и певцом».

Старец Назарий Терзиев

Старец Назарий (Терзиев), знаменитый болгарский старец, когда люди приходили к вере через него и восхищённо думали, что все люди церкви так любят и так высоки, как старец, посылал их проехаться в разные монастыри и храмы Болгарии.

Люди в ужасе возвращались и говорили: «Нас там оскорбили! Нам нахамили! Нас облаяли!»

Старец специально поступал так, чтобы люди столкнулись с банальностью и ложностью множества ходящих в храмы, но посмотрели на зло через небо, взглядом рая, а не взглядом всевозможных уродов-публицистов, критикующих уродства, но столь же нечистых, как и те, кого они критикуют.

Такова мудрость Бога – чтобы люди смотрели на зло и уродство через благодать, а не через кривые взгляды других уродов.

Из книги румынского журналиста Велизара Пейкова «Встречи со старцем Назарием»:

«Старец Назарий (Терзиев), (1933 - 2011), знаменитый болгарский подвижник, очень не любил тяжелых богословских разглагольствований. Однажды к нему пришла некая философиня.

– Что вы думаете об исихазме?

– Что это такое? Мы не понимаем таких вещей! Тут простые монахи! – быстро отреагировал старец.

После её ухода один из братьев удивлённо спросил его:

— Батюшка, а разве мы не Иисусову молитву исихастов повторяем?

— Так, так, милый! Молись так, и как можно чаще. Во время работы, занятий спортом... Всегда и по любому поводу....»

Григорий Сковорода писал о таких вещах: «Мы должны быть благодарны Богу что он создал мир так, что все простое – правда, а все сложное – неправда».

Высокие слова имеют смысл, когда о них говорят высокие люди. И хотя такие высокие люди могут быть и среди портовых грузчиков и в племени дикарей, но (и Евангелие тому свидетелем) – реже всего они встречаются среди имеющих положение в ложном обществе взрослых...

***

Сразу после падения коммунистического режима в Болгарии заговорили о каком-то монахе, мученически погибшем при коммунистах.

— Батюшка, некоторые говорят, что его надо бы канонизировать...

Неожиданно старец Назарий ответил:

— Он заслужил свою смерть.

(все были удивлены, но потом оказалось, что этот монах погиб по политическим, а не церковным мотивам)...

А ведь это – почти всеобщее заблуждение интеллигенции, – считать активных либералов святыми, а в праведниках числить таких монстров гордости, как Кураев, вокруг которого – столько тьмы.

Такое непонимание очень много говорит о слепоте этих людей в области Духа, в сфере важнейшего...

***

До монашеского пострига болгарского старца Назария Терзиева звали Николаем. Как-то, работая на заводе коммунистической Болгарии, он обнаружил, что сломалось главная машина, которую он обслуживал.

Николай очень переживал, боялся что их, его в том числе, заставят платить за ремонт. В волнении поехал посоветоваться в Врачанский монастырь, рассказал матушке Кассиане о случившемся, и та его успокоила: «Не волнуйся. Если потребуется, корову продадим и заплатим».

(Николая потрясло такое отношения к человеку, и оно частично определило его выбор стать монахом, чтоб научиться быть настоящим)

***

Старец Назарий был искусным поваром. Он говорил: «Нельзя давать людям пресную пищу». И ведь ещё в ирландских средневековых монашеских уставах говорилось, что в обители обязательно должен быть приветливый повар. А когда кто-нибудь приезжает в какой-то из монастырей старца Дионисия Каламбокаса, то его первым делом вкусно накормят.

Существует высота церковного сознания, которая как на мелочи смотрит на то, что представляется многим важнейшими вещами.

В период болгарского церковного раскола (1992 год) ученики старца Назария Терзиева спрашивали его, можно ли ходить в храм, захваченный раскольниками, и старец ответил словами тетки одного из братьев. Собралась она на службу в храм, где служил раскольник Пимен.

— Тетя! Куда ты собралась? Там же Пимен! — пытался остановить её племянник.

— Не, я к святому Клименту иду — ответила, не расслышав имя раскольника, тётя. Я в церковь иду!

***

Старец Назарий говорил: «Будьте смиренны, но не овцедушны». Отвага – добродетель, если она не направлена во вред другим людям. И как тяжело общаться с трусливым священником, который начальства боится больше, чем Бога…

Священник Симеон Кобзарь

Продолжая свои всемирные поиски праведников XX и XXI века, я отыскал людей, знавших интересного священника – Симеона Кобзаря.

Отец Симеон в сталинские годы был осужден за православную веру и брошен на 9 лет в лагерь Соловки. Пока он отбывал несправедливый срок, его супруга переехала в город Донецк, в Петровский район. Священник приехал к ней после освобождения и стал служить там в храме Вознесения Господня, который существует и сейчас.

Конечно, заключение сказалось на его здоровье. Но он захотел оставшиеся годы посвятить людям. И принял решение никогда не закрывать дверь своего дома, чтоб нуждающиеся могли прийти к нему и ночью, и утром. Его тогдашним соседом был некий автомеханик (в СССР это была дополнительная нелегальная зарплата). Этот автомеханик удивлялся своему необычному соседу и спрашивал его:

– Почему к тебе ходит больше людей, чем ко мне? (механику постоянно приносили нелегальные заказы)

Священник улыбался и отвечал:

– Наверное, потому что я им нужнее…

Отец Симеон глубоко чтил свою супругу. Его уважали окрестные жители, его детям помогали учителя в школе, чувствуя, что такой необычный человек, как их родитель, чем-то может помочь и им…

За несколько месяцев до смерти у него случился инсульт, но он до конца хотел быть полезным людям и, чтоб его взрослая дочь имела возможность отдохнуть, просил положить на себя внучку. Трехмесячная внучка забавлялась с дедушкиной бородой и радовалась, а мама получала важную для всех мам передышку.

Интересно, что в годы жизни этого праведного священника, многие приходили к нему погреться, но теперь, спустя десятилетия после его смерти современные жители района о нём не знают.

Когда его сын тяжело заболел, отец Симеон всю ночь молился о нём, и вопреки прогнозам врачей сын пошел на поправку. Священник приехал забрать выздоровевшего сына из больницы, а потрясённый лечащий врач, один из больших тогдашних специалистов в городе, сказал ему об этом исцелении:

– Теперь я поверил в Бога…

***

Священник исповедник Симеон Кобзарь сам подметал улицу вокруг своего дома и не считал зазорным для себя самый простой и обыкновенный труд, хотя в сердце его сияла слава Господня.

Старец Фаддей Сербский

Известный старец Фаддей Витовницкий до 16 лет переносил преследования со стороны мачехи, получил тяжелейшие душевные травмы, вследствие чего, даже будучи старцем и подвижником, постоянно подвергался депрессиям, печалям и тревогам. Психологов в то время не существовало, он не мог получить помощь, и сам находил рецепты от постоянного нервного состояния.

Так, ему помогали заниматия музыкой. Он уходил в поле за монастырь, где играл на гармонике. Кстати, один мудрый священник замечал мне, что избавляться от плохих мыслей помогает игра на губной гармошке. Сам этот священник – хиппи и музыкант, – отлично разбирается в таких вещах.

Старец Фаддей говорил о себе, что куда нервный человек ни придёт, ему везде будет плохо. Единственным спасением из этого тонкого нервного напряжения и поэтично глубокого восприятия мира, приводящего к постоянной травме – это благодать Господня. Старец открыл для себя, что благодать находится с нами, пока мы молимся. И отступает, когда человек начинает тревожиться о чём угодно житейском. Молитвой мы понуждаем себя доверять Богу любую ситуацию, и Он эту ситуацию управляет каждый день много раз, что мы увидим сами, если отважимся на доверие и молитву.

Человек тонкого поэтичного устроения, без постоянной обращенности в уверенность Господню, не может находиться в покое, потому что иначе его будут разрывать тревоги и оскорбления, наносимые ему со стороны людей банальных и мелких. Ибо молитвой он постоянно находится в царстве Бога, где вместо тревоги, царит уверенность и надежда...

***

Старец Фаддей пишет: «Раньше думал, что если святые получают благодать, то она навсегда остаётся с ними, а потом узнал, что все святые теряли благодать и возвращали её. Если человека не тревожат никакие борения, помыслы, ни сложные печали и переживания, то это ложный мир. И наоборот, если человек постоянно мучим борениями, помыслами и тому подобными искушениями, то это значит, что он не находится во власти врага.

Подобно как Шеспир писал в одном из сонетов:
Прочь, искуситель, чем душе трудней,
Тем менее ты властвуешь над ней!

Старец Иоиль

Митрополит Мелетий Никопольский вспоминает о известном греческом старце Иоиле (1901 -1960), что тот, будучи призванным на воинскую службу, проходившую в Малой Азии (в условиях реальной опасности и военных столкновений): «Никогда не пел ни военных, ни народных песен, а когда рассерженные офицеры требовали объяснений, отвечал: «Голос нужен мне лишь затем, чтобы петь Господу и возвещать славу Его».

Все считали его идиотом, но он знал, что настроение настоящих христиан по таким вопросам выражено в «Послании к Диогнету» (II век): «Для христиан – всякая чужбина – отечество, и всякое отечество – чужбина...»

Старец Иоиль: «Вера есть безусловный опыт. Ибо Бог – не просто некое существо, но Сущий. Бог – величина более безусловная, чем единица для математики. В отношении Него недопустимы ни витание в воздухе, ни пустая болтовня. Нужно и мыслить и говорить разумно! Возноситься в молитве, но и твердо ходить по земле! Если же будем только летать, нас унесет ветром – и нас самих, и все доводы наши!..».

Жизнь нельзя опровергнуть. Бог кажется нереальным тем, кто живёт далеко от Него.

Познание знающих Бога, как и всякое познание, происходит от бытия.

Представьте, с какой улыбкой такие люди как Паисий Афонский или Нектарий Эгинский, люди подтвердившие своё богообщение великими чудесами и несравненным служением человечеству, слушают убогие доводы атеистов и скептиков, и всяких интернет-экспертов, уверенных, что их среднее телевизионное образование равно знанию Эйнштейна и Нильса Бора.

Святые и праведники православия, старцы и подвижники – эксперты в реальности Бога, как Гейзенберг и Шрёдингер – в физике.

Опытное знание святых и старцев так же отличается от обывательской болтовни о религии, как уравнения волновой функции и обоснования парадокса неопределённости от чего-то слабо припоминаемого обывателем из школьной программы, который из всех удивительных открытий Шрёдингера знает только (да и то из заметки в соцсетях), что у этого физика был, вроде, какой-то кот...

Митрополит Никопольский и Превезский Мелетий пишет о детстве греческого старца Иоиля следующее:

«Будущий старец Иоиль родился в 1901 году в небольшом селении Мафия (бывшая Драга) в Мессинии, близ Петалиди.

Мирское его имя – Фотий, или Фотис. Родители мальчика, Николай и Анастасия Яннакопулос, были простые крестьяне, бедные материально, но богатые душой, имевшие простую веру, глубокое благочестие и послушание слову Божию без рассуждения. У них родилось четверо сыновей и пять дочерей.

Вскоре, однако, они покинули деревню и поселились в Каламате. Там же, в Каламате, Фотис окончил начальную и среднюю школу.

Впоследствии отец Иоиль рассказывал, что в начальной школе он очень отставал от сверстников. Был он крайне непонятлив и с трудом запоминал уроки. Это особенно проявлялось в его замедленной речи, почему и возникало впечатление, что он «ничего не соображает». Учителя считали его безнадёжным, а одноклассники –

умственно неполноценным, так и называли между собой презрительно: «Фотис-дурачок».

Фотис же дурачком вовсе не был: при сильно затрудненной речи и отсутствии свойственной детям цепкой памяти думал и рассуждал он правильно.

Глубоко опечаленный паренек силился понять, почему другие дети получают высокие баллы и постоянные похвалы, а его преследуют неудачи?

«Почему? В самом деле, почему?».

Он напряженно искал ответ и наконец нашел! Оказалось, что ученики в большинстве своем через день-два еле помнили урок, за который получили «отлично». Он же, запоминая гораздо больше, усваивал и самую суть. Фотису стало ясно, что одноклассники просто брали из учебника материал, лежащий на поверхности, и тем самым зарабатывали высокий балл. При этом они сплошь и рядом упускали из виду то зерно смысла, от понимания которого и зависит настоящее знание.

После такого вывода «дурачок» проникся презрением к внешнему успеху, достигнув того, к чему многие мудрецы приходят лишь в зрелом возрасте. Глубокое осмысление, изучение и усвоение предмета неизмеримо важнее внешнего впечатления, какое ты произведешь. Если же правильно употребишь свои способности, пусть самые малые и ограниченные, то непременно вырастешь над собой, всесторонне вразумишься и достигнешь, в конце концов, совершенного самопознания, а значит, узнаешь, кто ты на самом деле.

Не правда ли, необыкновенно мудрое умозаключение для ребенка девяти-десяти лет?»

***

Как любили святые мир и познание! Старец-писатель Иоиль в 65 лет выучил древнееврейский, чтоб лучше понимать Ветхий Завет и оттенки толкований, а так же проверять правильность своих, прежде написанных мыслей и очерков о библейском тексте.

Старец Иоиль сказал на своё шестидесятипятилетие:

– Я напишу книгу о Паскале. То был мощный ум! Его суждения превосходны. Они ставят столько проблем, а между тем дошли до нас в таком разрозненном виде. Подумайте, что могло бы выйти, приведи он их в законченную систему! Займусь Паскалем.

Слушатели недоумённо отвечали:

– Оставь Паскаля, старче!

И требовали от старца заниматься только исследованием Писания.

На что старец отвечал так:

– Но Паскаль меня всегда привлекал! Займусь-ка я им, раз я жив и здоровье позволяет. Напишу книгу, где рассмотрю всё относящееся к его личности, приведу в порядок его «Мысли»...

***

Греческий старец Иоиль уделял много внимания книгам Паскаля и Кьеркегора, говоря, что они его невероятно увлекают духовно-апологетическим началом первого и отношением к страданию у второго.

А вот прессу старец никогда не брал в руки, считая пристрастие к лёгкому чтиву духовным алкоголизмом. Чтоб расширить кругозор он «изучал наиболее авторитетные труды по главным разделам знания. Подобные труды он штудировал сотнями, и так прилежно, будто всякий раз готовился к экзаменам. Результатом этих занятий стала широчайшая эрудиция во многих научных областях».

Старец советовал людям: «Не клюйте помаленьку-понемножку, словно куры! Не позволяйте себе тратить время на газеты, журналы и пустые книжонки. Изучайте только самое главное, и как можно тщательнее!»

Да, таков наш мир, что святые тут интересуются всем творением, всеми науками, от философии до физики, а ругатели религии шевелят тапочками на диванах, да ещё и смеют давать святым советы, как и что тем следует делать!

***

Перед смертью старец Иоиль спросил окружающих:

— Какое кушанье будет у нас в воскресение?

Одна «не в меру у нас православная» женщина завопила: «Не помышляйте об этом, отче! В такие минуты вас должно заботить иное!».

Так банальные люди предписывают святым, что и как те должны думать и делать.

Да вот беда – банальные люди со всеми их рекомендациями так и остаются в начале пути, а святые приходят туда, куда могут взойти только праведники, мудрецы и поэты!

Святой Иустин Сербский

Иустин Сербский (1894-1979) – память 7 апреля.

Всюду, куда приходил Иустин, банальные люди багровели и фыркали, ведь он никогда не стеснялся в лицо называть идиотов идиотами!

А те, кто искал Христа, спешили к этому человеку Духа.

Знаете, почему?

А потому, что он, провожая уезжающих, не уходил в дом, пока повозка или машина не скрывались из виду. Стоял на дороге, благословлял, восхищался. Таким было его отношение к людям.

– Он не уйдёт, пока мы видны! – сказал об Иустине один уезжавший человек другому...

В этом – святость – не уходить, пока мы видны...

Исаак Сирин называл совершенством милующее сердце.

Человечество с утра до ночи занято обвинением Бога, но те немногие, кто Ему открыты, знают, что у Него ни для кого нет плохого. Просто люди не готовы к хорошему, пока идут путём мелочности и зла.

Но любовь не может не прийти на помощь, и мир вдруг видится подвижнику больницей, где, виноват ли пациент в своей болезни или нет – он должен быть исцелён.

Такое восприятие и молитва охватывают Вселенную, и человек открывает в себе всё сущее: от соседа до бездомной собаки – как существующее в объятиях Христовых.

Знать такую тайну – это всегда быть в потрясении и молитве. Всегда идти ко всем, часто встречая грубость и отвержение, но продолжая нести Бога туда, где требуется исцеление.

Эту тайну могут открыть в себе не только святые, но и те, кому больно за чью-то боль, те, кто не может спокойно сидеть у телевизора, когда другим нужна помощь.

И такой человек спешит ко всем. Потому Франциск Ассизский говорит о Христе зверям и деревьям, потому Исаак Сирин молится о ящерицах и черепахах, потому Серафим Саровский видит в каждом пришедшем к нему повод к радости.

А вот что пишет о святом Иустине Сербском Афанасий Евтич «Жизнеописание о.Иустина»:

«Об этом своем служении в Афинской церкви... а также о своих каждодневных и денно-нощных молитвах и слезах в своей келлии во все время пребывания в Афинах с потрясающей трогательностью свидетельствует нам сам отец Иустин Сербский в своем более кратком «Молитвенном дневнике». По существу, здесь он отмечал свое ежедневное монашеское правило, которое практиковал изо дня в день и из ночи в ночь; записывал число и характер своих молитв и свои известные молитвенные размышления и настроения, приходившие в течение необычного подвига этих дней и лет. Этот дневник раскрывает нам все величие и усердие богоустремленных подвигов молодого иеродиакона Иустина, который и ради себя, и ради других подъял такие молитвенные и слезные подвиги, так что нам сегодня уже нисколько не кажется удивительным, что впоследствии в нем воссияло такое изобилие духовных даров и добродетелей. Он тогда, по ясному свидетельству, денно и нощно молился со слезами – за всех и за вся: за братьев своих в немалых скорбях и искушениях, за всех страждущих и мучимых, за блудниц и самоубийц, за тех, о ком некому помолиться, за цветы и растения, за птиц и животных, за всю поднебесную тварь».

Святой против идиотов

Макарий Великий пишет: «Где Дух Святой – там гонение».

Чтоб найти мудреца Господня прислушайтесь, где ослы вопят больше всего, посмотрите, на кого направлена ярость умников и формалистов вашего времени. Это и будет тот, кто вам нужен, и там же окажется Тот, Кто стои́т за ним...

Вот как пишет о таком фрагменте жизни Иустина Сербского Афанасий Евтич в книге «Жизнеописания о. Иустина»:

«Преподавание отца Иустина в Карловацкой семинарии продолжалось до 1927 года. Именно в марте этого года он сдал экзамен на звание профессора, диссертация была написана на исключительно глубокую православную аскетическо–богословскую тему: «Гносеология св. Исаака Сирина». В этом труде вкратце описаны все тайны и глубины православного подвижничества на пути духовного возрождения и спасения: от растленного грехом ветхого до возрожденного и обоженного нового человека во Христе.

В это же самое время он со своими друзьями, главным образом, с соучениками из Оксфорда, издавал и редактировал «Христианскую жизнь» – журнал, описывающий церковную жизнь и изучающий христианскую культуру. Подвижник и ревнитель во всяком богоугодном подвиге, отец Иустин оставался таким в работе по просвещению церковного сознания в нашем народе и по выработке у него критериев православной церковности. С детства любитель правды, а тем более сейчас, будучи монахом–подвижником и святоотечески просвещенным богословом, он, по любви к истине и правде, подобно любезным ему святителям, особенно св. Иоанну Златоусту или святым студийским монахам, откровенно высказывал свои мнения, а иногда и критические суждения, о событиях церковной жизни и поступках отдельных церковных личностей или властей[46]. Ставя и оценивая горячие вопросы церковной жизни, иеромонах Иустин, редактор журнала, не только «критиковал», как некоторые тогда и впоследствии злонамеренно говорили. Была, разумеется, и критика, но в основном это была положительная православная оценка или же переоценка событий и времени, в которое он жил и работал; это были братские и сыновние предупреждения и мольбы, была поддержка и благодарность, где это требовалось, были и вдохновенные пророческие прозрения. Все его публикации того времени, а особенно статьи, и по сей день нисколько не утратили своей свежести и актуальности, ибо все они проникнуты святоотеческим, благодатно–свободным духом и любовью к Церкви Христовой и спасению людей. Все истинно человеческое, истинно церковное и православное, хотя бы оно и казалось тяжким и горьким, находило свой отклик и поддержку в журнале отца Иустина и его сотрудников. «Легко быть римо–католиком, – писал он в то время, – еще легче быть протестантом, но тяжело, очень тяжело быть православным. Ибо быть православным – значит быть в непрестанном подвиге от человека к Богочеловеку, быть в непрестанном устроении себя богочеловеческими подвигами».

Между тем некоторым служителям Церкви, включая и высокопоставленных, эта деятельность не нравилась. Надо было обладать духовным мужеством и подвижническим самоотвержением и самообличением, чтобы взять на себя бремя указывать людям на истину и напоминать о ней, вскрывать любую неистину и неправду, что никогда людьми легко не воспринималось. Раздались реплики недовольства в адрес «Христианской жизни» и ее сотрудников, т. е. в основном в адрес отца Иустина. Отец Иустин сам сознавал и чувствовал, что вокруг него происходит, но от своей любви к истине и правде в служении Церкви Христовой не отступал никогда в жизни. Вот что он сам пишет о «Христианской жизни» спустя два года после начала издания журнала[47]: «"Христианская жизнь" изобилует благословениями многих читателей, но есть и такие, которые ее бранят. Если бы не было этих последних, "Христианская жизнь" не была бы христианской, ибо все, что Христово, – "камень преткновения", "камень соблазна". "Христианская жизнь" знает, что хочет, а хочет она того, чего хочет Единая Святая Соборная и Апостольская Церковь, поэтому она и встревожила тех, которые этого, по крайней мере отчасти, не хотят. Православная Церковь – это нечто столь святое, столь пречистое, столь вышеестественное и благодатное, что ко всему церковному должно приступать "со страхом Божиим и верою", ибо приступаем мы к живому Господу Иисусу. "Христианская жизнь" непрестанно взывает к такому священному, православному образу служения в Церкви... Она непрестанно исповедует, что Господь Иисус Христос Духом Святым через святых отцов управляет Церковью. Мы не себя проповедуем, а Господа Иисуса Христа через святых отцов, поэтому "Христианскую жизнь" не любят те, кто проповедует сам себя, кто восхищает себе место святых отцов, кто вечно потворствует духу времени... Мы не перестаем подчеркивать, что в Церкви лучше всех мыслят святые отцы, ибо они мыслят Духом Святым... Есть и такие, которые призывают к реформам в Церкви, не чувствуя того, что все реформы в духе времени губительны для Православной Церкви. "Христианская жизнь" выступает против этого; она выражает православное мнение, когда утверждает, что в святых нам показан православный путь преображения личности и преобразования общества: преобрази прежде всего себя благодатью Духа Святого, а Господь Сам через тебя преобразит других. Мы обращаемся за помощью к реформам потому, что отступили от наших незаменимых святых отцов и подвижников, заразились поверхностным западным реформизмом. Мы забыли заповедь: Не сообразуйтесь с веком сим, но преобразуйтесь обновлением ума вашего, чтобы вам познавать, что есть воля Божия, благая, угодная и совершенная (Рим. 12, 2)».

Из-за такой честной и откровенной позиции отец Иустин имел неприятности еще тогда, когда заботился о материальном и духовном благосостоянии и росте своих учеников в семинарии. Однажды даже известные архиереи, почувствовавшие себя задетыми в статьях иеромонаха Иустина, хотели его вывести на суд Священного Синода[48]. От суда освободил его Святейший Патриарх Димитрий, ответив архипастырям, что все написанное отцом Иустином есть сущая истина. Патриарх Димитрий, кстати сказать, любил и ценил иеромонаха Иустина и по этому поводу, вызвав его к себе, с отеческой добротой сказал ему: «Знаешь, сынко, ты хороший монах и все хорошо, только писать тебе надо поменьше, потому что перо у тебя острое и некоторые люди на это обижаются».

Однако и Святейший Патриарх не мог помешать тому, чтобы на верном слуге Христовом – отце Иустине – исполнилась евангельская и святоотеческая истина о том, что «правда в этом мире ступает ногами страданий». Все Божии люди, а особенно горячие и ревностные делатели в винограднике Господнем, с апостольских времен до наших дней, всегда проходили через горести, искушения и страдания. Неся и свидетельствуя истину Божию, они всегда вокруг себя встречали противодействие и противление. Ибо добро тяготит и уязвляет людей, не готовых ради него понести самоотверженный труд и жертву. Поэтому судьба всех добродетельных и ревностных в деле Божием людей – это сопротивление окружающих и в конце концов гонение. Так случилось и с отцом Иустином. И он летом 1927 года, хотя формально был лишь «перемещен», на самом деле – изгнан в Призрен.

За этим «перемещением» стояло ясное намерение изгнавших отца Иустина прекратить деятельность журнала «Христианская жизнь», что действительно и было достигнуто, поскольку в Призрене отсутствовали условия для его издания. В статье, написанной по этому поводу, отец Иустин не печалится и не сожалеет о собственном гонении и страданиях. «Человек человека гонит, моль гонит моль, – писал он. – Что в этом страшного? Ничего». Не скорбит он даже и о журнале «Христианская жизнь». Но живо ощущает необходимость защищать свой православный путь, ибо этим он защищает Истину. В этой связи он пишет: «Я должен защищать путь, по которому иду: не потому, что это мой путь, а потому, что это путь Христов, Он его открыл, Он его проложил, Он его обезопасил. Это первый и единственный путь из смердящей бездны земли к вершинам благоухающего неба.

Первый и единственный – другого нет. Все остальные пути сворачиваются в кольцо безысходных ужасов. Его путь – это Его бескрайняя и бесконечная Богочеловеческая Личность. Как только человек вступает на него, он вступает в вечную Истину и в вечную Жизнь, ибо Путь, Истина и Жизнь единосущны в Господе Иисусе Христе… Жалка человеческая душа и прежде смерти, и после смерти, если чудотворящий Господь не выведет ее на Свой Богочеловеческий путь. Этот путь Христов сохраняется в Православной Церкви Духом Святым через святых отцов… Если я – Иона на корабле Сербской Церкви, то бросьте меня в море, только пусть утихнет буря, только пусть спасется корабль. А меня, может быть, какой-нибудь гостеприимный кит примет в свою утробу и, когда нужно, выбросит на берег… Всякое страдание благо ради незаменимого Господа. Чем больше страданий ополчаются против веры моей, тем глубже она зарывается в мое сердце. Для христианина страдания – это очищение, весна для души, освежение, омоложение… В борьбе за Православие я святоотеческим путем прямо следовал православной Истине Христовой и никогда не угождал людям, ибо если бы я еще и людям угождал, то не был бы и самым последним рабом Христовым. Я непрестанно убеждаюсь, что лишь усвоением святоотеческого сознания и подвижнического понимания Православия может ожить наше замершее, наше парализованное чувство церковности… И пока в нашем разуме кипит мир и грехи наши живут в нас, христолюбивая православная душа тоскует по соборной со всеми святыми жизни в Господе Христе, по соборным со всеми святыми трудам и подвигам в нашей многострадальной Церкви, тоскует и молитвенно вопиет: "Пресвятую, Пречистую, Преблагословенную, Славную Владычицу нашу Богородицу и Приснодеву Марию со всеми святыми помянувше, сами себя, и друг друга, и весь живот наш Христу Богу предадим. Тебе, Господи!"»

Святой Иоанн Затворник Святогорский

Банальные люди любят учить Данте писать стихи, Эйнштейна – понимать физику. А святых они любят поучать, как именно те должны быть святы по мнению банального человека.

Приведём об этом несколько фрагментов из Жизнеописания святого Иоанна Затворника:

«Однажды Татьяна Борисовна Потёмкина, пожелала показать его своему брату – князю Николаю Борисовичу Голицыну, убеждения которого были не в пользу монашества. Он сомневался в истине рассказов сестры о строгом затворе Иоанна. Татьяна Борисовна убедила брата лично посмотреть на Иоанна и на затвор, и сама вызвалась проводить брата туда. Пришед в меловую келию старца, Татьяна Борисовна просила преподать им благословение и назидание духовное. Старец благословил пришедших, но вместо назидания, начал усиленно просить Татьяну Борисовну, чтобы она позаботилась снять с него портрет, говоря, что он очень нужен. Разумеется, пришедшие заподозрили в нём тщеславное побуждение и с полным разочарованием в его святости оставили его келию. Просьба о снятии портрета с него неоднократно повторял затворник, так что, наконец, был снят с него портрет масляными красками одним из святогорских иноков, искусным в живописи. Портрет изображает затворника в полный рост, в мантии и схиме, с раскрытою книгою в руках в которой начертано его наставление о молитве Иисусовой. К сожалению, он вышел неудачно и мало схож, чему причиною был отчасти сам затворник, указаниями своими мешавший живописцу уловить сходство, что и без того, в полумраке келии было довольно трудно.

Подобно тому, как повлиял затворник на Татьяну Борисовну и ее брата, повлиял и на другого посетителя обители и ея благодетеля – луганского купца Савелия Михайловича Хрипко. Пожелав посетить келию затворника, Савелий Михайлович, человек редкого христианского благочестия, великий ревнитель иночества, который расточал обильные подаяния, думал встретить в святогорском подвижнике великого святого, и шёл к нему с благоволением, как к святому. Затворник по благословению настоятеля принял его в своей келии, благословил, и начал просить о вспомоществовании своим неимущим родственникам по плоти. «Ты умер в миру, отче, ты мертвец в мире, какие у тебя родные!» – обличительно ответил на эту просьбу Савелий Михайлович, и не без огорчения оставил его келию, выражая своё разочарование, что думал встретить святого, а встретил в нём обыкновенного человека, с немощами и слабостями, свойственным всем людям».

Автор жития – Андрей Ковалевский. (1880 год) пытается выдать такое поведение святого за юродство, между тем перед нами – свобода человека, ставшего Божьим ребёнком, и в первом случае заботящегося о будущих иконописцах, которым нужно будет где-то найти его изображение для икон, а во втором случае Иоанн ведёт себя как человек обретший подлинное родство с людьми, любящий и родных и всех так, как люди и помыслить не могут.

Зато они, эти люди, спешили растолковать святому, как тот должен быть свят, чтобы он ни в коем случае не был святым на какой-то непонятный людям манер.

Да вот беда – все святые непонятны людям, потому что карлики не могут судить о том, что видит великан. Им, карликам, всерьёз кажется, что нужно только правильно сложить строчки стиха, и будет – Данте. В это верят и читатели, и издатели, и десятки тысяч писателей, имеющих удостоверения Союзов Писателей тысяч городов. Но Данте среди них, конечно, нет.

Да и что ему среди них делать? Говорить на их малые и скучные темы? Пить с ними водку? Жаловаться на жизнь?

Он, Данте, беседует с Богом, и ему нет дела до скучных забав всех тех, кто и видя насравненную красоту не желает расти…

Как монахи обижали Иоанна Затворника

Обратите внимание, что Иоанна Затворника ненавидели за настоящесть, за несовпадение реальной святости с представлениями о ней у людей.

Тогдашний настоятель даже запретил ему служить литургию в монастырском храме, так как ему «не понравился невнятный голос и неразборчивое чтение его при священослужении».

Нет сомнений, что вместо Иоанна Затворника поставили служить какого-то голосистого придурка светских манер и приятной для дам наружности, а святого не пускали служить, потому что так мало ценилась в Синодальном периоде РПЦ молитва идущая из глубины, молитва знающего Бога человека.

Точно так эти вещи и сейчас не ценятся в РПЦ. «Вот если бы священник был прораб-строитель, бизнесмен, менеджер, светский денди, медийная фигура, инстаграмм-блогер – вот это хорошо!».

— А как же те, кто идут в церковь искать Бога?

— А нам не всё равно? Среди них-то спонсоров нет! Да и что об этом говорить? Давайте-ка лучше напишем о церкви что-то в стиле «Слава КПСС!».

А вот как житие передаёт отношение людей к современному им святому.

«Сохраняемый милостью Божию от нападений вражих, взамен терпел подвижник укоризну от человеков – келейники причиняли ему много неприятностей, тяготились им, и поносили его в глаза, они часто переменялись и не всегда были людьми благонравными, так что иные из них были затворнику тяжки. Нарекания от старшей братии, из коих иные глумились над его крайней простотою и необразованностью; другие, подметив в нём слабости невинные, перетолковывали их в дурную сторону и строго за них осуждали, например, за имение самовара и питие чая, которое затворник изредка себе позволял, всё это причиняло ему скорби.

Очень немногие иноки питали глубокое к нему уважение и любили его как отца, почитая в нём силу и крепость духа. Но и эти немногие, опасаясь насмешек от других, лишь тайно и очень нечасто посещали его келию, стараясь не обнаружить к нему своего уважения. Затворник, отличаясь крайней простотою и почти детским простосердечием, малоопытен был в книгах святоотеческих, не мог и не умел преподавать слово назидания языком книжным, за это его тоже осуждали старшие. «На что ты нам сдался, такой простец, и какая польза нам от такого затворника, как ты, который и на спасение никого наставить не сумеет?» – говорили ему не раз. «Простите меня, невежду безграмотного – говаривал обычно в ответ затворник на подобные речи – и помолитесь, чтобы мне хоть самому спастись».

Не парадокс ли это? – святых не любят в их собственной церкви! Не парадокс ли, что так же встретили и Христа? Не странно ли, что об этом почти никто даже не пытается думать?

После выхода бергмановского шедевра «Причастие», шведские журналисты брали интервью у выходивших из кинотеатров людей.

– Что вас потрясло в фильме? – спрашивали зрителей. И один из них ответил:

– Меня потрясли две вещи. Первая – как мало может дать церковь тому, кто искренне обращается к ней за помощью. И вторая – несколько месяцев до выхода фильма кинокритики всюду писали, что «в картине будут вновь подняты вопросы Бергмана». Так вот – мне очень жаль, что всё, о чём сказано в этом фильме, считается «вопросами Бергмана», в то время как это должно было бы волновать нас всех!

Иоанн Затворник о писательстве

«Любил он выслушивать от своих собеседников изречения святоотеческия, с благодарностью принимя дельные указания младших летами, но более его знакомых с творениями святых отцов. По рассказу одного из них, затворнику была прочитана только что изданная книжка Игнатия Брянчанинова «Плач инока», которая привела его в восхищение. Как тут всё верно сказано – говорил он со слезами – вот я не могу так выразить

словами, а тут вот в сердце всё так чувствуется, как там написано».

Святой Иоанн не видел за собой дара писательства, но умел улавливать важнейшие тональности текста. И когда текст был созвучен истине – он это видел.

Эту способность можно назвать даром читателя, имеющего вкус Бога, и так различающего истинное от ложного – по созвучию или несозвучию Духа Святого в себе и духа в строках текста...

Старец Таврион Батозский

13 августа 1978 года умер старец архимандрит Таврион (Батозский).

Отец Георгий Кочетков вспоминает, что старец, при всей его доброте, с пророческим воодушевлением ругал ненавидевших его монахинь: «О, Ахфанасия, старая черепаха!»

Старец Таврион говорил: «Учите прежде всего тех, кто может других научить».Знаю это по своим лекциям, куда приходят три типа людей: совсем простые, ищущие утешения; психически больные, радующиеся теплу и моему в их жизни участию; люди-звёзды, без которых этот мир был бы слишком тёмным и которые способны нести полученный свет другим людям...

Старец Таврион, как сказано в его жизнеописаниях *«Был непримиримым обличителем формализма...».*

Если бы он вёл страницу в Фейсбуке, представляете, какие комментарии ему писали бы религиозно-опытные «друзья Иова»?.. Какие бы приводили ему цитаты из Писания, обвиняя его то в гордости, то в чём попало?! Как бы ему писали все эти «опытные прихожане», что он – не пророк Исайя и не Сергий Радонежский, чтоб говорить так смело!

Трудно представить? Старец жил до появления интернета, и потому дрянные и мелкие люди говорили о нём злые слова за глаза (ведь такие – всегда – трусливы!)

История из жизни старца. Одна паломница сказала Тавриону на исповеди:

– Пирожок съела, батюшка…

Старец тотчас прервал её:

– Ты что, в пирожках каяться пришла или в грехах???

***

Старец Таврион Батозский говорил, что верующему человеку необходимо быть образованным. По мысли старца, христианин всегда должен быть свидетелем о Христе, и свидетельство будет успешным и полноценным, если оно соответствует интеллектуальному и культурному уровню современного человека. В жизни Церкви, как и в жизни каждого ее члена, не должно быть остановки – постоянное развитие, движение вперед. Батюшка предостерегал от опасности закостенения во внешних формах. «Мы живем не в XVI–XVII веках», – говорил он. И кажется, ещё Георгий Флоровский замечал, что безграмотность в XX веке является грехом против замысла Божьего о человеке.

***

Каждый раз, всюду, выход могут указать только те, кто сам полон подлинной жизни. В литературе это такие люди как Данте и Сервантес, а в церкви это старцы, святые, праведники.

Никогда и ничего не решалось через конференции и обсуждения, но только через прикосновение к истине, а оно и совершается рядом с теми, кто истине близок.

Архимандрит Виктор Мамонтов так пишет о старце Таврионе Батозском: «Отец Таврион как верный христианин много и славно потрудился, чтобы вывести нашу Церковь из того духовного тупика, в который она вошла. Он учил приходивших к нему из пустыни жизни и простых, и ученых людей жить церковно, т. е. в Духе и свободе, творчески. Не должно быть никаких «винтиков», все люди должны быть личностями, ибо всем дан великий дар – образ Божий. Искажать его – значит отказываться от жизни с Богом, а без Бога – жизни нет».

***

Священник Владимир Вильгерт вспоминает о старце Таврионе Батозском: «Отец Таврион имел большую фонотеку. Это были Бах, Бетховен, Гайдн, Моцарт и др. На слушание какой-нибудь мессы приглашались и близкие духовные чада. Другой раз музыка звучала фоном, а батюшка занимался текущими делами, в первую очередь обширной перепиской».

***

Старец Таврион ведя службу в храме читал Евангелие по-церковнославянски, а потом, чтобы пришедшие поняли прочитанное, перечитывал тот же отрывок по-русски, и произносил внятное толкование фрагмента, чтобы каждый смог разобраться в услышанном. А после Литургии он никогда не служил молебнов…

Старец Савва Остапенко

Архимандрит Рафаил (Карелин) в «На пути из времени в вечность» оставил ценные воспоминания о Псково-Печерском старце Савве Остапенко, и приводит глубочайшие мысли старца о причащении:

«Центром духовной жизни схиигумен Савва (Остапенко) считал Причащение. Он убеждал своих чад причащаться как можно чаще. Старец делал выписки из творений праведного Иоанна Кронштадтского и других отцов о пользе частого причащения. Он говорил, что демон всеми силами старается отвести человека от Причастия. Темная сила борет человека с правой и с левой стороны: с левой – явными грехами: нерадением, леностию, осквернением души, фантазиями и помыслами, отвращением к храмовой службе, раздражительностью, злопамятством, стыдом исповедовать грехи перед священником, нечистыми сновидениями перед Причастием и так далее. Враг подходит к человеку и с правой стороны – через ложное благоговение перед святыней. Он внушает не только мирянам, но и священникам и даже архиереям, что частое причащение – это злоупотребление Таинствами, признак духовной гордости; что от частого причащения Тело и Кровь Христовы могут стать привычными, как простая телесная пища; что часто причащающийся человек не может достойно приготовиться к этому величайшему из Таинств. Такие люди смотрят подозрительно на тех, кто причащается часто, и считают частое причащение каким-то новшеством в Церкви. Отец Савва говорил, что лишить человека Причастия так же жестоко, как лишить грудного ребенка молока матери. Опыт показывает, что люди, причащающиеся часто, ведут жизнь в духовном плане более достойную, чем те, кто под предлогом благоговения лишают себя святыни. На самом деле это не смирение, а демонский обман. В Причастии человек черпает силы для борьбы с грехом, а ему говорят: «Не причащайся часто». Откуда же он возьмет эти силы? Когда указывают на то, что в древности причащались часто, эти люди обычно отвечают: «Тогда был другой духовный уровень». Но разве духовный уровень не зависел от частого причащения? Отец Савва редко отлучал грешников от Причастия. Он говорил: «Исповедуйся, смири себя в своем сердце как самого недостойного и спеши к Святой Чаше». Однажды его из монастыря послали служить на приходе для восстановления и ремонта храма, который пришел в ветхость. Совершая пасхальную службу, отец Савва обратился к прихожанам: «В эту ночь я всех причащаю Святых Таин, все подходите к Чаше!»».

27 июля 1980 года отошел к Богу старец Савва. Этот удивительный наставник помог множеству людей, но мало кто знает, что своё служение он совершал в атмосфере постоянной травли со стороны настоятеля своего монастыря, наместника Гавриила (впоследствии произведённого в епископы). Этот о. Гавриил преследовал старца и буквально не давал ему прохода, но когда старец Савва был при смерти, настоятель испугался, что угнетал святого, и прибежал к нему просить прощения. Эти извинения старец принял.

***

Монахиня, знавшая старца Савву Остапенко рассказывала: «Как-то мы с сёстрами поехали в лес на лошади. Поработали, сели покушать, а лошадка паслась около нас, но вдруг исчезла. Все пустились на поиски, но безрезультатно. Я испугалась и кричу: «Отец Савва, у нас лошадь пропала!». И лошадь сразу нашлась. А в этот момент в Печерском монастыре к о.Савве обращаются за благословением, задают вопросы духовные чада, а он говорит: «Да подождите, там кричат, что лошадь пропала!».

***

Вспоминаю историю о бабушке Нине, удивительном и глубоком церковном человеке, умершем в начале 2000-х и со мною лично знакомой. Она была ученицей Псково-Печерского старца Саввы Останенко и близко с ним общалась. Общеизвестно, что старец, умирая, посвятил своих духовных детей Богородице. Нина после его смерти не восприняла это посвящение всерьёз и поехала в Троице-Сергееву лавру к старцу Кириллу Павлову, чтобы тот теперь стал её духовником. Но как только она приехала и подошла к старцу, ещё не успев сказать ни слова, как Кирилл остановил её готовящуюся речь жестом и сказал: «Ну зачем вы ко мне приехали! Что же я могу вам сделать! Ведь кто я́, а кто Божия Матерь?!» – и он с восхищением указал рукой в небо…

Старец Николай Гурьянов

Рок-певица Ольга Кормухина вспоминает о старце Николае Гурьянове: «Его называли ходячим Евангелием. И все, с кем мы о нём ни разговаривали, у всех было одно впечатление, когда ты впервые его видел, была одна мысль: «Так это всё правда!». «То, что пишет Евангелие – это всё правда!».

***

Александр Смирнов пишет мне о Николае Гурьянове:
«Успел застать лично. При приближении к нему, все недоумения в голове сами собой растворились, и я почувствовал себя на пороге ВЕЧНОСТИ. Эту Вечность старец носил внутри себя...»

Старец Гавриил Угребадзе

Верующие изредка читают Библию, презрительные умники до хрипоты спорят о ней в facebook, осмеливаясь корректировать даже действия святых, будто святым есть дело до извращенных помыслов facebook-умников, грамотеи то орут «я всё понял!», то пытаются выискивать несоответствия, на посмеянье самим себе.

Все они отвратительны и извращены по - разному. И если есть у них что - то общего, так это уверенность, что люди Духа неправильно понимают эту великую книгу.

Их надежды, конечно, ложны. Пока умники спорят, а скучные библеисты и профессора копаются в смыслах от них далёких, святые в этой книге живут.

Святой Гавриил Ургебадзе (1929–1995), часто совершал чудеса, и чтоб люди не бегали за ним в ложной экзальтации (далекой от восхщения), после этого любил изобразить какую-нибудь страсть, будто он любит выпить или что-то в таком роде. Многие осуждали его, считая, что он действительно грешник, забывая и о том, что он чудотворец. Его родная сестра Джульетта рассказывала, что в то время она считала себя абсолютным знатоком веры, хотя была поверхностной. Как-то она решила обличить брата и старца, пришла к нему с Библией: «Хочу тебе что-то сказать».

– Ну говори...

Я открыла Библию: «Тут написано, что такие и такие Царства Божьего не наследуют...»

«И он так на меня посмотрел, – вспоминает Джульетта, – так на меня посмотрел... Я эту книгу закрыла и отложила, и в тот день, по-моему, я больше ни одного слова не произнесла. Он меня поразил своим взглядом...»

Когда нужен дождь...

Ещё несколько слов о том, что христианин – не то же самое, что и какой-нибудь задохлик-умник из фэйсбука.

Рассказывает Тамара, соседка старца Гавриила Ургебадзе: «Был летний день, старец прошел мимо нас и спросил: «вам не жарко? хотите, я призову дождь?». Мы посмеялись, думали, что он шутит, но через 5 минут действительно пошел дождь. Старец смотрел на нас, смеялся и говорил: «Это я призвал дождь!»

***

Маша Важева спросила инокиню Анастасию, знавшую святого Гавриила Углебадзе, что святой делал, когда он уставал?

Та ответила:

– Тогда он кричал... на меня...

То есть и святые не находятся в одном и том же ровном состоянии, которого требуют священники РПЦ от своих совершенно новоначальных прихожан в стиле «будьте хорошими», всё равно как сказать: «Поднимайте штангу по 100 килограмм! Не можете? Ах, вы и засранцы!»

***

«Дураки плодятся, когда мудрецы молчат», – говорит Нельсон Мандела.

Молчать бо истине – не лучший способ ей служить. Хотя назвать дураков дураками решаются только редчайшие люди Духа.

Помните, как в Евангелии язычник Пилат искал способ отпустить Христа, а епископы и прихожане истинной веры требовали распятия?

Когда старец Гавриил Ургебадзе сжёг в Тбилиси на первомайской демонстрации портрет Ленина, он был схвачен и отправлен в милицию. Как раз перед этим Хрущёв говорил, что скоро покажут по телевизору последнего священника. Советские начальствующие крысы были в шоке от поступка монаха-диссидента. Москва требовала немедленной казни. Ночью к Гавриилу пришли партийные шишки Грузии, спрашивая его, кто он, и почему это сделал? Он заговорил с ними о Боге и заговорил так, что те были потрясены, и решили не причинять ему никакого вреда, сообщив в Москву, что монах – сумасшедший, отправив его не на расстрел, а ненадолго психиатрическую лечебницу.

Так поступили начальствующие атеисты. Они оказались даже смелее Пилата…

А вот грузинские епископы, почти все, поступили по-другому – они, чтобы выслужиться перед советской властью, стали преследовать Гавриила, запрещать ему заходить в храмы и причащаться. А когда он всё же заходил, его хватали за монашескую одежду и выталкивали за дверь, причиняя боль.

Боль обходиться без причастия была для него ещё сильнее, и, возвращаясь домой, он плакал в присутствии двух своих сестер, что его, служителя Бога, так обижают в Господней церкви…

Мелкость в вере

Святые не выдерживают людскую мелкость и показушество в вере. И тогда происходит такое…

Из воспоминаний игуменьи Елисаветы (Зедгенидзе).

Гавриил Ургебадзе юродствовал, и некоторые его осуждали. Он выпивал иногда, и это людей смущало. Однажды говорит мне: «Поедем в монастырь Креста, такие шутки натворим там». Невозможно было не послушаться. Он зашел в магазин, купил водку. Потом сказал мне: «Проси милостыни, пусть подадут нам хлеб, соль». И я сидела, как попрошайка, целый день, мне давали не деньги, а продукты – сыр, хлеб, помидоры. Потом отец Гавриил сделал салат из этого подаяния, накрыл на камне стол и говорит:

– Давай выпивать.
– Отец Гавриил, я не могу.
– Да я благословляю тебя, – он перекрестил водку, подал мне, я выпила. А это оказалась вода. Представляете? Обычная вода.

***

Один священник вспоминал о старце Гаврииле Ургебадзе: «Рядом с ним я ощущал, что я с Богом. Где я с ним был, там я ощущал, что я в алтаре».

Блаженная Тарсо

Юродивую Тарсо считали психически больной, но к ней за советом приходили профессора, ученые и духовно опытные люди. Точно так и древний философ Демокрит настолько выделялся из всех других жителей Эфеса, что те сочли его сумасшедшим и позвали провести обследование врача Гиппократа. Гиппократ обследовал Демокрита и сказал, что никогда не встречал человека такой мудрости и ума. Когда все вокруг знают лишь таблицу умножения на два, Эйнштейны или Гейзенберги покажутся ненормальными. Так вот, в плане Духа тоже есть Эйнштейны и Гейзенберги. Даже, если их считают безумными то общество любителей акафистов и канонов ко Причастию, какими является в храмах большинство, не желающее идти к бОльшему.

В житиях Средневековья не найти истории о том, что на самом деле переживал тот или иной святой. Обратимся к истории из жизни юродивой Тарсо, приведу фрагмент из жизнеописания.

На наш вопрос: «Что необходимо нам для того, чтобы у нас была любовь?» Тарсо ответила не двусмысленно:

«Боль» и вновь показала больной большой палец весь в крови и грязи с болтающимся содранным ногтем.

– Вам очень больно?

Она неопределенно показала головой.

– Но Вы терпите? - сказала я.

Она не соглашалась: «В душе я одиноко плачу». И, подумав, добавила: «Не плачу, а мучаюсь».

Профессор Иоанн Корнаракис в книге «Тарсо, Христа ради юродивая» приводит такой случай из жизни подвижницы:

«Другой гость как-то спросил у Тарсо о чинопоследовании некоей молитвы, о которой он прочитал в одной книге. Он хотел соблюсти установленный порядок слов этой молитвы. Тарсо ему сказала: «Меняй-ка иногда и порядок слов. Не читай молитву формально!»

Понятно, что этот совет Тарсо должен был помочь человеку избежать опасности свести свою молитву к бесплодной рутине. Здесь проявилась логика юродства, направленная против такой духовной жизни, которая осуществляется механически, без приложения собственных умственных усилий молящегося человека. Неприятие такой духовной жизни она выразила и в словах, сказанных другому своему собеседнику: «Очень много "Господи, помилуй!" надоедает даже Богу».

Мудрые святые знали о важности медицины, а не шарлатанства. Однажды мы заметили, как Тарсо вытащила из туфли покрытую болячками ногу. Через дырявый чулок был виден ноготь, большой палец наполовину отодранный и весь в крови. Мы были столь наивны, что в следующий раз принесли с собой ножницы. «Так нельзя, – сказала она, – его нужно удалить по всем правилам и смазать йодом».

У инокини-старицы Тарсо есть одно Эйнштейновское замечание. Когда игуменья просила Тарсо молитв о монахинях когда Тарсо уйдет, та спросила:

— Куда я уйду?

— В иной мир.

Тогда Тарсо, как отрезав, ответила:

— Мир – один!

Точно так и один известный математик современности писал, что есть три мира: платоновских математических идей, нашей души и вселенной. «Но, на самом деле, – добавляет он,– мир один и мы очень плохо его понимаем».

Старец Серафим Урбановский

О старце архимандрите Серафиме (Урбановском) (1908 – 1996 годы) вспоминает его последний келейник, протоиерей Борис Якубовский:

«Батюшка говорил, что порой священник даже не знает, почему он именно это вот сказал. Он меня наставлял: «Будь всегда аккуратен со своими высказываниями. Потому что в какие-то моменты через тебя может Сам Господь говорить, через тебя направлять человека, а ты об этом и знать не будешь». И в моей жизни такое бывало уже после смерти батюшки. Не зная конкретных обстоятельств, я порой говорил: «Ты этого не делай», - или: «Ты лучше так вот делай». И потом выяснялось, что - да, всё было сказано по Божьей воле».

Таково свидетельство сотворчества Бога и священника в деле спасения и помощи людям. Но и конечно, нужно учесть и опыт священника, ведь эти слова в данном случае приводит ученик старца.

Старец Серафим всегда находил время для людей. У него не было и следа той неуловимости, которая так печалит во многих священниках.

При этом он умл спокойно говорить даже с самыми неприятными типами, и всего двоих людей называл собаками: «Хрущ – собака!», – это про Хрущёва, а ещё старец так же величал старосту своего храма...

Старец Григорий Белгородский

Как-то к старцу Григорию Белгородскому приехала одна девяностолетняя монахиня, и с важным видом сообщила, что за всю жизнь ни разу не испытала блудной страсти.

– Погоди, ещё испытаешь... – ответил старец.

Через небольшое время монахиня приехала снова, она была в ужасе: «Помогите! Вся горю! В огне». Старец исцелил её и заметил: «Нельзя тщеславиться своими добродетелями», особенно противопоставляя их «нечестивым молодым современным девушкам...»

Старец Григорий не выносил церковного лицемерия. Об одном верующем он сказал: «Ой-ой-ой, какой благочестивый, какой смиренный! А душа-то чёрная! Если б в душе был такой, как внешне...»

Старец Фёдор Гуляев Воронежский

Старец Фёдор Гуляев приехал в Воронеж ещё до Второй мировой, и уже был в возрасте. К нему тайно приходили за утешением и советом люди. Он был мирянином, хотя до войны какое-то время жил на Афоне.

Старец опекал и любил молодожёнов, помогал молодым добрым людям найти свою половинку так, чтобы те были счастливыми.

В Воронеже жил у разных людей, принимавших его. Жил на всех трёх «Стрелецких улицах», например на «Пеше-Стрелецкой». К старцу за советом и благословением приходили воронежские священники.

Старец, как и многие другие светлые люди той поры, сидел в лагере за веру. Лагерные воспоминания, похоже, удручали его и потом. Старец всегда знал, когда к нему уже в Воронеже придёт милиция, и взволнованно говорил: «Посторонние! Посторонние!».

Некая молодая пара женилась по благословению, и брак был светлым. Старец сказал назвать сына Иваном, те решили назвать по-своему, и немало потом намучились с сыном, который стал пить и курить. Но по молитвам старца всё же исцелился от этих зависимостей.

А люди увидели, что старец говорит Божье, а Бог видит всё в такой объёмности, которую не может представить человек. Умники тут бы только покривились: «Как! Да почему?». Но Бог не может каждому объяснить Свою квантовую физику, тем более, что все мы знаем лишь таблицу умножения.

Последнюю часть жизни старца его приютила женщина по имени Елена Алексеевна Евтухова, позднее принявшая монашество с именем Акилина. Добрая женщина, вдова, она взяла дедушку в свой дом. Ухаживала за ним, принимала его гостей.

Интересно, что, прежде чем она узнала о старце, он приснился ей и сказал: «Я к вам скоро приду...». Она стала его ученицей и помощницей.

Как-то он сказал ей, что в этот раз она не пойдёт на пасхальную службу.

– Как это я не пойду? – удивилась она. Я всегда хожу!

– Ты будешь выше делать! – сказал старец. Садись – шей – красные рубашечки, штанишки детские. Трех размеров.

Елена была крайне удивлена тем, что может быть что-то выше пасхальной службы. Но послушала праведного наставника и сшила все заказанные им детские костюмы...

А наутро он ушёл и куда-то всё это унес. Елена решила проследить, куда он ходит. Он тогда устроился работать на угольный склад сторожем. Елена тайно пошла за ним, а он ушел от склада, и принес вещи, куличи, угощение к какому-то подвалу, где жили четверо нищенствующих детей и их бабушка.

– Спасибо! – радовалась та бабушка. Дедушка какой-то нас не оставляет!

Он похоронен на Коминтерновском кладбище, и с тех пор к нему на могилу приходят люди и школьники. Собрано много свидетельств помощи старца после смерти.

При жизни он многим помог. Давал деньги, еду, устраивал на работу, решал сложные жизненные проблемы. Он всегда говорил: «Не унывайте! Господь сказал: «Радуйтесь и веселитесь, ибо мзда ваша многа на небесах»».

Когда старец умер, попрощаться приходили многие, а ночью приезжали и большие начальники. Впервые, за годы советский власти, тело умершего пронесли крестным ходом по городу. За гробом шло множество людей. Воронежцы были потрясены и спрашивали: «Кого это хоронят?»

– Нищего какого-то... – отвечали им другие...

Мария Важева об отшельнике Джозефе из Нидерландов

Нидерландский отшельник Джозеф Ван ден Берг: «Господь всегда знает, что делает! Он сейчас немного шатает наш мир. Но этим Он зовёт нас, как мама: «Дети, где вы?», а потом Он согреет нас и соберёт всех за одним столом».

«Ты просишь у Бога: «Господи, подари мне велосипед». Но если ты немножко подождёшь, то Он подарит тебе машину».

Когда мы сделали запись аудио и выключили микрофон, я засуетилась, начала вставать и что-то говорить, пытаясь организовать дальнейшие наши действия… И Джозеф обратился ко мне и остановил меня: «О, Мария, подождите, подождите, присядьте, пожалуйста…». Он говорил с теплом и добротой, но с таким сожалением: «Вам не кажется, что мы как будто взяли и резко выключили что-то? Это как в театре: вдруг выключили свет… Или как в фильме: щелк и все закончилось…» Я согласилась и мы посидели в тишине. Ведь буквально за секунду до этого мы записывали историю Встречи Джозефа с Богом. Это было соБытие, ощущалась вся трепетность момента и у него слёзы были на глазах и тут я раз, и резко вспорхнула и также резко отошёл Дух Святой… Но когда Джозеф меня усадил обратно, все вернулось… Мы посидели несколько секунд в тишине, снова перешли на тихий разговор и отправились дальше: кормить кур, мыть руки и организовывать обед… Но уже в Духе и тихой радости…

Старец Иоанн Журавский

25 сентября – день рождения рижского женатого старца Иоанна Журавского. Этот человек за свою долгую жизнь пережил несколько крупных гонений со стороны коммунистов, в том числе и хрущёвские гонения.

1958 году Хрущев по всему СССР начал свои атеистические гонения. Священников, правда, в отличие от довоенного периода не убивали, но храмы закрывали и рушили охотно. Гонения стали более издевательскими и извращёнными.

Многие духовные дети о. Иоанна спрашивали старца об этих гонениях, но он успокаивал их, говоря – «Те, кто сейчас славят Ленина, очень скоро будут славить Бога».

Вспоминаются по этому поводу и сбывшиеся слова Аверинцева, который с печалью говорил, что придёт время, гораздо более худшее, чем гонения, когда вчерашние гонители станут учить верующих как тем верить в Бога.

Ведь это, по словам Гендальфа, извращает в людях сами понятия об основаниях добра и зла.

***

Почему случилась революция 1917 года и начались жесточайшие гонения на верующих? Как правило, сами верующие на этот вопрос отвечают, что вина лежит на большевиках, вольнодумцах, анархистах, революционерах, народниках, интеллигенции и т. д.

Но вот старец Иоанн Журавский отвечал на этот вопрос иначе. По его словам вина в трагедии лежит на самой церкви. Потому что, как замечал старец, к 1917 году из храмов и монастырей ушло «внутреннее Христианство». Обряды продолжали исполняться, но «стяжания Духа Святого», о котором говорил Серафим Саровский, не было, и к нему в целом никто не стремился… И потому, согласно мысли старца, гонения явились ответом Бога на внутрицерковную ситуацию, и целью их было не наказать, а очистить, преобразить церковь, вернуть её на тот путь, с которого она сошла в трагический синодальный период…

Старец Феофил Параян

29 октября – день рождения румынского старца Феофила Параяна, родившегося слепым, но страстно желавшего познавать мир Господень. Старец выучил французский, немецкий, английский языки, а затем эсперанто.

Знакомится с отцом Арсением (Бока), почитаемым румынским старцем, у которого учится молитве Иисусовой – молитве, которую постоянно читал про себя еще до того, как стал монахом. Интерес к вопросам религии и стремление расширить свои богословские познания привели его на факультет богословия в Сибиу.

Изучая на факультете богословие, он вовсе не стремился к священству, а говорил «Я желал получить моральную поддержку в этой жизни».

Феофил всю жизнь глубоко ощущал присутствие Бога, радовался возможности молитвы, на память читал большие отрывки из произведений святых отцов.

Будучи образованнейшим человеком он с 1992 года выступал на многочисленных конференциях, проводившихся как в Румынии, так и за её пределами. Он посещал преимущественно университетские центры, которые курировала Ассоциация православных румынских студентов.

Отец Феофил, по словам митрополита Трансильванского Лаврентия (Стреза), был «Божиим даром, человеком радостным, прекрасным старцем, духовником-утешителем приходивших к нему людей… Улыбка не сходила с лица его. Отец Феофил был человеком состоявшимся и счастливым. Слепой, но полный света, человек молитвы, в основу своей жизни положивший веру и культуру. Отец Феофил был и останется ярким и надежным маяком, человеком, в котором воплотились радость и истинность веры, проповедником веры, основанной на любви. Он был строителем душ человеческих и возродил многих для духовной жизни во Христе и в Церкви своими проповедями, поучениями, наставлениями».

Сам старец говорил о себе и своём служении: «Я велик для тех, кто слушает меня; мал для тех, кто меня не слушает; и ничто для тех, кто меня избегает».

На вопрос одного верующего: «Отче, неужели на том свете мы будем вместе? В самом деле, мы сможем быть там вместе?», он ответил: «Невозможно, чтобы Господь разлучил нас в том мире, если Он объединил нас в этом.

Если нам было хорошо друг с другом в этом мире, верим, что Господь благословит нас быть вместе и на том свете».

А ещё слепой старец написал 20 книг, прожив жизнь полную, светлую и насыщенную, не смотря на своё врождённое увечье, не помешавшее ему в полноте стать человеком церкви, человеком культуры, человеком истины…

ДОБРЫЕ ИСТОРИИ

Переполненный автобус

Я ехал в невероятно переполненном автобусе и опасался, что не смогу выйти на своей остановке. Но потом решил довериться Богу, Который умеет всё продумать лучше меня. И что же, оказалось, что сосед по сидению – здоровенный мужчина, выходит там же где и я. Он встал, распихал всех пассажиров, и таким образом, проложил дорогу к выходу и мне. А я шел и благодарил Бога, сумевшего продумать даже такую мелочь, как мой выход из маршрутки.

На исповеди

Десятилетняя девочка Света Орлова пришла впервые на исповедь к замечательному донецкому священнику Вадиму У. Он обнял её, подарил ей цветок и с радостью исповедал. Подойдя к маме Светочка спросила: «А этого батюшку уже изображают на иконах?».

Еда обычная и благословенная

Ира Шайнутдинова: «Я обнаружила, что Ванюшка отказывается от еды, если я забыла его и еду перекрестить. Не ест - и всё!».

Станьте по обе стороны

Когда для человека становится явным духовный мир, он слышит и то, что где-то кому-то нужна его помощь. Таковы старцы.

Один священник был на приёме у епископа, отличавшегося бешенным характером. И когда этот епископ стал злобно кричать на пришедших к нему священников и обзывать их просто так, батюшка мысленно обратился к старцам и сказал: «Дорогой старец Дионисий, стань от епископа по правую сторону, дорогой старец Филофей, стань от него по левую сторону и погладьте его, успокойте, ведь он страдает от своего зла...»

И епископ тотчас перестал кричать...

Случай в магазине

Часто можно услышать, что православие есть перемена ума, но что это такое на самом деле, представить трудно, пока не увидишь воочию. Мама послала меня в магазин и по дороге я встретил добрую подругу – ученицу старца Дионисия Каламбокаса. Она вызвалась сопроводить меня за покупками, так как я, будучи поэтом, традиционно не умею отличать хорошие товары от плохих. В магазине был алкогольный отдел и там толпились разнообразные алкоголики. Они громко и нецензурно ругались, обсуждали ничего не стоящие дела и пили. Мне было тяжело даже смотреть на них, но вдруг я увидел, что пришедшая со мной подруга плачет.

– Что с тобой? – разволновался я.

А она указала рукой на алкоголиков и сказала: «Христу горько смотреть, как мучаются, пусть даже и от страстей, Его создания, которых Он предназначил жить только светом».

Старец Зосима Сокур говорил: «Православие – это когда всех жалко». Но как нечасто увидишь такое отношение, даже в храме. Иногда я думаю, что на него способны только старцы и те, кто учился у них милосердию.

Молитва

Когда человек спокоен и благополучен, он может рассуждать о чём угодно, но, стоит только боли коснуться его, и он спешит лишь к тому Одному, Кто может помочь. Одна добрая девушка, живущая в Израиле и работающая на фирме у ортодоксального иудея рассказала мне, что, когда в семье её шефа случились крупные неприятности, они с женой стали просить девушку христианку, чтобы она молилась о них. И она просила Господа в храме, услышать её любовь к этим людям и поступить с ними по любви. А через неделю ситуация разрешилась и иудеи поблагодарили её, сказав, что чувствовали силу и помощь её молитвы, которую она, как они знали, вознесла ко Христу.

Из историй о праведниках

Ещё Пушкин высмеивал жадность священников, не желающих платить работникам за совершенный труд. В европейском средневековье тоже можно найти много историй и песен, связанных с этим явлением. В дореволюционной Российской Империи об этом были сложены многие поговорки, например «Поповские глаза завиду́щие, руки – загребу́щие...»

Примечательно, что народ издевался только над такими священниками, которые были не достойны своего звания. Когда люди встречались Серафима Саровского или Бэду Достопочтенного, то отношение к ним было иным, потому что любой человек способен узнать, когда рядом с ним стоит праведник и святой. Подобно как если современный Данте придёт в союз писателей любого города, то все увидят, что перед ними Данте, а не очередной Зануда Заклунский…

Одна моя студентка как-то пришла выполнить некую работу к своей знакомой – дочери праведного священника-исповедника Симеона Кобзаря, много лет сидевшим в лагере при большевиках за исповедание православной веры.

Выполнив просьбу, студентка отказалась от денег, мотивируя это тем, что они знакомы и даже иногда посещают один храм.

В ответ дочь праведного человека вложила ей и деньги в руку и воскликнула:

– Обязательно возьмите! Отец всегда расплачивался! От него никто бы не ушел обиженным...

Психиатр

Один донецкий врач-психиатр рассказал. К нему обратились за помощью родственники болящей женщины. Женщине было совсем худо: «видения», «голоса», еще что-то. Женщина была сектанткой. Именно нахождение в секте спровоцировало ее «состояние». Заподозрив неладное, ее «братья по вере» начали активно за нее «молиться». А когда их «молитва» не помогла, посоветовали пойти в православный храм. Так женщина обрела православие.

Вселенская православная церковь

Старцы дают пережить церковь как вселенское явление, перерастающее приходы, народы, страны. Они дают дышать всей полнотой церкви, жить полнотой православия – всей планеты и всех эпох, а не только своей поместной церкви, епархии, своего века.

Старцы, как Дионисий Каламбокас или Софроний Сахаров, принимают всех приходящих к ним, помогая каждому осознать себя человеком церкви, соединяющей всю вселенную, ибо именно таково православие на самом деле.

Наблюдение

Когда я был школьником, то всякий раз, когда приходилось читать Новый Завет в детском изложении, или слушать рассказы Мамы о святых Серафиме Саровском и Силуане Афонском – я чувствовал расширение сердца, душа моя обретала крылья. Жизнь тогда открывалась во всех красках Святого Духа.

И, наоборот, когда я смотрел фотографии многих священников (XIX века и некоторых современных), то чувствовал умирание жизни. Я не знал тогда, что существует клерикализм, когда часть священников и епископов пытается на местах своей малой и временной власти превратить церковь из Тела, напоённого Духом, в организацию и контору. А где есть клерикализм – там жизнь замирает, так как оттуда отступает Дух.

Казалось бы, клерикализму и фарисейству противится в церкви всё: Христос, Дух Святой, святые, старцы, богословие и литургия, а он существует. Ибо велико желание людей и в церкви жить по закону мира сего и выпускать когти, чтобы добиваться своих временных и ничтожных целей.

Потому и кажется, что клерикализм – это другая церковь, церковь мёртвой воды, антижизни. Но нет – церковь одна, и она Царство Троицы, излияние Духа на всё творение и высочайшее единство любви, но причастны ей только живущие Духом и по Духу.

Свет слов Господних

Люди, даже верующие, обычно живут с недоверием к Богу, так как им кажется, что Бог пошлёт им боль и несчастия. Но когда ты и вправду слышишь слова Христовы, из Евангелия ли, или от святого старца, то твоё сердце расширяют свет и свобода. И оказывается (а для всех это открытие невероятное), что великому Богу всегда было до тебя дело, и что всё это время, пока ты думал, что Он молчит, Он готовил Тебе награду и счастье.

Потому так блаженно услышать старца. Ведь через него Бог удостоверяет тебя, что Он и вправду – Бог милости, и что Он знает, как подарить тебе счастливый конец.

Старцы и женщины

Старцы и женщины несут на земле сходное служение – они дают человеку то, чего он так искал и желал – чтобы кто-то был для него постоянным спутником жизни. Ведь нам нужен не просто совет, для правильного развития личности нам необходимо постоянно, по многу раз в день открывать свою душу, состояние, мысли кому-то мудрому и глубокому, чтобы тот в каждой конкретной ситуации помогал нам смотреть на события этого мира святоотечески, с точки зрения вечности. Такой взгляд нам помогают обрести те, кто по-настоящему любят нас. Потому старцы делают то, на что мало кто отваживается на земле – они оказываются спутниками доверившихся им людей на всю жизнь, а не просто на время совета.

О послушании

Хотя это может показаться странным, но через послушание старец учит человека самого принимать решения, но таким образом, чтобы его чувства были прежде навыком обучены разделению добра и зла. Потому настоящий старец никогда не мешает человеку пройти тот путь, на котором жизнь и душа последнего наиболее полно расцветёт в Духе. Не контроль над жизнью несёт такое послушание духоносному наставнику, но подлинную свободу. Очень редко старец может дать совет вроде жениться или нет, потому что это выбираем мы, а он помогает нам не ошибиться в выборе. Один священник Донецкой епархии прежде чем рукоположиться, обращался за советом к нескольким известным старцам и одному младостарцу. Вопрос был таков: жениться ему или нет? Показательно, что младостарец безапелляционно ответил: «Тебе нужно стать монахом». А настоящие Старцы говорили: «Слушайте своё сердце...». И обещали молиться о нём. Вскоре, будущий священник женился и уже много лет по-настоящему счастлив в браке.

В любой ситуации, даже когда человеку больно, настоящий старец укажет на светлое обоснование боли и скорейший выход к радости, который готовит страдальцу Бог. Так некий послушник устал от совершенно нехристианских поступков и отношения монахов в своём монастыре спросил старца Гавриила Стародуба, как Господь может допустить такие беззакония на святом месте? И старец открыл ему, что настанет время, когда монастырь ещё расцветёт в духовном отношении. А послушнику посоветовал, раз уж тот так хочет монашества, жить в городе, часто ходить в храм, никогда не ругаться с мамой и делать добрые дела. И это и должно было стать для него монашеством.

Старцы учат людей смотреть в суть, видеть землю взглядом Духа, взглядом великого стихотворения, когда мир открывается до глубины духовных законов и человек по своей воле выбирает поступить праведно. Приведу такой пример. Некий человек, работая за компьютером захотел отправить в социальной сети письмо своему знакомому и этим письмом подколоть его. Дело в том, что тот предполагаемый адресат письма нередко огорчал человека, и он решил ему таким образом отомстить. А поскольку он привык слушаться наставников, то спросил у них, как ему поступить. *«Напиши ему ту колкость, которую хочешь, ведь он всегда тебя обижает»* – ответил наставник. И человек снова сел к компьютеру и приготовился писать. Он смотрел на фотографию в интернете своего обидчика, и внезапно в его сердце пришла жалость к этому неразумному человеку, который злом отвечает на его доброту. И, вместо колкости он написал ему благословение. И в этом и была цель наставника – он одновременно дал ученику возможность почувствовать, что тот тоже человек и его нельзя обижать безнаказанно, и привёл его к жалости к обидчику. Для полноты картины добавим, что этим наставником была мудрая и духовная христианка – мама этого человека.

А вот другая подобная история, которая много говорит о том доверии, которое имеет к нам Бог. Мой товарищ А. Сорока как-то обратился к старцу Гавриилу Стародубу с просьбой помочь ему, так как он постоянно осуждал людей. Старец неожиданно ответил: *«Я благословляю вас осуждать»*. Спросивший был потрясён таким нестандартным ответом, и, озадаченный, ушёл. А через несколько дней заметил, что совершенно никого не осуждает. Обратим внимание, что за прошедшие годы страсть осуждения совсем покинула его. Когда же он поделился своим удивлением со старцем Гавриилом, тот ответил: «Враг рода людского не любит ничего из того, что делается по благословению».

Для тебя

Увидеть старца есть то же, что оказаться в сказке. Потому, что старец – это человек, который открывает – Бог готовит Свои блага именно для тебя.

Старец об уходе из церкви

Как-то, проводя лекции на Международном молодежном фестивале «Братья», я общался с удивительным афонским старцем Иларионом Михаилом, мудрым и сияющим человеком. В таких людях-солнцах удивительно всё, но мне тогда как-то особенно запомнились его слова, что люди уходят из церкви, потому что им никто не сказал, что церковь существует вокруг встречи с Христом. А если в основание своей церковной жизни положить всё что угодно другое: посты, каноны, правила, уставы, усердие к службе – то можно и 15 лет ходить по одному и тому же кругу условий и предписаний, но никогда не почувствовать реальность существования Бога, не почувствовать Его прикосновение к сердцу. И так создаётся ситуация, когда человек как будто долго учился понимать и читать стихи, но читает каждый раз вместо Шекспира и Рильке каких-то малых Асадова и Евтушенко, и, конечно, не может понять, отчего древние святые так восхищались поэзией, и почему даже язычники испокон веков считали поэзию божественной речью…

Кое-что об умниках

Нет ничего скучнее, чем конференции. Такие люди, как Антоний Сурожский или Сергей Аверинцев, выступают там крайне редко. А если и выступают, то их стараются больше не приглашать. Слишком они выделяются на общем фоне людей, говорящих сложно о неважном, говорящих без опыта подлинности и огня, а потому и слова таковых всегда – мимо сути.

Я знаю историю об одном старце, к которому приехали студенты духовной академии, и завалили его не значащими, но умными вопросами. Он долго слушал их рассказы, что-то вроде «когнитивный дискурс паламизма», а потом вдруг неожиданно закричал своей келейнице: «Елена! Срать хочу!».

И, как писал Силуан Афонский, кто понял рассказанное мной сейчас – тот понял, а остальным не нужно и объяснять...

***

Жизнь – есть постоянное ликование для того, кого касается благодать Божия! А Старец помогает нам стать такими, чтобы благодать постоянно вдохновляла нас и давала нам видеть свою собственную жизнь и весь мир – хорошим.

***

Старец открывает, что Господь не попускает мучение, чтобы нас раздавить, но кротко доверяет нам трудность, чтобы мы возросли постепенно в меру того, что Он задумал о нас и стали солнцами, для чего мы и родились в этот мир людьми.

***

Одно из дел старцев – открыть человеку ту красоту, которую вложил в него Бог. И тогда человек, видя неслыханное доверие Христа к себе, хочет жить только светом. Мы укрепляемся в доброте когда есть те, кто уже видит в нас доброту.

Свойство любви – видеть предмет любви хорошим. И потому любовь всегда желает петь славу тому, кого любит. И это не похвала, не лесть – это торжество хвалы, которую Сам Господь воздаёт Своим любимым людям, когда, например, говорит: «Вы – соль земли и свет миру». И вслед за ним эту песнь о любимых поют и те, кто любит людей.

***

Иерей Вадим Уткин рассказывал: «Когда я впервые зашел к старцу Дионисию, я трепетал, что он сейчас снимет с меня все рясы и растопчет меня башмаками. Но первые его слова были: «Ваш парикмахер Наталья постригает вас с большой нежностью. Передайте ей мою любовь».

«Когда я ехал к старцу Гавриилу – у меня было двадцать пять чемоданов вопросов, переживаний, боли. Когда я зашел, он говорит: «Вам надо сейчас покушать». Я был сражен этим: «Как покушать, когда у меня миллион вопросов?». Но второе было ещё больше чем первое: «Вам надо поспать». «Ну как спать, когда я должен рассказать всю суть». Но когда я проснулся – всё было совершенно по-другому. Тогда старец сказал: «Теперь я буду со вниманием вас слушать». Но мне было уже всё совершенно ясно».

«Видя старцев мне хочется всех обнять! Всех кто надо мной издевался – благословить, и уже совершенно нет никаких проблем».

«Всё, что ты узнаёшь о себе от старцев – тебя не убивает, не калечит, не травмирует. Это какое-то особое откровение о тебе. Ещё одна черта старческого служения – любить других и делать их страдания своими. Он не хочет исправить меня для самого себя, он ничего не хочет от меня, он открывает мою свободу, и на это радостью щедро открывается моё сердце. Всякий другой, кто делает это без любви – наносит ущерб душе. А старец делает мои грехи своими, мою боль – своей. Старец не просто заглядывает в твоё сердце, он принимает тебя, он всё это делает с любовью. Он исцеляет состраданием.

Старец Дионисий Каламбокас говорит об этом: «Спасение – это когда душа за душу, это когда моя смерть есть твоя жизнь».

Старец всю твою боль берёт на себя своей любовью. Он восхищается тобой и ты понимаешь, что в тебя Богом много заложено доброго и хорошего.

Как-то на исповеди отец Вадим сказал старцу Дионисию: «Я не могу исцелиться от своих грехов. Я нахожусь в том состоянии, когда хочу доброго и не совершаю». И старец ответил: «Отец Вадим, если вы сейчас поверите мне, то вы уже исцелились». «И с тех пор», – говорит батюшка Вадим, – «этой страсти больше никогда не было».

«Старец берёт своих детей и тянет их к раю. Ещё одна особенность старческого служения – способность изменять всецело жизнь человека. И духовно и материально всё в тебе становится по-другому; всё начинает жить по евангельскому закону. Старец ничего не отнимает. Когда едешь к старцу – боишься: мне сейчас что-то запретят, отберут мою дружбу, любовь, мои интересы. Писатель ехал и боялся, что старец запретит ему писать, заберёт карандаш, ручку, всё это разрушит, и скажет «занимайся совершенно другими вещами», но этого ничего не происходит. Старец преображает человека. После встречи со старцем человек становится красивее, делать всё красивее. Когда мы встречаемся со старцем – у нас чувство восторга, детскости».

**

Иерей Вадим Уткин: «Старческое служение – это возможность для ученика принять опыт предшествующих поколений, опыт святости».

***

Прозорливость – это Христовой любовью увидеть другого и таинство его души.

Иерей Вадим Уткин: «Старец обладает даром постигнуть глубину личности другого человека. Увидеть вашу уникальность, красоту Богом созданной личности».

Старец открывает нам красоту нас самих, которая чаще всего невидна нам до нашей встречи с благодатью Господней.

Иерей Вадим Уткин: «Старец не просто ждёт, что мы расскажем ему о себе, старец сам открывает нам самих себя».

***

Рядом со старцем всё оказывается новым и значимым в этом мире. И наша жизнь оказывается для нас новой, где нам самим интересно жить. Всё становится новым и красивым, детским и цветным, разукрашенным Духом Святым. Старец освобождает нас от пустых забот и страхов, и даёт нам жить красотой и высотой и мы с радостью принимаем тогда эту красоту и высоту, как родное, соприродное себе. Старец открывает нам, как много в нас Господь вложил светлого и хорошего, чтобы нам теперь с радостью нести красоту во всё, что нас окружает: в семью, дружбу, свой труд. Всё это начинает открывается нам как радость, смысл, красота нашей жизни и жизней других людей.

***

Жизнь – есть постоянное ликование для того, кого касается благодать Божия! А Старец помогает нам стать такими, чтобы благодать постоянно вдохновляла нас и давала нам видеть свою собственную жизнь и весь мир – хорошим.

***

Старец открывает, что Господь не попускает мучение, чтобы нас раздавить, но кротко доверяет нам трудность, чтобы мы возросли постепенно в меру того, что Он задумал о нас и стали солнцами, для чего мы и родились в этот мир людьми.

Два старца

Священник сказал старцу Дионисию, не огорчится ли кто из старцев, что он одновременно советуется и с Дионисием, и с Филофеем?

– Мы будем для вас одним целым, – улыбнулся старец Дионисий.

– А я ещё я переживаю о том, что старец Филофей служит в Греции по старому стилю, добавил священник.

Тут нужно сказать, что старостильники в Греции бывают разные. Есть зилоты раскольники, а есть просто те, кто отмечает праздники по старому стилю – как Филофей.

– Я учу вас смотреть в суть, – разъяснил старец Дионисий по поводу несомненной духоносности старца Филофея.

О молитве

Когда просишь кого-нибудь о молитве, люди часто отвечают что-то вроде: «Молиться не умею, а помянуть помяну» или «Какая там у меня молитва?». И такие ответы мы услышим от всех, кто никак не заинтересован в нас.

Но если попросить о молитве старца, он, как по-настоящему любящий, всегда отвечает (или имеет ввиду), что не отойдёт от Господа, пока не выпросит для тебя радость.

***

Рядом со старцем, подвижником, человек попадает в атмосферу сбывшейся сказки, преображенной реальности, и, часто впервые, воспринимает мир как место особого присутствия Божьего, где зло, не смотря на мощь, призрачно, а добро, не глядя на внешнюю слабость – реально и торжественно, и оно же вручает добрым заслуженный счастливый конец.

***

Человек, имеющий стремление к свету, умеет различать этот свет и в том, что ему ещё не знакомо. Так, один нецерковный юноша, увидев фотографию старца Серафима Тяпочкина, был настолько потрясён, что на земле возможны такой свет и такая красота, и назвал подвижника чемпионом по человеческому лицу. И это ясно – если в мире есть небесные, христоликие люди, значит – есть и Небо.

***

У подлинных старцев наставников есть одно свойство, которое отличает только самых высоких из христиан – они приносят рай в жизни тех, кого встречают на своём пути, и тех, кто встречает этих чудных людей на своих путях.

Учитель глубины

Старцы учат людей подлинной свободе, не свободе беззакония, а такой, когда ты любишь, но выражаешь эту любовь так, как соприродно только тебе. Потому, что и твоя жизнь – есть единственный такой цветок перед Богом. Эта свобода веселит ищущих подлинности, но она же и ужасает людей формы. Так, от старца Сергия Шевича многие уходили к строгим священникам именно потому, что он учил людей быть собой перед Богом, а не заслоняться от реальности встречи правилами, каковые должны были бы этой встрече с небом служить. И всё же, старцы продолжают учить подлинности, хотя людям это часто совсем не привычно. Ведь Дух Святой бесконечно разнообразен во всём, что живится Им.

Как-то моя студентка, добрая девушка, приехала к Донбасскому старцу, схиархимандриту Гавриилу Стародубу. Тот, узнав, что она из другого города, попросил её подкрепиться в храмовой трапезной, зайти в церковь (чтоб настроить себя на глубину в разговоре) и только потом прийти к нему в келью на беседу.

– Как же я зайду в храм? Удивилась студентка. Ведь я же без платка!

– Ничего страшного, – улыбнулся ей старец, – у Марии Египетской вообще одежды не было...

***

Один священник из Европы, духовный сын святого Иоанна Сан-Францисского, рассказывал всем после смерти святого Иоанна: «Больше у меня больше никогда не будет такого духовника, который мог среди ночи позвонить мне из США в Европу и сказать «Теперь ложись спать... То, о чём ты сейчас молился – получишь...»

Сказка нашего мира

Старец, это человек, который открывает предельные смыслы мира, и потому приходящие к нему люди с его помощью начинают видеть случившееся с ними так, как если бы они смотрели на всё глазами высоких стихов и мудростью классических книг. Потому и когда я был в Петре, монастыре известного греческого старца Дионисия Каламбокаса, то первое что бросалось в глаза ещё до встречи со старцем, это то, что монахи и гости тут ходят радостные и счастливые. А когда я стал говорить с монахами то заметил, что присутствие старца открывает для них реальность Бога. А для тех, кто чувствует небо, жизнь и мир вокруг становятся сбывшейся сказкой, где Господь умеет в каждой из больших и малых историй даровать нам счастливый конец.

***

Старец Дионисий Каламбокас – настоящий, вокруг него распространяется ликование жить, познавать, творить новое и видеть бытие как живую сказку, которую Бог пишет о всех чтобы всем даровать счастливый конец.

Как говорил Борис Зайцев: «Он полон милости, а не закона». Он светел, а не мрачен, жив, а не формален, высок духом и говорит с людьми из той глубины, на которой совершилась его встреча с Богом и потому сама его речь приобщает слушающих к опыту этой встречи и опыту реальности светлого духовного мира. Старец стал откровением о Боге, как сказал бы об этом Ириней Лионский. Слишком много людей есть в церкви, и слишком мало из них несёт свет вечной жизни на лице и в сердце, и превращает жизни обратившихся к нему в небо, приобщает небу, наполняет небом, и даёт силы жить красотой и подлинностью.

Площадь Омония

Афины. Площадь Омония – здесь вас всюду встречают всевозможные магазины и туристы со всего мира.

Мы гуляли тут и вспоминали жившего здесь же совсем недавно греческого святого и Чудотворца Порфирия Кавсокаливита, удивительного современного старца. Порфирий говорил, что, «если у тебя в душе мир, то тебе ничто не помешает молиться даже на площади Омония».

Секрет святого был в том, что ему была драгоценна всякая часть земли, и все эти таверны, магазинчики и прохожие вызывали в нём не неприязнь верующего неофита, сурового ко всему вокруг, а восхищение и желание петь обо всём Творцу!

Об опытных христианах

Игумен Пётр Мещеринов в каждой своей лекции обращает внимание, что в русской церкви нет никакой пастырской педагогики направленной на опытных христиан. Всё, что могут предложить пришедшему в храм человеку – это путь воцерковления для новоначальных. Но вот человек и вправду возрос в Духе, пришёл к осознанию важности евангельской свободы и «на таковых нет закона». Он уже много учился и теперь хочет ещё больше отдать – умножать красоту и свет, нести Христово присутствие в обстоятельства своей жизни. Что можно предложить ему? И тут как нигде оказывается нужен старец – свидетель духовного мира, который поможет этому возрастанию и умножению красоты по соприродной для этого человека дороге. Ведь старец и есть тот, кто помогает каждому выросшему пройти по неповторимой дороге к Богу и обрести личные с Ним отношения, которые из всех миллиардов живущих и живших людей будут известны только тебе одному…

***

Как-то один чудесный священник заметил, что в его стране священники ищут повода не причастить людей, а те афонские старцы, с которыми он общался, наоборот, искали повода причастить пришедшего к ним человека…

Иеромонах Амвросий Дудонов услышав об этом заметил, что только живущие Небом ищут всегдашнего повода приобщить этому Небу и всех других…

Встреча с волшебником

Много лет я с удивлением видел, как встречи людей с такими старцами как Дионисий Каламбокас, похожи на встречу героя сказки с добрым волшебником, который открывает герою, что весь мир вокруг — есть ожившая сказка, и что вся наша жизнь была нашей дорогой к счастью, хотя часто нам и казалось, что идём мы долиной скорби.

Все мы много раз слышали о милости Божией, но особое благословение лежит на тех людях, кто, подобно старцам или стихам великих поэтов, даёт нам возможность прикоснуться к раю и опытно пережить, что Бог пишет нашу сказку только со счастливым концом…

О чувстве зла в мире

Для всякого доброго и чистого человека невыносима та игра в христианство, которую затевают разнообразные формалисты, наделённые хотя бы какой-то властью в церкви — будь то свечница или епископ. Потому выходом из этой боли для светлых людей является личная встреча с Богом, обретение чувства реальности Бога через всё, что приносит нам Его благодать: литургию, молитву, общение с праведниками и старцами, искусство, дружбу с людьми неба и Духа, и всяческую возможную красоту.

Только обретаемая благодать даёт нам ощутить всю конечность и бессилие зла, временность всякой неправды, ложность игры в христианство, которая всегда претендует казаться истиной веры.

Благодать даёт нам ощутить жизнь как сказку и увидеть, что на всякого дракона разрушающего волшебное царство найдётся святой Георгий, и что у Бога все истории добрых людей имеют счастливый конец.

***

Встретивший Христа, в Евангелии ли, в литургии ли, в молитве или в красоте, и смотрящий на Его церковь через Евангелие, молитву, литургию и жизнь святых, праведников, старцев, никогда не примет за подлинность всю ту ложность, которую во все века разнообразные формалисты, умники, бюрократы – внешние по отношению к глубине люди, пытались выдавать за что-то церковное.

Подобно как юный Аверинцев, сидя за партой ВУЗа в СССР слышал, что нужно идти на компромисс с совестью, так как «все так делают», и отвечал в своём сердце – «А Сократ так не делал».

Так и для многих наших современников имена старцев Дионисия Каламбокаса, Эмилиана Вафидиса, Иосифа Исихаста, Ефрема Филофейского, Амфилохия Патмосского, Нектария Эгинского, Паисия Афонского, Порфирия Кавсокаливита, Софрония Сахарова и им подобных, означали, что церковь – есть Царство Троицы и к ней принадлежит не игра в христианство, не фарисейство, бюрократия, безразличие и формализм, но лишь только то, чего касается на земле Дух Святой и что открыто Его высокому и святому прикосновению.

Соль земли

Цицерон в своё время сказал: «Доброта порождается добротой». А сербский старец Фаддей Витовницкий говорил, что наша задача как христиан сделать так, чтобы когда мы выходили из комнаты, в ней оставалось бы тепло, радость, мир, любовь, покой.

Вот таким было христианство для подлинных христиан – и оно состояло не в том, что человек подсчитывал содержание майонеза в салате и суммировал количество своих поклонов, но когда он свободно, мудро и соприродно своему сердцу превращал жизни окружающих людей в праздник.

***

Кроме всего прочего, великие наставники, такие как старцы, учат идти своими ногами и уметь самим отличать добро от зла, а вечное от временного. Но не быть ни стадом баранов, неспособных жить без подсказки, ни бодливым козлом считающим, что ничей совет не добавит мудрости к его жизни.

Рай

Святой старец Амфилохий Макрис: *«Одним добрым словом, сказанным в защиту ближнего, ты приобретаешь рай».*

***

Люди, не понимающие сути дела нередко спрашивают с издёвкой: «Неужели вы всерьёз думаете найти все ответы у святых отцов?». Но дело в том, что когда мы встречаем живого старца – такого как Дионисий Каламбокас, Иоанн Крестьянкин или Софроний Сахаров – мы в его лице видим того человека, который способен на всё в мире, всякую проблему современности, – смотреть верным, небесным, божественным взглядом, давая и нам посмотреть на вопрос или ситуацию с неба. То же самое небесное зрение обретаем и мы – если вправду восходим к святоотеческому восприятию мира.

Касание Бога

Толкиен удивительным образом описывает каким видится мир в благодати: «Ему казалось, что он сделал шаг в окно, распахнутое в давно исчезнувший мир. Он видел, что на этом мире почиет свет, для которого в его языке слов не находилось. Все, на что падал взгляд, было четким и словно очерченным одной линией, как будто каждую вещь задумали и создали только что, прямо на глазах; и вместе с тем каждая травинка казалась неизмеримо древней».

Даже простоватый Сэм проникается красотой внезапно ожившего и пронизанного светом мира и говорит: «Мы с вами очутились то ли в сказке, то ли в песне».

Подобные чувства рождаются в сердце лишь тогда, когда нас явно касается благодать, или когда мы говорим со светлым подвижником старцем, таким как Дионисий Каламбокас, Эмилиан Вафидис, Ефрем Филофейский или Паисий Афонский…

***

Старец Ипполит Халин, принимая людей, часто цитировал стихи Пушкина, Лермонтова, Омара Хайама и других поэтов, подбирая строки так, чтобы ими глубоко раскрыть проблему пришедшего человека, предостеречь от будущего искушения, через поэзию раскрыть пришедшему его душу.

Когда подвижник смотрит на человека

Общаясь с современными старцами и читая тексты и жизнеописания древних подвижников нельзя не увидеть, что для этих подлинных христиан человек составлял не сумму взглядов, идей и тех или иных предпочтений, но нечто гораздо большее и дорогое. Подвижники, даже видя заблуждающегося в чём-то человека, относились к нему не как к идейному противнику себя или своей веры, но как к уникальной личности со своей историей души, своей болью и радостью, и своим путём к Высочайшему. Потому, ставя на место различных умников и формалистов, подвижники никогда не обидели бы человека ищущего и страдающего, человека, пусть страстного и ошибающегося, но мучающегося поиском истины и желающего увидеть на земле и среди говорящих о Боге – правду.

Так старец Дионисий Каламбокас с болью замечал о философе Ницше, что на самом деле в окружении философа не было никого, кто помог бы ему открыть Бога не на рационально-формальный манер, но как главное содержание души и жизни. И восставая на христианство Ницше, сам того не зная, часто восставал не те искаженности и неправды, которых так много было среди христиан и конфессий его времени. Его восстание было восстанием поиска, восстанием на тот образ Бога и веры, которые отвратительны и Самому́ Изначальному. И там, где люди обычно видят лишь заблуждения человека, смотрящие милостью знают – его боль, поиск и то горение сердца, которое Господь всегда будет стараться приложить к его спасению.

***

Евангелие, литургия, сказка и разговоры со старцами рождают в сердце особое чувство тебя – как сказочного героя в мире Господнем.

И все злодеи, угрозы, зло, вдруг оказываются перед тобой как акулы и пираньи в аквариуме. Они, вроде, страшны, но Господь поместил их за аквариумное стекло, а ты извне, из жизни и красоты наблюдаешь за ними…

***

Что такое, всё-таки, мудрость Неба! В Божьем замысле каждый должен расцвести в своей неповторимости, но какое это восхищение и замирание сердца, когда видишь такие вещи!

Четырежды в жизни я слышал, как четыре моих студентки, не знавшие, конечно, друг друга, задавали известному греческому старцу Дионисию Каламбокасу один и тот же вопрос.

И все четыре получили разные ответы, соприродные именно их пути, их сердцу и их ситуации.

А я, общаясь с каждой из них долгое время, наблюдал, как эти ответы прорастали в них красотой, потому что, как бы ни ныли всевозможные умники, но «Божьи замыслы всегда ведут к радости Его детей»…

Недоумение

Как же важно быть учеником у красоты, а не её судьёй. Я давно знаю и почитаю старца Илия Оптинского, и имел удовольствие общаться с ним. Но я никак не мог объяснить для себя, почему в двух случаях, двум девушкам желавшим замужества (при этом у них много лет ничего не складывалось и каждой было уже лет по 30), он сказал, что им было бы лучше подумать о монашестве.

– Как же так? – недоумевал я, – ведь не может быть, чтобы Богу было жалко для них счастья.

А потом понял, что дело не в Боге – Ему не жалко – дело в состоянии этих девушек. Так, одна из них, дочь запойного алкоголика, согласно одному известному психологическому закону (который можно преодолеть, но она об этом не думает) ищет себе парней, похожих на своего отца, и потому каждый раз встречается то с алкоголиком, то с наркоманом, то с извращенцем. И, конечно, ничего не складывается. А другой девушке тоже мешают её психологические травмы. И Бог просто видит, и открывает старцу, что эти девушки в их теперешней психологическом состоянии не могут создать не то что счастливую, а и просто даже нормальную семью.

Конечно, ни психология, ни даже генетика не детерминируют человеческую жизнь. Николай Сербский прямо пишет об этом, что каждый раз обстоятельства нашей жизни меняются вслед за переменами нашего сердца. Никто не может помешать Богу сделать нас счастливыми. Но, как писал Хемингуэй в повести «Старик и море», есть один важный аспект, а именно: «Когда счастье придёт – я буду к нему готов!».

Именно для того, чтобы счастье пришло не как неожиданный мешок сокровищ для юного бездельника, но как результат нашего роста, как плод нашей жизни, награждённой Им, «Дух Святой действует медленно, но благородно», как писал об этом Варсонофий Оптинский...

***

Святые отцы, их тексты, встречи с живущими на планете старцами подвижниками, мировая классика – дают душе доброе и такое редкое в современном мире чувство нормальности, – когда ты вдруг видишь: всё в мире существует на своём месте, добро и зло местами не менялись, временное всегда преходяще и в жизни и в церкви, а дороги добрых как и прежде ведут к добру…

***

Когда Вениамин Федченков спросил у наставника: «Как вообще следует относиться к человеку?», тот ответил: «С благоговением».

Где находится чудо…

По Его милости в моей жизни было много замечательных встреч и бесед со старцами в разных странах. И я часто видел, как эти великие люди открывают тебе самому или кому-то рядом с тобой те глубочайшие состояния твоей души и мысли, которые знал только ты сам. Открывают твой путь ещё до того, как ты сам увидишь его. Открывают некоторые важные моменты, которые придут на твоем пути в будущем, но мудрость встречи с ними ты должен обрести сейчас.

И всякий раз, когда это случается, когда перед тобой совершается явное чудо действия Божьего, ты чувствуешь торжество, но каким-то необычным образом воспринимаешь чудо как норму, а всё, лежащее вне этой совершающейся перед тобой Божьей сказки – как искажение жизни.

Да так оно и есть. Блаженный Августин писал об этом: «Ты создал нас для Себя, и беспокойно мятется сердце наше, пока не упокоится в Тебе».

Другой удивительный христианин, Блез Паскаль, тонко замечал: «Если правы те, кто считает, что мы созданы не для Бога, а для чего угодно другого, то почему мы находим своё настоящее счастье только в Боге?»

Православная церковь

«Но Сам Иисус не вверял Себя им, потому что знал всех и не имел нужды, чтобы кто засвидетельствовал о человеке, ибо Сам знал, что в человеке» (Ин 2. 24:25).

Красота православия раскрывается именно в возможности тут пути освящения, обожения, и больше нигде мы не встретим людей, подобных православным старцам, которые тоже по благодати знают, что в человеке и как вызволить его к свету.

Даже ходящие в храмы далеко не всегда знают о красоте христианства, выражающейся в восходящих к Высочайшему. Нужно увидеть или прочесть Антония Сурожского, поразиться жизни для других совершаемой святой Марией Скобцовой, восхититься пророческой мудрости старца Софрония Сахарова, быть утешенным Паисием Афонским или Порфирием Кавосокаливитом, чтобы знать подобные вещи...

Вспоминаю, как я впервые приехал в Грецию к старцу Дионисию Каламбокасу, и мне пришлось неделю ждать его возвращения из Норвегии, где он открывал новый монастырь во имя святого Олафа Конунга. Я тревожился, увижу ли старца, и первое, что сказал мне по приезду этот всемирно известный человек, к которому приезжают министры и генералы: «Я прошу у вас прощения, за то, что вы переживали, будто можете меня не увидеть...». А потом спросил, буду ли я во время беседы пить чай или кофе, и как только я допивал чашку, он просил одного из монахов принести мне ещё чаю и угощений...

Потому-то о. Лев Жилле и писал: «О странная Православная Церковь, столь бедная и столь слабая... чудом прошедшая сквозь все множество превратностей и тягот; Церковь противоположностей, столь традиционная и в то же время такая свободная, столь архаичная и, однако, живая, столь обрядовая и вместе с тем так глубоко личностно-мистическая; Церковь, где так бережно хранится бесценная евангельская жемчужина, хотя и нередко под слоем пыли... Церковь, о которой так часто говорили, что она не способна к действию, и которая тем не менее, как никакая другая, умеет воспевать пасхальную радость!»

Божья сказка

Многие люди годами ходят в храм, и имеют наилучшие намерения, но не знают ещё, что такое христианство в том виде, как оно задумано Богом.

Но, когда мы встречаем тех, в ком живёт красота Духа Святого, таких как старцы Дионисий Каламбокас, Эмилиан Вафидис, Антоний Сурожский, Паисий Афонский и им подобные, — то тут-то нам и открываются слова Христа о Царстве Божьем пришедшем в силе!

Мир тогда расцветает для нас в Духе и счастье, и мы входим в неслыханную реальность Господней милости и чуткости к нам, входим в чудо! Людям, не пережившим это, не видевшим, как мир и наша собственная жизнь в одно мгновение разукрашиваются радугой Божией, — такие вещи кажутся поэтичными образами. А те, кто это испытали, бывают потрясены величием Господним и Его невероятной, касающейся даже и мелочей заботой о нас!

Старец — это человек, рядом с которым жизнь ощущаешь как сказку на самом деле. Божью сказку со счастливым концом...

Умники и святые

Как смешно читать рассуждения умников, ставящих под сомнение, например, тот факт, что Марии Египетская жила в Заиорданской пустыне. «Что она там ела?» – спрашивают они, не зная, ни как выглядит эта пустыня (а она не такая, как Сахара, и пищу там вполне возможно не только отыскать, но и заготовить впрок), ни что такое помощь Господня.

И так каждый раз, читая их унылые слова, в которых они усомнились во всём кроме своего ума, понимаешь: это не те люди, которых можно спрашивать о пути к Богу.

Как-то, начиная свой церковный путь, я спросил одного умника, как мне прийти к живой вере в Бога, и тот стал возмущённо шуметь, что я не корректно ставлю вопрос (на который он на самом деле не знал ответа). А когда я спросил о том же у старца Илия Оптинского, тот явно открыл мне, что Бог действительно есть...

***

«Надежда есть всегда», – так говорил людям и хоббитам Гендальф. Интересно, что те же самые слова мне сказал один замечательный старец, когда я его просил молить о тяжелобольной девочке, исцеления которой никто из врачей не ждал... Старец молился о ней, а потом, в течении нескольких лет, здоровье девочки восстановилось и всё окончилось хорошо, как это всегда и бывает в сказке нашей жизни...

***

Глубина и радость – вот апостольство современного христианина, убеждающее других, что всё то, во что он верит – истинно. Я знаю одну замечательную девушку, которой старец Дионисий сказал, что её важнейшие миссионерство заключается в её улыбке и радости, глядя на которые и другие люди понимают, что христианство – это счастье.

Святая гора и РПЦ

Старец Ефрем Ватопедский говорит: «Я верю, что Русская Церковь и русский народ найдут своё «я», если будут связаны со Святой горой».

И я, путешествуя с лекциями, выступлениями, консультациями по разным городам и странам СНГ вижу, что все подлинно живые, глубокие, сияющие, далекие от формализма христиане, все желающие не правил, а Христа – в определённый момент своей жизни начинают общаться, переписываться, учиться у афонских старцев, и тех старцев афонской традиций, которые жили и живут в Европе и США. Таких как Софроний Сахаров, Ефрем Аризонский, Паисий Аризонский, Захария Захару, Порфирий Кавсокаливит, Дионисий Каламбокас и других, умеющих возводить к Богу человека.

Даже если эта встреча ещё не состоялась, я, глядя на ищущих Духа понимаю (и пока еще не ошибся ни разу), что однажды они встретят кого-то из старцев Святой горы. Эта встреча у всех бывает по-разному – у Него много сюрпризов.

Благословенный интернет снимает все препятствия для такого общения, и я вижу работу старцев над возрастанием этих светлых людей, и восхищаюсь тем, в какую красоту может взойти и восходит человек, захотевший подлинности и Христа.

А Бог каждый раз для каждого из них делает всё остальное, и делает так необыкновенно, что ещё на земле всякий из них и я, знающий их, видя, как меняется, наполняется, сияет их жизнь, говорим: «Не видел того глаз, не слышало ухо, и не приходило то на сердце человеку, что приготовил Бог любящим Его» (1Кор 2:9)

И каждый из них с удивлением и благодарностью повторяет: «Мог ли мечтать я об этом, когда был всего лишь гадким утёнком?»

***

Старец Епифаний Афонский говорил: «Что бы я ни планировал – всё впустую. Поэтому я предоставляю Богу планировать мою жизнь».

Бабушка и митрополит Амфилохий

Сербский митрополит Амфилохий Радович приехал на презентацию своей книги. В зале, ожидая его, собрались тысячи людей. Но, когда он поднимался по лестнице, некая старушка обратилась к нему и просила пообщаться. Он остановился и говорил с ней, и в результате опоздал на 20 минут.

После мероприятия келейник высказал ему:

– Что ж вы так? Там ведь в зале собрались тысячи людей и все ждали вашего прихода. Неужели нельзя было в этот раз не тратить время на какую-то бабушку?

На что Амфилохий ответил:

– Я пришел в этот мир не участвовать в общественных мероприятиях и презентациях, а утешать безутешных и поддерживать всех вокруг...

Оценка Кэмерона

Джеймс Кэмерон, режиссёр «Терминатора», «Титаника», «Аватара», в юности, как и многие другие молодые люди, не знал не только, по какому пути идти, но и нужен ли он на земле вообще.

Но однажды его преподаватель по биологии, мистер Маккензи, посмотрев его контрольную работу, сказал, что у Джеймса огромные возможности. И эта оценка, как спустя много лет говорил режиссёр: «сыграла огромную роль в том, кем я стал».

Каждый ждёт от других поддержки, но нужно рыцарственное благородство, чтобы решиться видеть в других красоту и говорить об этом.

И я сам видел, как расцветают людские сердца и жизни тех, кому известные старцы планеты, такие как Дионисий Каламбокас, Иларион Михаил, Никон Лазару говорят о колоссальной драгоценности их жизни, пути, труда и даже улыбки.

В нашем мире все читали о Боге, но когда ищущий человек, наконец, встречает Его, тогда он на самом деле понимает, что любим…

***

Для Бога каждый – единственный. Он весь – для каждого.

Такое отношение я видел у старцев – они вмещают в свою любовь человечество, и у них лично для каждого – вся поддержка, всё внимание, всё сердце милующее...

***

В эльфийском лесу Лориэн всё сияет и полно внутренней глубины так, что хоббит Сэм, попав туда, удивлённо восклицает: «Как будто мы очутились то ли в сказке, то ли в песне!».

В чём же секрет дивного леса? В эльфах, сияние которых делает мир вокруг них благословенным.

В этом – признак настоящего, Божьего человека, – вокруг него расцветает жизнь и распространяется исцеление.

И когда я вижу, общаюсь с такими старцами, как Дионисий Каламбокас, Эмилиан Вафидис, Ефрем Аризонский, я понимаю, как верна эта сказка про эльфов, и понимаю, для чего люди родились людьми!

Профессора

Познание происходит от реальности. Потому всякий, чьё познание истинно – воспринимает физические и духовные законы одинаково.

Как-то мой знакомый приехал к известному греческому старцу Дионисию Каламбокасу за советом, как исправить и наладить жизнь?

Старец посоветовал ему каждое воскресенье ходить на службу и причащаться, а ещё каждый день читать жизнеописание святого, на этот день приходящегося.

«Э, нет, – подумал про себя человек, – Это слишком много нужно морочиться». И поехал получить какой-нибудь другой совет к другому известному греческому старцу Филофею, тому, которым восхищался Паисий Афонский.

Филофей принял человека, и в ответ на его вопрошания сказал ему: «Каждое воскресенье ходить на службу и причащаться, а ещё каждый день читать жизнеописание святого, на этот день приходящегося…»

Когда мы приходим в обычную сельскую больницу, то нам могут прописать и гангрену лечить горчичниками. Но, если мы попали к профессору медицины, то и профессор в Японии, и профессор в Америке пропишут нам один и тот же рецепт, действительно способный исцелить нас...

О другой Клеопатре

У древних святых встречаются редкие имена. Есть святой Платон – не философ. Есть святой Филолог – не занимавшийся лингвистикой. А есть и Клеопатра, не имеющая отношения к политике Римской империи.

Клеопатра – не мученица и не монахиня, девушка, современница святого мученика Уара, видела его добровольные мучения. После казни Уара она перевезла его тело на свою родину и похоронила его. У Клеопатры был единственный сын Иоанн, служивший офицером. Её подвиг был в том, что, после смерти сына она смогла поверить, что Бог знает что делает. Хотя перед этим она несколько дней возмущённо обращалась к Уару и говорила, что она ему помогла, а он не пришел ей на помощь.

Уар явился Клеопатре и привёл из рая её сына, сказав, что Иоанн счастлив в раю, но она, если хочет, сын вернётся на землю. Иоанн просил Уара не возвращать его в мир из рая.

Клеопатра попросила, чтобы они взяли с собой и её. «Возьмем, когда придет время», – отвечал святой, и стали оба невидимы.

Придя в себя, Клеопатра почувствовала, что боли нет, а сердце полно радости. Она пересказала видение священникам, и тело Иоанна было положено близ мощей мученика. Клеопатра посвятила себя служению нищим и семь лет ждала встречи с любимыми. Уар и Иоанн часто приходили к ней. А потом и она ушла в радость.

Это история древняя.

А вот что было с одним моим знакомым несколько лет назад.

Как-то он поехал месяц пожить и поработать в Почаевской лавре. На одной из посещённых им служб священник помянул святую Клеопатру, не объяснив людям, кто она. Естественно, таких редких святых прихожане не знают. Этот человек несколько дней ходил и думал, неужели древняя египетская царица среди святых? Спросить кого-то он стеснялся. Спустя несколько дней раздумий он выполнял какую-то работу. Его напарником оказался молодой юродивый дурачок, не вызывавший у людей ничего, кроме насмешки, и болтавший какую-то ерунду. Они работали, а мой знакомый думал о непонятной святой.

Как неожиданно услышал голос дурачка:

– А, Клеопатра? Так это не египетская царица. Это совсем другая девушка, которая была дружна с мучеником Уаром...

Мой знакомый вытаращился на дурачка в ужасе, а тот, как ни в чем не бывало, снова понёс какую-то ерунду...

Патриарх Алексий II говорил: *«Среди нас ходят святые – наши современники»*. Чтобы узнать их, нужно иметь созвучие с такими, как Клеопатра; нужно иметь это удивительное свойство – доверия Богу, обращающее всю жизнь в сказку...

***

Мария Важева рассказывает: «Монахиня Эвстохия рассказала о своем духовном отце! Это было в Питере. Её брат – священник поехал к этому умирающему батюшке, почитал канон на исход души, помолился. И вот этот умирающий старец показывает, что хочет что-то сказать. Юный священник наклонился в ожидании наставлений, а батюшка по буквам, медленно и из последних сил проговорил: «П.. о... д.... в... е...з... и... Ирину».

В этом был он весь – забота на смертном одре о том, как девушка доберется домой и огромная любовь ко всем!».

О том, чего люди не знают…

Люди редко понимают такие вещи, либо понимают после совершённых непоправимых ошибок. А именно – их благополучие может быть основано на их добром отношении к кому-то, кого в мире считают последним.

Есть один олигарх, владелец заводов, газет, пароходов. И есть одна светлая девушка – моя подруга, сияньем сердца и жертвенностью которой я всегда не уставал восхищаться. Она рано потеряла мужа, воспитывает двоих детей, и в своё время устроилась работать в одном из центров этого олигарха, где больше десяти лет занималась милостыней (в этом состояла работа) и всевозможными добрыми делами. Её знали старики и нищие её города. Её чтил старец Зосима Сокур, который как-то, когда этот олигарх приехал к нему за советом сказал ему: «Вдовицу не обижай».

Прошло ещё несколько лет и, столкнувшись с некоторыми трудностями, богач уволил часть персонала, а вместе с ними и эту девушку. И тотчас всё, чем он владел в том городе, по множеству разных причин распалось и пошло прахом. И вряд ли кто из его опытнейших финансовых аналитиков смог подсказать ему эту простую вещь, на которую когда-то обратил внимание знаменитый старец, и которая только и была основанием всего благосостояния этого человека.

А ведь так бывает не только в этом случае, бывает в больших и меньших масштабах, но по той же самой причине – из-за пренебрежения тем, кем на самом деле нельзя было пренебрегать, потому что без этого, будто бы малого человека, не могут существовать ни чьё-то благополучие, ни целый мир...

Богатый религиозный опыт

Кеннета Клауса спрашивают:

— Вы попробовали почти все мировые религии на вкус. Вы уверены, что православие – это конечный пункт в ваших духовных поисках? Почему?

Клаус отвечает:

— Только потому, что я испытал на собственном опыте все другие религии, я на 100% уверен, что православие – это истинная вера. Доказательство этому – Любовь, которая растет в моем сердце день ото дня. Все религии – это «опиум для народа» (правы были Фейербах, Маркс, Ницше), но православие – это не «религия», а откровение. Религия спрашивает: «Бог, где Ты?» А ортодоксальное христианство – это, наоборот, ответ свыше: «Вот Я здесь!»

Когда ваше сердце соприкасается с настоящей Любовью, вы четко осознаете, что истина находится в православии. Люди, которые не чувствуют этого, никогда не встречали настоящего православия, но сталкивались лишь с неким его суррогатом. Это очень грустно. Это все равно, что предпочесть золоту латунь».

Какими бывают высокие люди

Есть фотография, где священник-исповедник Симеон Кобзарь подметает двор и улицу, не желая утруждать других этой грязной работой.

В этом фото – богословие церкви – человек идёт с метлой, а на его лице явно сияет слава Господня. Он уже – в Царстве, а Царство – в нём, и потому этот небольшой человек больше убивавшей его советской империи, больше мира, больше истории.

Как-то у средневекового ирландского святого Дикуила спросили:

– Почему ты всё время улыбаешься?

– Потому что никто не может отнять у меня Господа! – ответил он...

Несчастье религиозного характера

Великое «несчастье религиозного характера» (выражение Ингмара Бергмана) – желать ощутить реальность Бога и не знать, как это сделать.

Между тем, Бог не прячется, но человек устанавливает Ему границу: своего кабинета, своего мировидения, своего привычного существования, своих психотравм, своей гордости, наконец.

Бога чувствуют те, кто становится на Него похож.

И есть люди не решившиеся на похожесть, но тоскующие по этому самому главному знанию се́рдца.

Святой Николай Сербский пишет об этом: *«Неверно говоришь, друг: „Нет Бога". Вернее сказать: „У меня нет Бога", ибо и сам видишь, что многие люди вокруг тебя ощущают присутствие Бога и говорят: „Есть Бог!". Следовательно, Бога нет у тебя, а не вообще. Ты говоришь так, как если бы больной сказал: „Нет на свете здоровья". Он, не солгав, может сказать только, что он не имеет здоровья, но если скажет: „Здоровья в мире вообще нет", солжёт. Ты говоришь так, как если бы нищий сказал: „Нет на свете золота". Есть золото и на земле, и под землей. Кто скажет, что нет золота, неправду скажет. А если скажет правду, должен сказать: „У меня нет золота". Так же и ты, друг мой, неверно говоришь: „Нет Бога!". Ибо, если ты чего не имеешь, не значит,* что не имеет этого никто и нет этого в мире. А кто дал тебе власть говорить от имени всего мира? Кто дал тебе право свою болезнь и свою бедность навязывать всем? Если же признаешь и скажешь: „Я не имею Бога", тогда признаешь истину, и это будет твоя исповедь».

Религиозный мыслитель Харви Кокс так пишет по этому поводу о писателе Умберто Эко, и о причинах того неверия, которым человек действительно мучается:

«Умберто Эко родился в 1932 году в Алессандрии, в Пьемонте. Прежде чем получить известность на ниве семиотики (раздела науки, изучающего знаки и символы), он изучал эстетические теории Средневековья. В Туринском университете он защитил диссертацию по эстетике Фомы Аквинского. Сейчас он – профессор семиотики в университете Болоньи. По собственному признанию, Эко был воцерковленным католиком до двадцати двух лет. Однако, отойдя от католичества, он не превратился в воинствующего антихристианина. Порой он вспоминает об утраченной вере с явной ноткой сожаления и предполагает, что непоколебимое моральное чувство, которым пронизана его жизнь и произведения, может исходить из католического воспитания».

И там же «Если бы нам довелось иметь дело с собеседниками, которые, по словам Умберто Эко, хоть сами и не верят в Бога, хорошо понимают, какой надменностью надо обладать, чтобы заявлять, что Его не существует!»

Вопрос

Как всегда здрав и высок Бог, и как здравы Его настоящие ученики и старцы!

Сколько раз бывало и в моей жизни, и в жизнях тех, кого я знаю, что страшишься задать Высочайшему вопрос через старца, переживаешь об ответе, волнуешься.

Один мой знакомый священник, впервые ехавший в Грецию к старцу Дионисию Каламбокасу за советом, боялся и думал, что Бог скажет через старца что-то такое, что полностью разрушит его жизнь и все его представления о своей цели.

Но всё оказалось совсем не так, и встреча со старцем исцелила и священника, и его цель.

Потому что Бог не отнимает, а преображает то, что нам дорого. Хотим ли мы быть актерами, программистами, бизнесменами, сценаристами, путешественниками, учеными – мы не могли бы хотеть всего этого, если бы Он Сам прежде не вложил эту жажду в нас. Потому встреча со старцами направляет нас по тому пути, от которого мы могли отклоняться до встречи со старцем всю свою жизнь.

Актриса Любовь Стриженова рассказывает о том, как общалась со старцем Иоанном Крестьянкиным: *«Когда я писала записку, что хочу у старца спросить, он по пунктам, не читая записку, мне это всё рассказывал: проблема с детьми, проблема с театром.*

Я хотела уходить из театра давно, и старец мне не благословил. Он сказал, что можно и там служить Господу, и там люди должны быть верующие».

А когда сын Любови Стриженовой подрос и должен был выбирать дальнейший путь, он захотел, как и мама, стать актером. Стриженова привезла его к старцу Иоанну. Старец подошел к юноше, прижался лбом к его лбу и стал проникновенно говорить:

«Ты можешь заниматься этой профессией, но ты должен понять, для чего ты хочешь заниматься этой профессией: для славы, для материального обеспечения или во славу Божию?

***

Актёр Михаил Чехов, описывая старца Нектария Оптинского, выводит тут зерно образа и всякого настоящего христианина:

«Всегда он был весел, смеялся, шутил и делал счастливыми всех, кто входил к нему и проводил с ним хотя всего несколько минут».

***

Моя добрая и светлая подруга Мария Важева рассказывает о своём знакомом священнике. Как-то в Страстную Пятницу в Риме Каллист Уэр заказал себе и о. Мелетию пиццу, и в ответ на удивление священника рассказал, что когда верующие приезжали из РПЦ к Антонию Сурожскому и на исповеди говорили, что нарушили пост, тот их не понимал и просил: «Расскажите лучше, что у вас болит...»

Священники, бывшие с Ефремом Аризонским, вспоминали о первом времени по переезду старца в Америку. Приходили деловые и практичные американцы, а старец настолько не воспринимал этого их практицизма, что просто не мог понять, чего они хотят...

Митрополит Каллист Уэр сказал своему ученику, архимандриту Мелетию из Нидерландов по поводу проповедей: «Первые 60 лет говори только о Христе, а потом, если хочешь – на злобу дня».

Святые против тараканов!

Святая Мария Скобцова, чтоб заработать, ходила по объявлениям «приглашаем вывести в доме тараканов»...

Представляете себе, как великая святая приходила в дом к кому-то, к вам, и помогала избавиться от букашек?

Это как Николай Чудотворец разносит еду в столовой...

Что ж, не нашлось для святых лучшей работы? Нечего было человечеству предложить тем, кем Земля продолжает существование?

Точно так и Гомер ходил по Элладе, прося и прохожих денег, и Сервантес пытался собрать за день хоть какую-то сумму, а им все отказывали в помощи, потому что «кто мне этот ваш Гомер такой? У меня вон надо своих детей кормить!!!»

У святой Марии Скобцовой была прирученная крыса. «Это что ещё такое?» – возмущаются на подобные моменты из жизни святых те, кто всё меряет своей кривой мерой.

Вспоминаются тут слова старца Бориса Авдеевского, который после того, как 5 лет отсидел в лагерях СССР за веру, не мог вернуться в священство, – его не принимали. И он стал в маленьком городке Авдеевка дворником.

Этот святой дворник творил Иисусову молитву, был способен состраданием прогонять тучи, налетающие на души людей, и однажды, на вопрос: не противно ли ему мести мусор, ответил: «Плох только грех. А у Бога (= в глазах Бога) – мусора нет!»

Случай со святым Ильёй Макеевским

Господь не хочет от нас не пережитых истин, даже если они кажутся нам правильными. Он всегда старается, чтобы каждый из нас расцвёл в Его замысле о нас неповторимым образом. Потому святые наставники не старались сделать учеников похожими на них, но хотели, чтобы в каждом раскрылась его собственная неповторимость.

Так, о старце Сергии Шевиче Жан Клод Ларше вспоминает, что тот учил учеников быть свободными и совершать добро только по любви. А любовь и свобода уже должны были подсказать тем слова и дела. Те же, кто хотел от старца формализма и правила, не выдерживали и уходили.

О святом Варсонофии Великом известно, что, когда к нему пришел человек попросивший правило жизни, подвижник не дал такового, сказав, что хочет, чтобы тот был не под законом, а под благодатью.

Старец Виталий Сидоренко советовал людям смотреть на него, но подражать не его действиям, а настрою души. И те, кто понимал старца, старались подражать не его постам и делам, а милостивости его сердца, способности жалеть всякого человека и смотреть на мир как на радостное место присутствия Божьего.

Святой Парфений Киевский говоря о важности для Бога сути, а не формы заметил, что если человек будет намеренно опускать глаза, говорить тихим голосом, одеваться в чёрное, но не будет иметь к тому расположения, то Дух Святой отступит от него за притворство, ведь Господь не приходит, когда человек намеренно изображает себя перед Ним тем, кто он не есть.

А о святом старце Илье Макеевском существует такая история, привожу её по жизнеописанию:

«Однажды к старцу шли две молодые женщины. Одна из них постоянно говорила по дороге: «К какому человеку Божию идем! А я – такая грешная, просто грязная свинья!» Другая же просто молчала. Когда они пришли к старцу, первую он поставил стоять у порога, а вторую пригласил сесть у кровати, где лежал. Кроткая женщина обратилась с вопросом: «Отец Илия, а почему вы её не приглашаете?» Старец ответил: «Люди приходят ко мне, много людей, но свиней еще никогда не было! Этого мне еще не хватало, чтобы ко мне свиньи приходили!» От обиды женщина накричала на старца за то, что он назвал ее свиньей, совершенно

забыв, как совсем недавно по причине ложного смирения сама же так себя называла. Таким образом, преподобный вскрыл тайную гордыню, живущую в душе посетительницы. Потом он говорил: «Ох-ох! Если гордыня в вас живёт, то уж лучше молчи, не говори ничего о себе: «Я – такая плохая – этакая…».

Чувство присутствия Бога

Знаменитого румынского старца-исповедника Арсения Папачка (1914 – 2011) спрашивает журналист об обретении чувства присутствия Бога.

– Расскажите, как рождается и приобретается это состояние присутствия?

– Это вопрос, на который невозможно ответить сполна. Люди скрывают свою жизнь. Я сидел (в коммунистической тюрьме за веру – примечание Артёма Перлика) с разными людьми. Был в хороших отношениях с отцом Думитру Станилоаэ, конечно, соблюдая дистанцию, потому что по сравнению с ним я тогда был ещё малышом. Когда шли следствие и суд над «Неопалимой Купиной», участниками которой мы были оба, отец Думитру колебался. Но когда он попал в тюрьму и встретил там великих подвижников, которые уже отсидели по 20 лет, знавших Новый Завет наизусть, отец Думитру был впечатлён. *За участие в движении «Неопалимая Купина» Василие Войкулеску, Думитру Станилоаэ, Александру Миронеску и все остальные получили по 15 лет каждый, а мне дали 40. Сначала мне было смешно, потому что везде ко мне относились как к страшному убийце. В Жилаве один капитан, когда раздевал и стриг меня, спросил: «Эй, тебя за что?» «Да не за что!» – ответил я ему. «Слышь ты, если бы ты ничего не сделал, то дали бы лет 10–15, а не 40…» Оказывается, если бы даже я ничего не делал, всё равно посадили бы на 10–15 лет. Вот с кем мы имели дело. И вот среди них – тех, кто тебя раздевал, кто убивал тебя, – важно было чувствовать свое присутствие перед Богом.*

Они меня не убили, хотя, наверное, преследовали такую цель, когда бросили в холодный карцер. Через три дня я, по их расчетам, должен был умереть. Я не умер за три дня. Дали пять, потом семь. А я не умер все равно. Бог не хотел. Но было очень трудно. Важно в том месте, где ты находишься, присутствовать перед Богом! А потом – будь что будет. Человек же я, а не солома на ветру. Смерть не имела значения, потому что она была спасением! Но был в человеке дух, луч жизни, который не сдавался. И не имели мы другого идеала, как да удостоил бы нас Бог этого счастья – умереть в мучениях разорванными ради той искры Истины, которую мы знали и ради защиты которой были готовы пойти на брань с силами тьмы – не на жизнь, а на смерть. Это девиз каждого христианина.

В молодости я был единственный из нашего села, кто ходил в церковь. Ни бабки, ни старики, никто – только я один. И однажды священник сказал: «Один у меня ходит в церковь, да и тот не стоит службу до конца». Я когда услышал эти слова, не понял их значения до конца. Я тогда был еще ребенком, поэтому думал, что все уже закончилось. Не знал я, что такое литургия, был еще малым. Но после тех слов я больше не выходил из церкви, пока не выйдет и священник, чтобы быть уверенным, что служба закончилась.

Никакое образование и ничто другое не формирует в тебе состояние постоянного присутствия перед Господом, как тюрьмы и страдания. Большую ошибку совершает тот, кто игнорирует страдания. Когда Спаситель был с учениками на Генисаретском озере, то сказал им: «Идем к другому берегу». И как только они отплыли, то волны стали расти. И ученики из-за этого разволновались, потому что для их спокойствия было недостаточно того, что Спаситель ясно сказал: они отправляются на другой берег. Можно ли было обойтись без волн – символа испытаний и колебаний? Нет, потому что только в испытаниях мы отдаем свое сердце Богу.

Милостивый старец Серафим

О старце Серафиме Тяпочкине рассказывают, что он имел благоговение ко всему живому, к каждой травинке.

Его внук, Дмитрий, вспоминает о своём святом дедушке следующее: «После дождя в храм всегда шли очень медленно. Нужно было обойти всех червячков, жучков, паучков. Дедушка шел впереди и внимательно следил, чтобы никто ни на кого не наступил».

Среди историй о старце Серафиме Тяпочкине есть и такая, когда он спросил у работавших на храмовой кухне: «А где наш кот?». Ему ответили, что кот уже состарился, мышей не ловит, и его отнесли в овраг умирать. Старец помолчал, а потом сказал: «Отыщите кота, вымойте, постелите ему чистую подстилку, и пусть живёт на кухне, кормите до самой смерти».

Архимандрит Илья (Раго), католик перешедший в православие

Погружаясь в дрязги и дикости своего прихода или епархии как в извращённую субкультуру, в которой нет места Христу, люди в РПЦ почти никогда не видят на опыте, что такое Церковь как Царство Троицы, и как прекрасны, необыкновенны люди, ставшие настоящими, святыми, старцами, великанами в Духе Святом.

Архимандрит Илья (Раго), католик перешедший в православие, человек видевший многих старцев, общавшийся с такими подвижниками как Клепопа Илие и Эмилиан Вафидис, говорит о том, что на земле путь апостольского православия есть путь возможной святости: «Безусловно, люди высокой духовной жизни есть и за пределами Православия. Но настоящие Божии люди есть только в Православии! Я знаю очень многих католиков, которых невозможно ни в чем упрекнуть. Жизнь их безукоризненна. Они любят Бога и очень глубоко знают духовную традицию. Но только у православных старцев ощутима харизма жизни Духа Святого в Церкви, есть живое общение во Христе. Здесь это не интеллектуальный багаж и предчувствие, а сама жизнь. Замечательных людей полно и в других конфессиях. Но это люди – и только. Скорее их можно назвать пророками. А зачем ждать, что обетования осуществятся когда-то, если Царство Божие в силе уже пришло в Православии?».

Корреспондент спрашивает у архимандрита Ильи (Раго) о знаменитом старце Эмилиане. Обратите внимание, читая ответы архим. Ильи, с каким теплом и заботой афонский старец и монахи приняли к себе монахов-католиков, как не пытаясь обратить их в православие просто им служили, и открывали своим отношением Бога.

А ещё как естественно святые старцы вводят людей в пространство Бога, которое оказывается пространством реального чуда, когда возможно всё и ты знаешь, что Бог привёл тебя в эту жизнь для радости.

– Говорят, вашим наставником был старец Эмилиан (Вафидис), возродивший греческий монастырь Великих Метеор.

– Да. Он – мой духовный отец, но я не знаю, его ли я сын.

– Как вы с ним познакомились?

– Наш игумен отец Плакида (Плакида Дезей – на тот момент, игумен католической обители во Франции – примечание Артёма Перлика) возвращался из своей поездки в Румынию, где он общался со старцами, во Францию на машине и внезапно свернул с пути, чтобы посетить Святую Гору. Он первый из нашего монашеского братства побывал у ныне уже прославленного преподобного Паисия Святогорца и, знакомясь с афонскими наставниками, нашёл для нас духовного руководителя в лице старца Эмилиана.

Этот афонит тут же открыл для нас двери своего монастыря Симонопетра: «Если вы желаете приобщаться к Православию, вы можете жить у нас столько, сколько хотите», – сказали нам греки, и мы достаточно быстро – уже через несколько месяцев – воспользовались предложением, перебравшись на Афон. Так мы, монахи-цистерцианцы, перешли в Православие. Я уже 40 лет как в Православии и свято храню этот огонь веры. Теперь я даже не понимаю: как это вообще возможно не быть православным?!

– Расскажите об общении со старцем Эмилианом.

– Об этом можно говорить часами. Главное общение – во время Литургии. Тогда он был особенно сдержан и прост, без каких-либо театральных эффектов и излишней жестикуляции. Это внутреннее сосредоточение передаётся всем: когда он служит, предстоишь перед лицом Бога Живого. То, как старец произносит слова, как ведёт себя во время Богослужения, наполняет душу трепетом и свидетельствует о присутствии Божества.

– Вы не чувствовали языкового барьера?

– Во время Литургии нет. Проблемы возникали тогда, когда надо было исповедоваться. Через переводчика это делать, согласитесь, не очень приятно. Он говорил по-гречески, я – по-французски. У нас не было общего языка. А в отношениях духовного отца и сына важен диалог. Только Святым Духом все эти трудности преодолевались.

Одно время меня очень мучила одна весьма сложная проблема, я весь измаялся. А через переводчика ее открыть не решался. «Господи, как же мне старцу об этом смущении сообщить?» Я целый месяц молился, живя в Симонопетре, и искал возможности. А когда мне надо было уже отправляться на пристань, старец вдруг перед Литургией подзывает меня к своей стасидии и через брата-переводчика говорит: «Знаешь, если однажды, когда ты будешь во Франции, кто-то обратится к тебе с такой-то проблемой, то вот совет, который ты должен ему дать». И он со всеми нюансами растолковал мне мучивший меня вопрос, о котором никто не знал! А переводчик даже не догадался, что происходит.

***

О старце Димитрии Егорове вспоминает игумен Трифон, настоятель общины храма на острове Вашон (США): «Он был смиренным человеком. Вначале, когда он стал моим духовным отцом, я падал ниц перед ним во время духовных наставлений. Но я прекратил делать это с того момента, как он стал падать ниц передо мной, несмотря на то, что был болен и без сил. Я чувствовал, как много любви исходило от него».

Рядом с тобой теперь будет Богородица

Один грек рассказывал, как молодым человеком задумал поехать учиться в Европу, и пошел за советом к некому строгому афонскому аскету. Этот строгий аскет принял юношу официозно-холодно, а узнав о цели его визита раскричался: «Что ты! Да там одни еретики, там демоны! Не езди никуда!». Душа юноши была ранена таким общением, но каким-то внутренним чутьём он догадался, что перед ним был не настоящий подвижник, и поехал к известному старцу иеромонаху Афанасию Хамакиотису. Тот принял юношу и тотчас расположил его к себе своим внутренним миром, столь отличающемся от смущающих душу речей сурового аскета. Этот грек рассказывал:«Я раскрыл свою душу, рассказал ему про зарубеж. Он улыбнулся:

– А почему, чадо, ты так тревожишься?
– Отче, я боюсь ехать туда.
– Нет, дитятко. Поезжай! Поезжай! Может быть, Господь открывает новый путь. Да, там, куда ты поедешь, будет и демон, и он будет бороться с тобой. Но и Богородица будет тебя защищать...

Тут у меня просто гора с плеч. Я стал говорить дальше. Со мной такого никогда не было. Наконец он меня благословил. Последними его словами были:

– И как договорились. Не забывай о Богородице. Богородица всегда с тобой».

Так настоящий старец исцелил душу юноши, раненную неразумием аскета. А вторым удивлением для молодого человека стало то, что его мама, перед самым его отъездом в Европу, сказала ему те же слова, которые до этого сказал старец.

«Рядом с тобой теперь будет Богородица! – сказала мать, – Богородица с тобой!»

ОКОНЧАНИЕ

Вся жизнь святых и все истории о старцах говорят о том, насколько драгоценен, редок и необходим в обретении подлинности зависящий от нашего произволения дар ученичества – когда мы не завидуем чужой красоте, но вслушиваемся в неё и так учимся обретать её.

И другое, чему они учат, – это педагогике долгого урока, означающей, что наставник и учитель должен быть с учеником постоянно: вдохновлять, оберегать, учить частому причастию, личной глубокой молитве, делам милосердия и доброты, приобщать мировой культуре, открывать мир как миллионы поводов для благодарности, а жизнь – как совершающуюся наяву Божью сказку. А также помогать раскрываться в Духе и замысле Божием, учить умножать красоту и расти в красоте, проходить его, ученика, неповторимый путь и приносить плоды жизни, которых мы не устыдимся в вечности.

Всё это – и есть труд старца-наставника. И такими в отношении учеников были как древний Брендан Мореплаватель или Коламба Шотландский, так и современные нам старцы Эмилиан Вафидис, Дионисий Каламбокас, Ефрем Филофейский или Софроний Сахаров.

Таковы и те немногие учителя и наставники, кто старается быть таковыми учась этому у святых отцов, учась у великих старцев. И, конечно, такое высочайшее отношение столь редко в мире, что даже в церкви люди почти не верят в него, хотя оно никогда не покинет землю, пока найдётся в мире хотя бы один способный склонить голову в благодарности перед этой всей красотой.

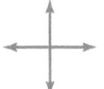

www.orthodoxlogos.com

www.ingramcontent.com/pod-product-compliance
Lightning Source LLC
Chambersburg PA
CBHW031053080526
44587CB00011B/664